4613
6863.

DES

DROITS NATURELS

DE

TOUT INDIVIDU VIVANT EN SOCIÉTÉ.

Saint-Denis. — Imprimerie de Prevot et Drouard, rue de Paris, 7.

DES

DROITS NATURELS

DE

TOUT INDIVIDU VIVANT EN SOCIÉTÉ.

ÉTUDES MORALES ET POLITIQUES,

SUIVIES DE CONSIDÉRATIONS SUR LES MOYENS A PRENDRE
POUR PRÉSERVER L'INSTRUCTION PUBLIQUE DE L'INFLUENCE
DU CLERGÉ ET DES CONGRÉGATIONS,
TOUT EN GARANTISSANT LES DROITS DE LA PATERNITÉ,

PAR LE Cte C.-P. DE LASTEYRIE.

> L'ignorance, l'oub'i, ou le mépris des
> droits de l'homme sont les seules causes
> des malheurs publics et de la corruption
> des gouvernements. *(Déclaration des droits
> de l'homme et du citoyen par l'Assemblée
> nationale.)*

PARIS.

PAGNERRE, ÉDITEUR,

RUE DE SEINE, 14 BIS.

1844.

DISCOURS PRÉLIMINAIRE.

L'écrit que nous soumettons au public n'obtiendra point l'approbation générale; c'est ce que nous avons prévu en prenant la plume pour exposer nos opinions. Il nous eût été sans doute facile de nous concilier cette faveur, obtenue à si peu de frais, lorsqu'on a l'esprit et la conscience assez souples pour se prêter aux préjugés, aux intérêts religieux et politiques des classes prépondérantes; lorsqu'on ne se fait point scrupule de changer, de modifier ou de déguiser ses sentiments selon les temps et les circonstances. On trouve au contraire de nombreux improbateurs, lorsque, abandonnant, dans la recherche de la vérité, les sentiers de l'erreur et du mensonge, on cherche à démontrer la fausseté, l'immoralité et les funestes effets des principes que s'efforcent de faire prévaloir des intérêts contraires au bien général et aux progrès de l'esprit humain; enfin, lorsqu'on proclame des droits imprescriptibles qui appartiennent sans exception à chaque individu faisant partie de la grande famille humaine.

D'autre part, combien est considérable le nombre d'hommes qui, imposant silence aux sentiments de justice et de charité, si naturels à l'homme, ne sacrifient qu'aux intérêts de leurs passions, et violent, sans remords, les droits les plus sacrés de l'humanité. Arrêter la marche de l'esprit humain, en le privant des droits qu'il a reçus de la main bienfaisante de son créateur; s'opposer ainsi aux progrès d'améliorations morales et physiques, à l'accroissement du bonheur et du bien-être des générations présentes et futures, c'est commettre le plus criminel des attentats; c'est violer les saintes lois de la nature, c'est propager indéfiniment les maux, les souffrances, les dissensions et les guerres dont les peuples n'ont cessé d'être les victimes.

Grâces soient rendues à l'assemblée qui, la première, a reconnu en Europe les droits de l'homme, qui les a proclamés et a appris aux peuples à revendiquer des droits qui ne connaissent ni concessions antérieures, ni prescription. Mais un ambitieux, parvenu au pouvoir par l'effet d'une révolution dont il fit le marche-pied de son trône, s'empressa de rayer du code de nos lois une déclaration qui devrait être la base constitutionnelle et législative de toute organisation sociale. Car, sans elle, il ne peut exister ni liberté, ni égalité dans les sociétés humaines.

On n'a pas assez compris que le mot de *liberté* est impropre dans une question de droit, puisqu'il ne représente pas la chose qu'on veut caractériser; on a donc inconsidérément ou à dessein remplacé l'un par l'autre. Les législateurs, même dans ces temps modernes, ont adopté dans leurs constitutions et dans leurs lois le mot *liberté*, qui a été dénaturé dans la pratique, et considéré comme une concession qu'on peut retirer à volonté, en conservant le nom tout au plus. Mais il n'en eût pas été ainsi, si la manifestation de la pensée dans les matières politiques et religieuses eût été considérée, ainsi que cela doit être, comme un droit sacré, imprescriptible, fondé sur la loi naturelle, et non comme une liberté vague, incertaine, pouvant, sous différents prétextes, être non-seulement restreinte, et même totalement anéantie.

C'est donc pour revendiquer les droits de la pensée,

de l'examen, de la parole, de l'opinion, du doute, etc.,
dans les matières politiques et religieuses, droits trop
méconnus et trop fréquemment violés, que cet ouvrage
a été conçu. Il suffit de parcourir les annales de l'histoire, pour se convaincre que les religions fondées
sur la puissance et sous l'influence sacerdotale ont
toujours été hostiles au développement de l'esprit humain et à la liberté des peuples, le sacerdoce s'étant
allié aux gouvernements pour mettre des obstacles à
l'un et à l'autre. Il est même à remarquer que cette
alliance a été plus forte, mieux combinée et plus dé-
sastreuse sous les gouvernements d'un seul que sous
les démocraties, et sous l'influence des religions révélées que sous celles qui n'avaient pas cette prétention. Nous ferons voir que l'intolérance, qui a produit
de si grands maux dans le monde, a eu la même origine et la même cause; que l'intervention des gouvernements, par les prohibitions, ou par la violence, dé-
note une politique repoussée par la morale, et que celle
des prêtres dans les opinions spéculatives, ou dans
les affaires temporelles, prouve la fausseté de la religion qu'ils professent. Nous parlerons enfin de la liberté de la presse, que les prêtres ont toujours eue en
horreur, et que les gouvernements refusent constam-

ment, ou qu'ils trouvent moyen de restreindre ou d'anéantir, lorsqu'ils ont été forcés de la reconnaître.

Des consciences timorées et susceptibles pourront trouver dans cet écrit une attaque exagérée contre les prêtres de toute religion. Mais nous n'incriminons personne en particulier, et en respectant les opinions, telles qu'elles puissent être, lorsqu'elles sont le résultat de la bonne foi, nous reconnaissons qu'il y a dans toute croyance religieuse des hommes recommandables par leur désintéressement, par leurs vertus, et même par leur tolérance. Mais l'histoire est là, qui nous prouve que, dans tous les temps, les corporations sacerdotales ont été intolérantes, persécutrices, avides de domination et de richesses; surtout l'Église romaine, qui a constamment refusé de reconnaître les droits des peuples, et qui a toujours été hostile à leur liberté. Quant aux gouvernements, tout en leur étant soumis dans le degré de l'ordre et de la tranquillité publique, il ne manque pas de faits et de motifs aux amis des progrès de l'esprit humain et de l'amélioration sociale, pour dévoiler et combattre la politique astucieuse et décevante qui les guide depuis un si grand nombre de siècles. Car il est temps enfin que les hommes reconnaissent et réclament leurs droits, et qu'un système

1.

en harmonie avec la raison, la vérité et la justice, fasse disparaître toute servitude politique et religieuse.

Nous réclamons ces droits fondés sur la nature et la destinée de l'homme, de l'individu formant une partie intégrante d'une association quelconque. Ils sont tellement inhérents à la loi naturelle, à la raison, à la justice, tellement sacrés et inviolables, qu'ils doivent être reconnus, proclamés et protégés par tout législateur ou gouvernement qui a pour but le bien-être et la prospérité du peuple : les méconnaître ou les violer, est le plus grand attentat dont les hommes puissent se rendre coupables ; c'est cette violation qui depuis l'origine du monde a produit la longue série de maux, de calamités, de désastres, dont l'humanité a été la victime, c'est elle enfin qui a arrêté les bienfaits de tout genre dont auraient joui les peuples, si ces droits eussent reçu l'extension et l'application dont ils sont susceptibles. Si, dans certains cas et dans certaines circonstances, l'exercice de ces droits demande à être limité, ce ne doit être que dans une mesure prescrite par la raison, par l'intérêt général et par le consentement, librement manifesté, des membres du corps social. Dans le cas contraire, toute atteinte qui leur serait portée deviendrait une tyrannie. Ces droits ne peuvent être aliénés, car ce serait abdiquer sa propre personne; ils ne peuvent être octroyés, car l'homme les tient de sa nature, et du fait même de son existence, d'après une loi antérieure et supérieure à celles des législateurs.

Nous traiterons avec plus d'extension, dans la seconde partie de cet ouvrage, un droit qui paraît encore plus inhérent à la nature humaine que plusieurs de ceux dont nous avons à parler. Nous l'examinerons, non-seulement à cause de son importance, mais aussi parce que la loi sur l'instruction publique, qui se prépare dans ce moment, a besoin d'être éclairée par toutes les opinions, et qu'il importe de poser les principes de liberté qui, aux yeux d'une législature éclairée et bienfaisante, devraient lui servir de base. Nous voulons parler du droit de la paternité, droit si opiniâtrément violé depuis Napoléon jusqu'au moment présent.

Ce n'est donc pas sans raison que des réclamations si souvent renouvelées se sont transformées en une lutte et une opposition dont nous ne trouvons guère d'exemple que dans les questions politiques les plus chaleureuses. Mais le moment de la réforme, devant laquelle le gouvernement a si longtemps re-

culé, étant arrivé, il se présente un danger dont malheureusement peu de personnes prévoient la gravité ;
c'est l'envahissement du clergé et des corporations
religieuses dans le domaine de l'instruction publique ;
et par une conséquence attachée à l'esprit d'usurpation exclusive, et à la puissante et ténébreuse influence
sacerdotale, un accroissement de domination presque
exclusive qui en serait nécessairement la suite.

C'est dans cet état de choses qu'il s'est formé deux
partis très prononcés. L'un d'eux, redoutant avec raison
les suites funestes d'une liberté accordée, sous les
mêmes conditions, au clergé et aux autres citoyens,
soutient l'Université comme la seule barrière à opposer aux vues et aux projets d'invasion manifestés si
généralement et avec une hauteur qui semble défier
la puissance législative et menacer le gouvernement.

Le parti opposé à l'Université se compose des amis
de la liberté de l'instruction, et de ses plus dangereux ennemis, le clergé. Ce dernier, organisé dans le
silence depuis l'époque de la révolution de 1830, sous
la protection et les encouragements du gouvernement,
est parvenu à un degré d'influence que redoutent ceux
même qui lui ont donné naissance. Il s'est trouvé assez
puissant pour exiger impérieusement de ces derniers

des concessions qu'ils n'osent ou ne peuvent lui refuser; et il ne craint pas même d'accuser et de proscrire l'Université, comme le seul adversaire qu'il ait à
redouter.

Telle est la position critique où les concessions, les
priviléges et les faveurs accordés au clergé ont conduit
la France. Cette position est tellement grave, qu'il
n'est possible d'en sortir qu'en adoptant les principes
qui seuls peuvent résoudre un problème si compliqué.
Mais ces principes, dont la solidité et les avantages ont
été démontrés avec tant de lucidité par nos premiers
législateurs de la révolution, sont si contraires aux
habitudes de servitude que nous avons contractées,
que ce serait peine perdue que de proposer à nos
chambres d'en faire l'application dans la loi proposée.
Ainsi, il est évident qu'il ne peut sortir de ce conflit
d'opinions et d'intérêts qu'une loi détestable, qui mé-
contentera tous les partis, en offrant l'apparence d'une
liberté sans en donner la réalité. Ainsi l'Université,
par les attributions qui lui seront allouées, et le clergé,
par l'effet de la puissante influence qu'on lui a donnée,
et par les nouvelles concessions de la loi, se partage-
ront le monopole de l'instruction et de l'éducation, au
détriment des institutions particulières, et surtout à

celui des pères de famille, qui se trouveront forcément privés de leurs droits de paternité.

Quant à nous, nous ne prenons point parti pour l'Université ; car, tout en rendant justice au mérite, au zèle et aux talents de la grande majorité des professeurs qui en font partie, nous sommes fortement opposé à son monopole, ainsi qu'à son déplorable système d'instruction classique. Mais nous repoussons également les prétentions du clergé, par la raison que nous regardons sa domination comme encore plus funeste que celle de l'Université.

Nous avons cru qu'il était du devoir d'un bon citoyen de présenter ces vues sur une matière d'un si haut intérêt, d'autant plus que nous y sommes impérieusement entraîné par le sujet que nous avons entrepris de traiter. Nous chercherons donc à établir les principes qui nous paraîtront pouvoir fonder, sur des bases solides et durables, une liberté réelle d'éducation et d'instruction, et assurer l'inviolabilité des droits de la paternité. D'ailleurs, il est à propos que toutes les opinions sur un sujet si important, ainsi que celles qui font l'objet de cet écrit, se fassent jour dans le public, afin que, lorsque le moment de leur donner une solution légale arrivera, les hommes qui veulent sincèrement la liberté se forment une opinion motivée. Nous n'avons ni la prétention, ni l'espoir de voir adopter, dans la marche rétrograde où l'on est conduit aujourd'hui, des principes antérieurement manifestés par la raison humaine ; mais il est toujours bon de rappeler à ses concitoyens des doctrines qui seules peuvent assurer leur bonheur, et qui reparaîtront un jour triomphantes sur la scène du monde, malgré la persévérance et l'obstination que l'on met à en faire disparaître les moindres traces.

PREMIÈRE PARTIE.

CHAPITRE I.

DU DROIT DE LA PENSÉE, DE L'EXAMEN ET DE LA PAROLE.

La raison est sans doute la faculté la plus noble, la plus élevée de toutes celles que l'homme ait reçues de son créateur. C'est elle qui le place au-dessus des êtres qui vivifient et embellissent la terre que nous habitons. Sans elle, notre espèce, assimilée à celles qui n'ont pour tout mobile d'existence que l'instinct, serait incapable d'élever ses regards vers le ciel, de pénétrer les mystères de la nature et d'améliorer son état physique, moral et intellectuel. A cette faculté se trouve liée essentiellement celle de penser, d'examiner, de se former des opinions, et de les énoncer lorsqu'on les croit conformes à ses propres intérêts et à ceux de ses semblables.

Cette faculté, ce droit inhérent à la nature humaine, est inviolable et ne peut être aliéné; nul ne peut ravir ce que l'homme tient de Dieu même, sans se rendre criminel. C'est cependant ce droit sacré que, sous prétexte d'ordre public et d'intérêts divins, les tyrans civils et religieux se sont attribué le privilège de réglementer et même d'annuler, dans l'intérêt de leur puissance et de leur domination. Penser, douter, examiner, énoncer ses opinions, ont été transformés en crimes qui n'ont pu être expiés que par les proscriptions ou les échafauds. Les dominateurs des peuples se sont réservé, à eux seuls, l'usage d'une faculté que Dieu a départie à tous. Ainsi, assez présomptueux pour croire qu'il était donné à eux seuls de connaître la vérité, et comptant sur l'ignorance des peuples, ils ont condamné le reste de l'humanité à l'ilotisme.

Chénier, dans un article intitulé : *Des Inquisiteurs de la pensée*, fait les réflexions suivantes au sujet d'un magistrat qui lui disait : « Mais on jouit en France de la liberté de penser, qu'est-il besoin d'écrire ce qu'on pense? » — « Citez-moi, de grâce, répond Chénier, un pays où la pensée soit esclave dans le sens que vous entendez. On jouit en France de la liberté de penser! Ah! la malheureuse captive reléguée loin de sa famille et de sa patrie, dans un sérail de Constantinople, jouit aussi de la liberté de penser, à l'instant même où sa bouche n'ose repousser des embrassements odieux. Le nègre de vos colonies, que vous faites expirer dans les travaux et dans les tourments pour avoir du sucre, jouit aussi de la liberté de concevoir qu'il lui serait utile, et qu'il serait juste d'exterminer ses tyrans. La pensée du juif est libre au milieu des bûchers de l'inquisition, la pensée du Maure était libre quand sa tête allait tomber sous le glaive de Mulley Ismaël, qui fut à la fois, dans son empire, législateur, magistrat, pontife et bourreau [1]. »

[1] Chénier, Œuvres, t. IV, p. 403.

Les prêtres de toutes les religions, si l'on en excepte
ceux du paganisme, s'élevèrent contre la liberté de la
pensée, de l'examen, du doute et de la manifestation
des opinions; mais jamais, avant la corruption du
christianisme, la raison ne fut proscrite comme
dangereuse et funeste à l'homme. Cette religion de
paix et de charité vit s'élever dans son sein des persécutions de tout genre, des haines, des bûchers, et des
guerres sanglantes, dans le but unique d'usurper
un droit que Dieu et la révélation elle-même ont
donné à l'homme. Les princes superstitieux, les despotes, considérant la religion comme un moyen propre
à établir leur puissance sur l'anéantissement de
toute liberté, participèrent avec le clergé à ces mesures violentes.

Le besoin qu'éprouve l'homme de bien, dans la
recherche de la vérité, de l'embrasser, lorsqu'il croit
la reconnaître, surtout en matière de religion, de la
dévoiler à ses semblables, de la réaliser par la pratique, doit être, aux yeux de tout homme juste et dés-
intéressé, un sentiment digne d'éloges, comme utile
au public, aux gouvernements et à une religion basée
sur la vérité. Ce n'est, en effet, que par un libre examen que la morale, la religion, la politique, évitent
les erreurs qui se glissent si facilement et si promptement dans les opinions et les institutions humaines;
ce n'est que par son moyen que se propagent la vérité
et les lumières, sources de tout bien.

Il est donc de l'intérêt d'un prince qui gouverne
dans le but de procurer le bonheur à ceux qui lui

sont soumis, de donner à l'émission de la pensée la plus grande latitude. Les prêtres suivraient sans doute le même système, si, pénétrés de la vérité et des devoirs de la religion qu'ils professent, ils étaient moins attachés à une domination et à des intérêts mondains.

La raison et l'expérience nous démontrent que nous ne pouvons acquérir des notions vraies et profitables en philosophie, en politique, en morale et surtout en religion, sans un examen préalable. Cette manière de procéder est la seule qui nous garantisse de l'erreur, en portant la lumière dans notre esprit, et en constatant la rectitude de nos opinions. Mais, chose étrange, cet examen a été proscrit par des hommes qui ont prétendu s'en rendre les arbitres, et qui en ont fait un monopole exclusif, afin de diriger l'opinion dans leurs vues et leurs intérêts privés. Ainsi, l'examen a été banni des leçons données à la jeunesse, des principes, des maximes, des lois émises par l'autorité. Ce genre de tyrannie a été porté à l'excès surtout par les prêtres, qui ont anathématisé simultanément la raison, la pensée, l'examen, le doute, et tout système de croyance qui pouvait en résulter. C'est en couvrant ainsi l'esprit humain d'un sombre voile, et en le faisant courber sous la servitude la plus dégradante, qu'on a arrêté les progrès de la vérité, de la liberté et de la civilisation.

Notre conscience, notre devoir, nous prescrivent cependant, malgré toutes ces entraves, l'examen d'une religion qui nous est proposée, ou même de celle dans

laquelle nous avons été élevés dès l'âge le plus tendre.
Nul humain, quel qu'il soit, n'a le droit de s'interpo-
ser dans un acte qui n'a de rapport qu'entre l'individu
qu'elle concerne et Dieu, qui seul en est l'objet et le
juge. Si ce droit et ce devoir n'existaient pas, alors
chacun pourrait consciencieusement adopter la première religion qui lui serait présentée comme révélée,
ou rester ferme dans celle où il a été élevé. Si l'on
admet ce principe, un brahme restera fidèle à son
dieu incarné Vishnou; un boudhiste, à son lamâ im-
mortel; un mahométan, à son prophète triomphant; un
catholique, à son pape infaillible; un sauvage, dans
quelque partie reculée du globe, recevra le premier
apôtre ou le premier missionnaire qui viendra l'en-
doctriner au nom du dieu de la secte qu'il professe;
car il n'est aucune de ces religions qui ne se dise éma-
née directement du ciel, et qui ne voue aux peines
éternelles quiconque refuse de croire, ou se permet
l'examen et le doute; telle est la conséquence absurde
d'un pareil principe : c'est parce qu'il a été admis de tout
temps que différentes religions se sont succédé les
unes après les autres, et qu'elles ont souillé l'esprit
humain d'erreurs produites comme des vérités divines.

Il est singulier que l'examen recommandé dans tous
les actes, dans toutes les transactions de la vie humaine, par la raison que l'on ne peut, sans son secours, distinguer le vrai du faux, le bien du mal, l'u-
tile du pernicieux; il est singulier, disons-nous, que
cet examen et les conséquences qui peuvent en ré-

sulter, lorsqu'il est accompagné du désir de remplir un devoir religieux, soit condamné comme criminel. Cette condamnation a été prononcée non par ceux qui, libres de toute préoccupation, n'ont d'autre but que de reconnaître la vérité là où elle se trouve, mais par ceux qui sont attachés à leur croyance par habitude, par préjugé, par crainte, par superstition, et souvent par un intérêt dont si peu de personnes savent faire le sacrifice à la vérité.

Quelles excuses pourront alléguer ceux qui auraient pu éviter l'erreur par un examen consciencieux? Diront-ils qu'ils croyaient que la religion dans laquelle ils avaient été élevés était la seule vraie, la seule divine, et qu'ils ne l'ont pratiquée que dans l'intime persuasion qu'elle était commandée par un ordre exprès de Dieu, auquel ils ont voulu se soumettre? Mais quel sera leur sort, si, ainsi que l'affirment toutes les religions révélées, hors d'elles il n'est point de salut? L'examen serait donc un devoir, si l'on était conséquent avec soi-même. Mais les prêtres se sont rendus les arbitres de la foi; intéressés à soutenir leur système, ils ont persuadé aux hommes qu'eux seuls possédaient la vrai doctrine qui leur fut transmise de siècle en siècle; qu'eux seuls en étaient les interprètes, tandis que les laïques n'avaient ni le droit d'examiner, ni celui de juger. Ainsi les hommes ont abandonné ce soin au sacerdoce, qui leur a prescrit ce qui était convenable au salut de leurs âmes, comme un médecin formule des ordonnances pour les maladies du corps.

Mais quelle confiance peut-on avoir dans une doctrine présentée par ceux qui, étant juges et parties, exigent votre assentiment, même avant que vous connaissiez cette doctrine? Ils vont même plus loin : ils vous proposent, à défaut de preuves, de croire, ainsi que le veut saint Augustin, parce que la chose est absurde. *Credo quia absurdum.* Un autre père de l'Église, plus ancien et plus rapproché du christianisme primitif, dit très sensément que : « La loi qui ne veut pas qu'on l'examine doit être suspecte[1]. » Saint Paul manifestait une opinion très philosophique, mais bien différente de celle de nos théologiens, lorsqu'il disait : « Examinons toute chose, et tenons-nous à ce qui est bon[2]. » Bossuet ne partageait donc point l'opinion de l'apôtre, lorsqu'il écrivait : « Que c'était une erreur de s'imaginer qu'il fallait toujours examiner avant de croire[3]. » Il eût été à désirer que ce savant prélat nous eût fait connaître les cas où il est permis de faire usage de sa raison, et de suivre ce qu'elle nous dicte, et ceux où on ne le peut sans crime.

Comment les théologiens ont-ils pu se persuader qu'un homme sensé et clairvoyant mettrait aveuglément son âme à la disposition d'un autre homme, souvent moins éclairé que lui-même, et trop souvent intéressé à le tromper? L'équité vous défend de disposer de mon bien, et cependant vous prétendez avoir le droit de disposer de mon âme, bien plus précieux

---

[1] Tertull., Apolog., chap. IV.
[2] Ad Tessalonic., chap. V, v. 21.
[3] Bossuet, Réflexions sur un écrit de Claude, p. 215.

que tous les trésors de la terre ; vous lui imposez une telle servitude, qu'il ne lui est plus permis d'user des droits et de la liberté qui lui ont été accordés pour qu'elle en fît usage.

Si nous comparons le degré de liberté accordé aux fidèles dans les premiers temps, avec les restrictions imposées depuis, nous trouvons de grands changements. Tout était libre d'abord ; mais le joug du Seigneur, qui était léger, s'est trouvé appesanti par la main du sacerdoce, par la proscription des droits que Dieu a donnés à toutes les consciences. C'est ce qui se démontre par la manifestation publique et conditionnelle que fit un philosophe, avant d'accepter la dignité épiscopale, qui lui était offerte par le peuple et le clergé de Cyrène ; on voit par cette pièce, dont nous donnons ici un extrait, ainsi que par les ouvrages de ce prélat, et surtout par ses opinions sur Dieu, sur l'âme, sur la trinité, etc., qu'elles différaient sur plusieurs points de celles qui étaient généralement adoptées. La foi en Jésus-Christ et la charité pour le prochain étaient les seuls liens de fraternité et d'union qui caractérisaient le christianisme à la première époque de son institution. Voici donc comment s'exprime Synesius :

« Je regarde comme une chose difficile, pour ne point dire impossible, de renoncer à certains principes qui sont d'une évidence démonstrative ; et, d'un autre côté, la philosophie est telle qu'elle n'est guère compatible avec les opinions vulgaires..... Il me semble que l'opinion commune touchant la résurrection contient quelque chose de sacré, qu'on ne doit

point divulguer. Car je ne crois pas qu'on doive tout
dire ; et un philosophe, toute connue qu'elle lui soit,
doit pourtant céder à la nécessité de la régulariser.
Ainsi, si les lois de la consécration épiscopale, qui sont
établies parmi nous, souffrent ces tempéraments, je me
soumettrai à être consacré, puisque alors j'aurai la
liberté de philosopher en mon particulier et de parler
mystérieusement au peuple, sans lui enseigner aucune
chose dans toute son étendue, et sans le désabuser
des opinions dont il aura été imbu et dans lesquelles
je trouve qu'on doit le laisser continuer. Mais si ces
lois exigent d'un évèque qu'il ait la même croyance
que le peuple, j'avoue que je ne puis me résoudre à
désavouer mes sentiments en public : car quel rapport
y a-t-il entre la philosophie et le peuple, auquel on ne
doit faire apercevoir la vérité des choses divines que
d'une manière toute mystérieuse ? Je le répète encore,
et je déclare hardiment qu'un homme sage doit, à
moins d'une pressante nécessité du contraire, laisser
les autres dans leurs sentiments, et en même temps
avoir les siens dans son particulier. Ainsi, si l'on me
fait évèque, je prends Dieu et les hommes à témoin
que je ne veux rien changer de mes sentiments [1]... »

On pourrait reprocher à Synesius d'avoir établi une
double doctrine, conformément à l'opinion de plusieurs philosophes anciens, et même à celle des premiers chrétiens. Car cette opinion a été la cause d'un
grand nombre d'erreurs qui se sont propagées dans le

[1] Synesius, Opera.

monde. Elle eût été encore plus inconvenante dans
un pays où l'on eût admis, sans restriction aucune,
la tolérance de toutes les opinions. Car la vérité qui
aime à se produire se manifeste toujours lorsqu'elle
n'a pas les geôliers ou les bourreaux à craindre.

Les premiers chrétiens comprirent bien qu'ils eussent fait peu de prosélytes, si, en proposant aux païens
d'embrasser leur religion, ils leur eussent dit qu'ils se
rendraient coupables envers Dieu, s'ils se permettaient
l'examen ou le doute. Ils durent donc admettre l'usage
de la raison et du raisonnement, et par conséquent le
rejet du christianisme, si la conviction n'était pas le
résultat d'un examen sérieux. Car ce serait une contradiction manifeste de permettre l'examen d'une
proposition ou d'une croyance quelconque, à condition qu'on y adhèrerait, lors même qu'on viendrait à
reconnaître qu'elle est absurde ou contraire à la vérité.
Mais, plus tard, lorsque les chefs du christianisme furent devenus assez puissants pour contraindre, non
encore par la force matérielle, mais par l'opinion ou
par la crainte de la vengeance céleste, on établit en
principe que l'examen n'était qu'une concession préalable qui devait être suivie de l'assentiment, et que le
refus de croire devenait criminel.

Cette doctrine a été admise par les réformateurs du
seizième siècle. Ils permirent l'examen, auquel ils ont
donné une plus grande latitude que ne le font les orthodoxes; c'est-à-dire qu'on peut examiner, à condition
de reconnaître, comme vérité inspirée par Dieu, les
faits, les dogmes, les maximes consignés dans l'ancien

et le nouveau Testament. Selon cette opinion, reçue par toutes les sectes chrétiennes, si celui qui n'est pas convaincu par cet examen vient à adopter une autre religion, telle que le déisme, par exemple, il est considéré comme un impie, comme un homme coupable et dangereux, qui doit en quelque sorte être proscrit de la société.

L'examen est pénible aux hommes, et ils accueillent tout prétexte pour s'en dispenser. C'est avec des mots vides de sens dans l'acception qu'on leur donne qu'on a toujours égaré les peuples. C'est ainsi qu'on ne cesse de leur dire qu'il faut *conserver la religion de leurs pères*. Certaines gens, sans avoir de notions ni d'idées justes sur la religion dans laquelle ils ont été élevés, profèrent machinalement ces mots. Ils ne font pas attention que si leurs ancêtres avaient fait le même raisonnement, ils assisteraient aux sacrifices humains avec la même foi et la même dévotion qu'ils en apportent en entendant chanter une grand'messe. Le temps n'avait pas encore permis aux premiers chrétiens de défendre leur religion par un pareil argument, et cela, d'autant plus que les Romains, faute de bonnes raisons pour soutenir le paganisme, ne manquèrent pas de les combattre en faisant usage du même argument. Mais, peu de siècles plus tard, on reprit cet argument en sous-œuvre, et on s'en sert tous les jours comme d'une preuve démonstrative. L'homme sage ne cherche pas la vérité parmi les erreurs et les préjugés de ses ancêtres; il demande des faits et des preuves qu'il soumet à l'examen avant de se rendre. Les théo-

logiens ne partagent pas en général ce sentiment, qui
cependant a été soutenu par des hommes recommandables par leur piété ou par leur grand savoir. Nous
n'en citerons que deux, Charon et Bayle; le premier
s'exprime ainsi :

« Puisque entre mille mensonges il n'y a qu'une vérité, mille opinions de même chose, une seule véritable, pourquoi n'examinerais-je, avec l'outil de la raison, quelle est la meilleure, plus vraye, raisonnable,
honneste, utile, commode? Est-il possible que de
tant de loix, coustumes, opinions, mœurs différentes
et contraires aux nostres, qu'il y a au monde, il n'y
ait que les nostres bonnes? Que tout le reste du
monde se soit méconté? Qui l'osera dire, et qui doubte
que les autres n'en disent tout autant des nostres, et
que cetluy-ci qui ainsi condamne les autres, s'il y
fust né et nourry, ne les trouvast meilleures, et ne les
préférast à celles-ci, qu'il estime maintenant les seules
bonnes, à cause qu'il les a accoustumé? Enfin à celuy
qui seroit si hardy et si fol de le dire, je lui répondray
que cet advis et règle sera pour le moins bonne pour
tous les autres, affin qu'ils se mettent à juger et examiner tout et qu'en se faisant ils trouvent les nostres
meilleures. Or sus donc le sage jugera de tout, rien
ne lui eschappera qu'il ne mette sur le bureau et en
la balance : c'est à faire aux prophanes et aux bestes
se laisser mener comme des buffles... Empescher la
liberté de l'esprit l'on ne sçauroit, le vouloir faire,
c'est la plus grande tyrannie qui puisse estre; le sage
s'en gardera bien activement et passivement, se main-

tiendra en sa liberté et ne troublera celle d'autruy[1]. »

Bayle donne la règle à suivre dans l'examen des questions religieuses; il s'appuie même de l'autorité de saint Augustin, qui, dans cette occasion, ainsi que dans plusieurs autres, n'est pas d'accord avec lui-même. Bayle, qui était meilleur logicien et plus conséquent qu'Augustin, forme le raisonnement suivant:

« La première chose qu'il faudroit faire, si l'on vouloit bien examiner, seroit de douter pour un temps de sa religion. Mais on croiroit offenser Dieu, si l'on formoit là-dessus le moindre doute, on regarderoit ce doute comme une funeste suggestion de l'esprit malin. Aussi l'on n'est jamais dans l'état où saint Augustin remarque qu'il faut être, quand on veut discerner avec connoissance de cause l'orthodoxie d'avec l'hétérodoxie. Il faut, selon lui, se dépouiller de la pensée que l'on tient déjà la vérité[2]. Ceux qui disent que la corruption du cœur empêche l'homme hérétique de trouver la vérité se trompent souvent, s'ils entendent que l'inclination à l'ivrognerie, à la jouissance des femmes, et aux autres plaisirs du corps, ou que l'orgueil, l'avarice, et d'autres passions semblables séduisent son jugement. Mais ils ne se trompent pas s'ils entendent que sa préoccupation l'empêche de

---

[1] Charon, de la Sagesse, l. II, ch. II.

[2] Nemo nostrum dicat se invenisse veritatem, sic eam quæramus quasi ab utrisque nesciatur : ita enim diligenter et concorditer gnari poterit, si nulla temeraria præsumptione inventa et recognita esse credatur. (August., Cont. Epist. fundam., c. III.)

2.

découvrir les bonnes preuves. Il examine les raisons
des orthodoxes, tout rempli de la persuasion qu'il possède la vérité, et qu'il offenseroit Dieu s'il s'imaginoit
que les preuves du parti contraire sont solides. Il
croit agir chrétiennement s'il regarde ces raisons
comme des sophismes, et s'il emploie toute l'attention de son âme à inventer des réponses. Il ne sauroit
croire que ces réponses soient mauvaises, puisque,
selon lui, elles combattent l'erreur et sont destinées
au maintien de la vérité. Mais, dites-moi, je vous prie,
les orthodoxes n'ont-ils pas une semblable persuasion,
quand ils examinent la cause des hérétiques? Les uns
et les autres sont semblables aux plaideurs : ceux-ci
ne trouvent jamais solides les raisons de la partie adverse [1]. »

L'exercice de la parole doit être, en politique comme
en religion, aussi libre que celui de la pensée et de
l'examen, toutes les fois qu'on ne nuit à personne, et
qu'on ne répand pas, sciemment et avec le dessein de
tromper, l'erreur et le mensonge. Le plus bel attribut
de la parole est sans doute de manifester la vérité aux
hommes ; de dissiper l'ignorance et l'erreur, d'où proviennent tous leurs maux ; de leur communiquer les
notions et les connaissances qui peuvent contribuer à
leur bonheur. A quoi se réduirait la parole, si elle ne
servait qu'à leur procurer les avantages et les jouissances matérielles, que l'instinct seul ou quelques
sons inarticulés donnent aux animaux? si elle était

[1] Bayle, *Dict.*, mot PÉLISSON.

bornée à des intérêts désordonnés de fortune, de domination, de jouissances et de plaisirs futiles? Elle doit être libre, puisqu'elle a été principalement destinée à éclairer l'homme, à lui enseigner les préceptes de morale, de philosophie et de religion, qui tendent à le rendre meilleur et plus heureux. Mais c'est précisément sur ces matières que le despotisme, la superstition et l'intérêt privé lui ont imposé silence : c'est ainsi qu'ont été arrêtés dans leur marche les progrès des lumières, de la vérité et de la civilisation, et que l'erreur et le mensonge se sont propagés de siècle en siècle.

Je le demande, pourquoi tant de fausses religions ont-elles existé, et sont-elles encore de nos jours suivies aveuglément? Pourquoi l'esclavage et la servitude appesantissent-ils encore leur joug sur l'espèce humaine? Pourquoi les peuples trouvent-ils tant d'obstacles à la conquête de leur liberté? Pourquoi la superstition et le fanatisme dominent-ils encore les esprits? Pourquoi le puissant opprime-t-il le faible, le riche dédaigne-t-il le pauvre? Pourquoi règne-t-il dans le monde tant d'abus et de corruption? Pourquoi enfin les lois ne sont-elles faites que pour l'avantage et dans l'intérêt d'un petit nombre d'hommes? C'est que la parole proférée ou écrite, qui peut seule manifester la vérité et dissiper le mensonge, a été de tout temps proscrite, poursuivie et condamnée comme criminelle, lorsqu'elle combattait l'un et qu'elle proclamait l'autre.

C'est par la parole que les despotes, les fourbes politiques et religieux trompent les peuples crédules, ignorants, et qu'une longue expérience n'a point encore appris à être méfiants et soupçonneux, bien qu'ils n'aient cessé d'être les victimes des passions de ceux qui les dominent.

La parole ne produit de mal que lorsqu'elle est réservée exclusivement au pouvoir, à une corporation politique ou religieuse, à une caste privilégiée, à une secte incorporée dans l'État. Qu'il soit permis, lorsque les agents d'un gouvernement, de serviles flatteurs, des courtisans dépravés, avancent des faits faux, des maximes contraires à la liberté et au bien général; lorsqu'un magistrat proclame, dans un tribunal, des principes et des opinions contraires à la justice naturelle et à l'esprit des lois; lorsqu'un ministre d'un culte quelconque, juif, mahométan, catholique ou dissident, quel qu'il soit, enseigne une doctrine de superstition, de fanatisme ou d'intolérance, qu'il soit permis, disons-nous, d'employer les armes dont ils se servent eux-mêmes pour les combattre: c'est là ce que demande l'impartialité, la justice, le droit d'examen, de discussion, qui appartient également à tous, et duquel seul peut émaner la vérité. Comment, en effet, peut-elle apparaître dans un procès où l'une des parties a seule la parole? N'est-ce pas une maxime reçue de tout temps et chez toutes les nations civilisées, qu'il est inique, et contre le droit naturel, de refuser d'entendre toutes les parties intéressées? Mais il n'en est point ainsi, lorsqu'il s'agit de vérités politiques ou religieuses; on viole ce droit sans pudeur, tant la vérité est redoutable aux hommes qui, tenant le pouvoir en main, n'ont d'autre dessein que d'en abuser; et comme il faut un prétexte à tout, pour mieux tromper les imbécilles et les hommes timorés, on a supposé que la vérité était dangereuse, et que l'intérêt social commandait de la proscrire. Il est vrai, qu'elle est dangereuse dans certains cas, mais seulement, et en réalité, pour les despotes, les ambitieux et les hommes dépravés : leurs intérêts, qu'ils confondent toujours avec ceux du public, leur commandent impérieusement de la combattre sans relâche.

Un gouvernement juste, équitable, qui mettrait en première ligne l'accomplissement de ses devoirs, n'aurait pas plus à craindre la vérité que l'homme probe dont la conduite n'a rien de reprochable; bien au contraire, l'un et l'autre la provoqueraient dans leur intérêt particulier, comme dans celui du public. Mais nous savons que cette morale n'est pas d'usage en politique. A notre avis, tout ce qu'on peut exiger de ceux qui manifestent la vérité dans leurs paroles, comme dans leurs écrits, c'est l'observation des convenances sociales et légales. Au reste, le sentiment qui porte les esprits à redouter la vérité provient du raffinement de despotisme introduit dans nos lois, à l'époque où le pouvoir royal avait usurpé les droits de la nation, ainsi que de l'avilissement et de la démoralisation qui en ont été la suite. Nos ancêtres avaient plus de franchise et de caractère, ainsi qu'on peut le reconnaître par plusieurs faits de notre histoire : il suffit de citer Philippe de Commines : « Les François, dit-il, ont toujours eu liberté et licence de parler à leur volonté de

toutes gens, et même de leurs princes, non pas après
leur mort tant seulement, mais encore en leur vivant,
et en leur présence[1]. »

Si quelque chose doit être libre, c'est la pensée, et,
par conséquent, les conceptions qu'elle crée en elle-
même; mais à quoi serviraient-elles, si elles ne pouvaient se manifester et s'étendre au dehors, lorsqu'elles
ne sont nuisibles à personne, et qu'elles peuvent au
contraire être utiles à tous? D'ailleurs, que serait
l'homme isolé dans sa pensée, sans communication
extérieure, sans relation avec les êtres de son espèce?
Il cesserait de remplir la destinée pour laquelle il a été
créé; il serait exclus du système général de l'univers;
il serait coupable de suicide. Croit-on que la pensée
n'ait été donnée à l'homme que pour pourvoir à ses
besoins physiques et matériels? N'avons-nous pas reçu
une plus noble destination? La raison et le jugement
ne nous ont-ils pas été donnés plus particulièrement
comme des facultés propres à nous perfectionner réciproquement, tant sous nos rapports physiques que
sous nos rapports intellectuels, pour améliorer notre
existence, et nous procurer ici-bas le plus grand degré
de bonheur possible? S'il n'en était pas ainsi, à quoi
nous servirait cette raison qu'on a sacrilégement
proscrite? L'instinct ne nous eût-il pas suffi, et, réduits à l'état d'animaux, n'aurions nous pas été mille
fois plus heureux que nous ne saurions l'être en renonçant à faire usage de cette faculté?

[1] Philippe de Com., t. II.

Si Dieu pouvait recevoir une injure, ce serait de la part de ces hommes qui cherchent à anéantir cette admirable faculté qu'il a donnée à l'homme, et dont la culture seule peut le rendre propre à remplir la destinée qui lui est assignée ici-bas, et en faire un être moral et sociable. Ceux qui ont établi, en fait de religion et de politique, des systèmes faux et absurdes, ont proscrit la raison, afin de captiver l'esprit humain, et de lui assigner des limites qu'il ne pût jamais franchir. Après l'avoir réduit au silence, on ne lui a laissé aucun moyen de savoir où se trouve l'erreur ou la vérité, et de distinguer l'un de l'autre. C'est dans ce but qu'on a posé en principe que notre raison était corrompue, et que, loin de nous faire discerner la vérité, elle nous conduisait à l'erreur. Ainsi, la Providence, au lieu de nous donner un instrument dont les indications fussent exactes et certaines, lorsque nous voudrions en faire usage, nous induirait dans l'erreur, sans moyen de la reconnaître. On a fait consister la piété et le devoir dans la renonciation à la raison, et l'impiété dans le doute, ou dans le rejet des fables inventées pour tromper les hommes. Mais une opinion aussi attentatoire à la liberté naturelle et au droit d'examen ne prévaudra jamais contre ce sentiment, que chacun doit avoir la faculté de penser ce qu'il veut, et de dire ce qu'il pense : « *Unicuique et sentire quod velit, et quæ sentiat dicere concedatur.* »

L'homme, en se réunissant en société, n'a pas renoncé et n'a pu renoncer à des droits naturels dont la jouissance ne porte aucune atteinte à ceux de ses semblables. Il n'appartient donc à personne de méconnaître des droits que Dieu a donnés à tous. Il ne règnera un accord, une paix et une bienveillance réels et durables entre les individus qui composent le corps social, que le jour où le droit de manifester sa pensée sera généralement reconnu, et où, quoique divisés d'opinions et de sentiments, les hommes pourront se communiquer réciproquement et avec la plus grande liberté tout ce qu'ils pensent, sans trouver ni improbation, ni haine, ni persécution de la part des particuliers ou de celle des gouvernements.

CHAPITRE II.

DE L'OPINION, DU DOUTE, DE LA RAISON, DE LA FOI.

La liberté de l'homme consiste dans le *doute*, qui fait qu'on délibère, examine et choisit; l'ignorant, le superstitieux, l'esclave, adoptent sans réflexion et sans jugement les opinions vraies ou fausses, les faits controuvés, les erreurs que la crédulité ou la fourberie présentent à leur esprit. Un sûr moyen de tromper les hommes, c'est de leur persuader que le doute est un crime. La puissance civile, sans action directe sur la pensée, a cherché par artifice à produire sur elle un effet indirect, afin que ses actes, quelque criminels qu'ils pussent être, fussent considérés et acceptés comme équitables; mais la puissance religieuse, qui, dans l'opinion, jouit d'un commandement non moins impérieux sur la pensée que sur les actes extérieurs, n'ayant pas moins d'intérêt à faire approuver ses dogmes, ses principes, ses pratiques et ses actes, a transformé le doute en crime; et elle a ainsi empêché les hommes de voir, en leur défendant, sous des peines éternelles, de regarder : de sorte qu'on croit par une impulsion étrangère, sans connaître ce qu'on croit.

3

Si jamais l'on imagina un système d'abrutissement
pour l'esprit humain, ce fut celui où on lui ordonna
de ne rien examiner, d'abdiquer sa raison, de ne douter
de rien de ce qu'il plairait aux fourbes, aux charla-
tans, aux imposteurs politiques et religieux de lui faire
accroire. C'est d'après ce système qu'on ploie les hommes, dès le plus bas âge, à croire le mélange confus
d'erreurs et de vérités qui leur sont présentées dans
nos écoles, dans nos histoires, dans nos maximes, et,
plus tard, dans nos salons, sur nos théâtres, à nos tri-
bunes, et dans le fatras de nouvelles dont nous sommes
inondés périodiquement toutes les vingt-quatre heures. C'est ainsi qu'on nous sature d'erreurs, sans permettre aux hommes sensés, qui ont su se préserver
de la contagion, d'élever le doute le plus léger.

Les ambitieux, les fripons et les fourbes ne veulent
même pas qu'il soit permis de soupçonner leur pa-
triotisme, leur probité, leur bonne foi et leurs intentions : comment donc ne soutiendraient-ils pas un
dogme qui leur est si utile?

Les principales causes de nos maux civils et politiques
proviennent sans doute de cette crédulité aveugle que
tant de déceptions et l'expérience des siècles n'ont pu
guérir, et qui prolonge sans fin les souffrances de l'humanité. L'ignorance et l'imposture affirment toujours;
la science apprend à douter, car elle connaît la faiblesse
humaine. Plus l'esprit est doué de jugement et de notions positives, plus il se convainc que la raison et la vraie
science sont fondées sur le doute : car, ainsi que disait
avec beaucoup de profondeur un ancien philosophe,

le doute est le nerf de la raison [1]. Socrate a partagé cette opinion en prenant le doute pour fondement de sa doctrine. Il n'assurait jamais rien, ne défendait pas ses opinions ; la recherche de la vérité était le seul but qu'il se proposait. Pline disait « qu'il n'y avait rien de certain que l'incertitude de toute chose », et il ajoutait : « Je ne sais qu'une chose, c'est que je ne sais rien [2]. » Voilà cependant ces philosophes que les pères de l'Église n'ont cessé de nous représenter comme des hommes vains et orgueilleux, qui avouent leur ignorance, tandis que ces mêmes pères n'ont douté de rien, et ont parlé avec la plus grande certitude sur toute chose. Cicéron ne montre pas moins de modestie et de prudence, en indiquant les règles qui doivent nous diriger, dans l'adoption d'une opinion : « Il faut éviter, dit-il, l'arrogance qui affirme, et fuir la témérité, si opposée à la sagesse [3]. »

Un de nos anciens et judicieux écrivains repousse également la prétention tyrannique de ceux qui, affirmant en toutes choses, refusent aux autres la liberté des opinions. Voici comment Charon exprime son sentiment :

« Je diray icy que j'ai fait graver sur la porte de ma petite maison que j'ay fait bastir à Condom, l'an 1600,

[1] Soyez sobre et souvenez-vous de ne pas croire ; c'est le nerf de la raison. (Epicarme.)

[2] Solum certum, nihil esse certi. — Hoc unum scio, quod nihil scio. (Pline, *Hist. natur.*, l. II, chap. VII.)

[3] Atque affirmandi arrogantiam vitandam, fugere temeritatem, quæ a sapientia dissidet plurimum. (Cic., *de Off.*, l. II, ch. II.)

ce mot, *je ne scay*. Mais ils veulent que l'on se soumette souverainement, et en dernier ressort, à certains
principes, qui est une injuste tyrannie. Je consens
bien qu'on les employe en tout jugement, et que l'on
en fasse cas, mais que ce soit sans pouvoir regimber,
je m'y oppose fort et ferme. Qui est celui au monde
qui aye droit de commander et de donner la loy au
monde, s'assujettir les esprits, et donner les principes
qui ne soyent plus examinables, que l'on ne puisse plus
nier ou douter, que Dieu seul le souverain esprit et le
vrai principe du monde, qui seul est à croire pour ce
qu'il dict? Tout autre est subject à l'examen et à
opposition, c'est foiblesse de s'y assujettir. Si l'on
veust que je m'assujettisse aux principes, je diray
comme le curé à ses paroissiens en matière du temps,
et comme un prince des nostres aux secrétaires de ce
siècle : En faict de religion, accordez-vous premièrement
de ces principes et puis je m'y soumettray. Or y a-t-il
autant de doute et de dispute aux principes qu'aux
conclusions, en la thèse qu'en l'hypothèse, dont y a
tant de sectes entre eux ; si je me rends à l'une, j'offense
toutes les autres [1]. »

Les esprits les plus profonds et les plus éclairés ont
considéré le doute comme la base la plus solide sur laquelle devaient se reposer nos recherches philosophiques et religieuses, et comme le moyen le plus certain
de nous conduire à la vérité. Nous citerons encore à ce
sujet l'opinion de Bossuet, qui s'exprime ainsi : « Il

---

[1] Charron, *de la Sagesse*. t. II, chap. II.

demeure pour certain que l'entendement, purgé de ces vices (il parle ici des passions en général), et vraiment attentif à son objet, ne se trompe jamais, car alors il verra clair, et ce qu'il verra sera certain ; ou il ne verra pas clair, et il tiendra pour certain qu'il doit douter, jusqu'à ce que la lumière paraisse [1]. »

Les opinions naissent, se propagent et se modifient selon le temps et les circonstances. Elles doivent généralement leur origine aux systèmes religieux et politiques, et aux doctrines qui en émanent. La raison, qui n'abandonne jamais l'esprit humain, se fait cependant apercevoir parmi les nombreuses erreurs qui l'entourent de toutes parts. Mais elle a besoin que la philosophie vienne à certaines époques dissiper les ténèbres que le temps, la fraude, la superstition, les préjugés, l'ignorance et le despotisme ont répandues sur toutes les institutions sociales. Cette philosophie, il est vrai, sans cesse arrêtée dans sa marche par de si nombreux obstacles, a une action lente, mais progressive; c'est ce que démontre l'histoire de l'esprit humain. Elle fit d'immenses progrès chez les Grecs, qu'elle retira rapidement de la barbarie où elle les avait trouvés, par la raison qu'elle rencontra dans ce pays fortuné moins d'obstacles que partout ailleurs. Elle ne fut cependant pas entièrement libre, car elle n'avait pas surmonté les préjugés au point de pouvoir annoncer ouvertement et sans exception les opinions qui lui paraissaient conformes à la vérité. C'est ce qu'on reconnaît en lisant les

[1] Bossuet, *de la Connaissance de Dieu*, ch. 1, art. 16.

ouvrages des anciens philosophes. Ainsi, quoiqu'ils
n'admissent généralement qu'un seul Dieu tout-
puissant, créateur de toutes choses, ils ne purent
combattre publiquement la pluralité des dieux, adoptée comme une vérité parmi les peuples, et soutenue
par la politique des gouvernements. Platon, écrivant
à Denis de Syracuse, lui dit : « Quoique vous sachiez à quel signe reconnaitre quand j'écris sérieuse-
ment ou non, ne laissez pas de le remarquer avec
beaucoup de soin, car plusieurs me prient de leur
écrire, avec lesquels il est difficile de m'expliquer ouvertement. Mes lettres sérieuses commencent donc par
ce mot *Dieu*, et les autres par ceux-ci : *les dieux.* »
Cicéron nous apprend que ce fut la même cause qui
contraignit les philosophes à ne confier plusieurs de
leurs opinions qu'aux personnes dont ils avaient
éprouvé la discrétion par une longue expérience.
« Les académiciens avaient coutume, dit-il, de cacher
leurs opinions, et ils ne les découvraient qu'à ceux
qui avaient vieilli avec eux [1]. »

Il en était en Grèce comme parmi nous. On incrimi-
nait certaines opinions, tandis qu'on tolérait des actions criminelles [2]. Corrompre et être corrompu ne sont
pas des vices nouveaux. C'est pour les uns un moyen
licite de gouverner dans leurs intérêts, pour les autres

---

[1] Mos fuit academicis occultandi sententiam suam, nec eam
cuiquam, nisi qui secum ad senectutem usque vixissent, ape-
riendi. (Cicer. apud August. Contra acad., l. III.)

[2] Opinio majori crimini datur quam actio. (Menaud. sentent.)

un moyen assuré d'honneurs, de monopoles, de domination et de richesses.

En examinant quelle était la manière de penser des Grecs et des Romains, et surtout des anciens philosophes, relativement à la liberté des opinions, nous trouvons que, parmi eux, peu de personnes furent blâmées ou incriminées pour leurs opinions, soit politiques, soit religieuses ; ou ce ne fut que lorsque ces opinions, passant de l'état spéculatif à la pratique, devinrent funestes à l'État et dangereuses pour la tranquillité publique. Après avoir conçu que la liberté des opinions est inhérente à la nature humaine, que leur diversité est un résultat nécessaire de cette même nature, qu'elle est aussi étroitement liée avec les facultés de l'âme que la diversité des goûts l'est avec celles de nos organes, on n'avait pas imaginé de les arrêter dans leur marche. Les anciens avaient aussi compris que tracer des limites à la liberté de discuter et d'émettre des opinions, c'était anéantir les facultés de l'âme et arrêter les progrès de la raison, de la philosophie et de la civilisation. Ils savaient que cette émission, quelle qu'elle puisse être, loin de nuire à la vérité, était, au contraire, le seul moyen de la faire briller de tout l'éclat dont elle est susceptible. Ils ne craignaient pas, comme nos méticuleux législateurs, qu'une opinion absurde ou extravagante pût bouleverser l'État, offenser les dieux, et armer les citoyens les uns contre les autres. De là cette latitude presque sans bornes qu'ils donnèrent aux discussions et aux écrits philosophiques, et même aux pièces représentées publiquement sur les théâtres.

Cicéron explique aussi la liberté de la pensée dont jouissait l'ancienne philosophie :

« Que chacun, dit-il, défende son sentiment, car les opinions sont libres; quant à nous, nous conserverons celles que nous avons adoptées; et, sans nous astreindre à un seul système de philosophie, nous rechercherons toujours ce qui nous paraîtra le plus probable dans chaque doctrine[1]. » Sénèque, comprenant que la vérité, pour être découverte, avait besoin du secours de la philosophie, dit qu'en profitant des lumières acquises dans les siècles précédents, il faut rechercher la vérité, qui aura encore besoin de nouvelles investigations dans les siècles futurs[2]. Sénèque, qui était philosophe, mais non prophète, ne prévoyait pas que, peu de temps après lui, la philosophie serait proscrite par les barbares, par le fanatisme et l'ignorance, et qu'elle ne reparaîtrait que quatorze siècles après, portant encore les marques de sa longue servitude.

En effet, cette philosophie, débarrassée en partie, dans le XVIII⁰ siècle, des entraves qui lui avaient été

---

[1] Sed defendat quod quisque sentit : sunt enim judicia libera : nos institutum tenebimus; nullisque unius disciplinæ legibus adstricti, quibus in philosophia necessario pareamus, quid sit in quaque re maxime probabile, semper requirimus. (Cic., Tuscul., l. IV, § 4.)

[2] Ego vero uter via veteri : sed si priorem planioremque invenero, hanc muniam. Qui ante nos ita moverunt, non domini nostri, sed duces sunt. Patet omnibus veritas, nondum est occupata; multum ex illa etiam futuris relictum est. (Senec., *Epist.* XXXIII.)

imposées, a été de nouveau comprimée sous le despotisme impérial et sous celui de la restauration, où le parti prêtre, dans l'ivresse de son triomphe, livra aux flammes les chefs-d'œuvre des philosophes. Mais ce fut en vain : ces ouvrages ont trouvé au milieu de leurs cendres une nouvelle vie. La philosophie, malgré tous les efforts du trône et de l'autel, se propagera de générations en générations, tandis que devant elle disparaîtront l'erreur et la superstition, qui, de nos jours, s'efforcent de ressaisir leur ancienne domination.

Chose remarquable, les prêtres païens, contradictoirement avec tout ce qui a eu lieu dans les religions révélées, accordaient un libre cours à toutes les opinions, tandis que l'intolérance et l'obéissance passive ont été le caractère dominant des religions révélées, et même de la religion chrétienne, dès son origine, et surtout depuis Constantin. On voit, en effet, que ni les pontifes, ni les augures ne présentèrent jamais des mystères, des dogmes, des symboles, des formulaires, avec ordre d'y croire et de s'y conformer, sous peine d'excommunication, de damnation éternelle et de peines temporelles. Ils laissèrent à chacun la plus grande liberté de penser d'après l'inspiration de sa conscience. Ils ne prirent part, ni directement, ni indirectement dans les accusations ou les poursuites qui eurent lieu, quoique très rarement, pour cause d'impiété. C'était toujours l'autorité civile qui condamnait au nom de la loi civile, d'après laquelle étaient établis une religion et un culte obligatoires pour les citoyens, mais seulement quant à l'extérieur, et dans un

3.

petit nombre de circonstances ; loi violatrice des droits de l'humanité, et que cependant les chrétiens reproduisirent dans le même but, c'est-à-dire, pour étouffer toute opinion divergente, oubliant qu'ils avaient été conduits sur les échafauds en vertu du même principe. Ce fut encore cette loi qui, avant l'époque du christianisme, n'ayant compté qu'une seule victime, (Socrate), fit couler des torrents de sang lorsqu'elle fut devenue chrétienne.

Comment ne s'élève-t-on pas de toute part contre l'intolérance de ceux qui prétendent avoir le droit de violenter les opinions, et d'invoquer le bras séculier, afin de suppléer à la force qui leur manque, lorsqu'on voit les maux qu'a produits une doctrine aussi dangereuse? Ceux-là se trompent, qui croient qu'en employant les artifices du jésuitisme, ils parviendront à faire fléchir toutes les têtes devant leur autorité, en se donnant pour les instituteurs du genre humain. Nous vivons à une époque où l'on n'adopte pas sur parole les opinions d'autrui, et si, comme le dit Mallebranche, « il faut, pour être fidèle, croire aveuglément, et pour être philosophe, voir évidemment [1], » il en résultera qu'on préférera les lumières de la philosophie aux ténèbres de la théologie.

Un des sentiments qui répand les jouissances les plus douces parmi les hommes vivant en société, qui les porte à s'aimer et à se secourir réciproquement, c'est cette tolérance, cette douce charité, hors des-

---

[1] *Recherches de la vérité*, l. I, chap. III.

quelles il n'y a qu'indifférence, division et haine.
Laissez à chacun ses opinions spéculatives, et ne considérez que ses actes; ayez pour votre prochain de
l'affection, de la bienveillance et de l'estime, lorsqu'il
se conforme aux devoirs de la morale et de la religion : c'est tout ce que vous pouvez exiger de lui ; car
vous n'avez pas le droit et vous ne pouvez sans crime
lui prescrire de penser comme vous ; et vous aggravez
votre crime en employant la violence pour l'y contraindre. Obliger les hommes à embrasser telle ou
telle opinion, c'est violer les droits les plus sacrés de
la conscience ; c'est réduire l'humanité à un état passif
et machinal. L'individu, dont les opinions ne sont pas
le résultat de la pensée et de la conviction, n'est qu'un
automate dénué de toute vertu et de tout mérite.

D'ailleurs, ne sait-on pas que nous ne sommes pas
maîtres de nous donner des opinions à volonté? Elles
ne dépendent point, en effet, de nous, mais des circonstances qui leur donnent naissance. On nous apprend, dès notre enfance, que nous devons regarder
comme vérité ce qu'on nous enseigne : de là vient
qu'on croit aveuglément, et que l'examen nous paraît
téméraire et le doute criminel. La raison est alors
proscrite, tout est admis sur parole, et le mérite disparaît. Nous adoptons l'erreur dans le sein de la famille, par l'influence de tout ce qui nous entoure, par
la force des lois, des institutions, par l'action d'un trop
grand nombre de personnes intéressées à obscurcir la
vérité et à propager le mensonge. Les préjugés, l'ignorance, la superstition des masses, sont autant d'obs-

tacles que l'on rencontre sur la route de la vérité.

L'adoption d'un système de croyances n'a souvent d'autres motifs ou d'autres preuves que ceux qui sont tracés par un fleuve ou par une chaîne de montagnes; de sorte que les arguments apportés en faveur de deux opinions contradictoires sont également probants pour les uns que pour les autres, et trouvent des martyrs prêts à les soutenir; car on a vu de tout temps des hommes qui, en pareil cas, ont fait le sacrifice de leur vie. Tel homme né à Rome, et zélé défenseur du catholicisme, n'eût pas apporté moins d'ardeur à défendre la mission de Mahomet, s'il fût né en Turquie.

On devrait faire attention, d'ailleurs, que la propriété d'une opinion n'est pas moins sacrée que celle des biens matériels. Par quelle raison la loi qui me protége contre l'usurpation de ma propriété, permettrait-elle qu'on disposât de ma raison et de mon âme; mon âme est mon bien, c'est de la nature que je tiens le droit de penser et d'exercer librement cette pensée. Ce fut là l'opinion soutenue par les premiers chrétiens contre leurs persécuteurs.

Un auteur a fait un parallèle assez exact entre les diverses manières dont procèdent la philosophie et la théologie dans la recherche de la vérité, pour que nous le citions ici: « Le philosophe cherche la vérité; le théologien est dispensé de cette tâche: il la fait descendre du ciel pour la communiquer aux hommes, non par la voie du raisonnement, mais par celle de l'autorité. Avec le premier, il faut penser; avec le second, il suffit de croire. Le disciple de l'un doit d'abord s'appliquer à rendre son esprit juste, et à lui donner de la force et de l'étendue, tandis que, par cette étendue, le disciple de l'autre n'aurait fait qu'ouvrir la porte au septicisme et à l'irreligion [1]. » Ainsi, le théologien, ayant reçu du ciel la vérité, n'a pas à s'en inquiéter : il peut faire une entière abnégation de sa raison, de son esprit, être idiot, si l'on veut; il peut également ouvrir la porte du paradis, qui reste toujours close pour le philosophe.

Il est un autre argument, produit moins rationnellement par les premiers chrétiens et dont nous ne faisons mention que parce qu'il suppose l'inutilité de l'examen et le danger du doute. Il n'a cessé d'être reproduit par les théologiens depuis Arnobe, qui s'exprime ainsi en parlant du *parti le plus sûr* : «N'est-il pas plus raisonnable, lorsqu'il se présente un doute sur deux questions incertaines, et dont les résultats sont également incertains, de croire plutôt ce qui donne de l'espérance que ce qui n'en laisse aucune[2].» Ce raisonnement est absurde, puisqu'il peut se faire, d'après le même motif, dans toutes les religions, et qu'au lieu de résoudre la question, il ne fait que l'éluder. On ne se joue pas avec Dieu, et lorsqu'on a un devoir à remplir envers lui, il ne faut pas négliger l'examen, qui seul peut nous le faire connaître, dans la supposition qu'en prenant le parti le plus sûr, nous n'aurions rien à redouter. On

---

[1] A.-V. Benoît, *de la Liberté religieuse*, p. 419.

[2] Nonne purior ratio ex duabus incertis et in ambigua expectatione prudentibus, id potius credere quod aliquas spes ferat, quam quod omnino nullas.

doit être dirigé en pareil cas par l'amour de Dieu, et non par un pur intérêt. Croire à une religion, par le seul motif du danger, c'est agir en esclave qui craint son maître sans l'aimer ; et peut-on être religieux si l'on n'aime Dieu sincèrement ? La vérité, dans ce cas, nous importe peu, puisqu'au lieu de la rechercher, nous la négligeons comme chose inutile. Nous mettons un bandeau sur nos yeux pour ne point voir. Si Dieu nous a doté d'une raison pour juger, s'il nous a donné des signes, des preuves de sa volonté, n'est-ce pas nous rendre coupables que de négliger tous ces moyens, par cela seul que nous n'avons rien à craindre et tout à espérer ? Qui peut d'ailleurs nous assurer que nous n'avons rien à craindre ? Sur quels motifs sont fondées nos espérances ? Si cette manière de raisonner est vraie en elle-même, quel en sera le résultat pour les autres religions ? On ne voit pas que c'est cette fausse opinion qui maintient un si grand nombre d'individus dans l'erreur depuis des siècles. Ainsi les théologiens, qui donnent pour certain ce qui est très douteux, et notre intérêt pour une preuve, ne prouvent rien. L'examen est donc le seul moyen de parvenir à la connaissance de la vraie religion ; et si malheureusement nous venons à errer, Dieu ne nous l'imputera pas à crime ; si nous nous trompons de bonne foi , sa bonté ne peut s'en irriter, sa clémence doit nous pardonner une erreur involontaire, inhérente à la nature qu'il a donnée lui-même à l'homme ; car il est évident qu'on ne peut embrasser une croyance religieuse, lorsqu'on cherche consciencieusement la vérité, que parce qu'on

le considère comme le plus agréable à Dieu. C'est en
vain que des hommes cruels et vindicatifs s'efforcent
de lui prêter les passions dont ils sont animés, la raison les dément et la justice divine les condamne.

On ordonne de croire aveuglément, et l'on incri-
mine le doute dans une matière où tout est obscurité,
incertitude et contradiction. On ne permet pas de douter, lorsqu'on vous présente des religions où tous ceux
qui disent en faire profession diffèrent non-seulement
entre eux sur un grand nombre de points relatifs aux
dogmes, à la doctrine, mais encore se traitent réciproquement de faussaires, de corrupteurs, d'hérétiques,
se donnent même souvent des épithètes plus diffaman-
tes, se haïssent et enfin se font la guerre dans ce
monde, en se condamnant aux flammes éternelles dans
l'autre. Comment ne pas hésiter, douter, examiner,
avant de croire à la vérité de ces religions qui s'appuient également sur des révélations, des miracles, des
martyrs, et une foule de faits et de preuves qui sont
de même nature, et aussi probantes les unes que les
autres?

Supposons qu'un missionnaire brahmiste, ou boudhiste, ou de toute autre religion révélée, propose à un
homme de bon sens, qui ait cultivé son esprit et sa
raison, d'embrasser la religion qu'il professe. Cet
homme trouverait ridicule la proposition d'adopter
cette religion avec ses dogmes et ses pratiques avant
de les connaître. Il examinerait donc, et cet examen le
conduirait à la connaissance des opinions plus ou
moins nombreuses, plus ou moins divergentes de ces

différentes sectes. Il entendrait chacune lui dire qu'elle seule professe et enseigne la vérité que Dieu a révélée aux hommes. Mais ne dirait-il pas à ces sectaires : comment voulez-vous que je croie ce que vous me donnez pour la vérité, lorsque les uns parmi vous nient ce que les autres avancent ? Soyez d'accord, alors je verrai si je dois vous croire ou non. Tout homme, qui raisonnerait et agirait différemment serait un insensé, et deviendrait la dupe de gens abusés eux-mêmes, ou bien de fourbes intéressés à le tromper.

Les théologiens ont substitué au doute la tradition qui conduit presque toujours à l'erreur, tandis que le doute est le seul moyen de s'en préserver. Comment croire en effet aux traditions, surtout en fait de religion, quelle qu'elle soit, lorsque l'étude de l'histoire nous apprend que toutes ces traditions, que l'on nous donne pour des vérités ont pris leur origine à des époques d'ignorance, de crédulité, de superstition, et qu'elles ont été supposées par des hommes qui, dans leur bonne foi et dans le zèle aveugle qui les animait, ont adopté des bruits populaires comme des réalités, ou qu'elles ont été forgées par des imposteurs et des gens intéressés à faire prévaloir certaines opinions?

Les mêmes théologiens, voyant que le doute était dangereux en matière de religion, puisqu'il pouvait souvent conduire à l'incrédulité, ont dirigé les hommes par un chemin plus assuré. Ils ont fait descendre la foi du ciel, comme un éclair dont la lumière pénètre les cœurs, brille au fond des esprits, nous dispense de l'examen, et nous garantit du doute. Ce système établi, il a fallu admettre nécessairement que la foi était une grâce spéciale de Dieu; mais comme, d'autre part, il se trouvait à peine quelques hommes qui eussent ce don céleste, il a été nécessaire de dire que Dieu n'accordait cette grâce qu'à ceux qu'il avait prédestinés. Ainsi on est parvenu, d'arguments en arguments, à supposer, qu'un Dieu qui s'est sacrifié pour sauver tous les hommes, refusait cependant à la presque totalité le seul moyen qui pût les conduire au salut.

Au reste, la foi, considérée dans le sens où les docteurs de l'Église l'ont définie, ne nous paraît pas une chose moins remarquable : foi et crédulité sont à peu près synonymes. Car, pour avoir la foi, il faut croire sans faire usage de sa raison et sans avoir égard à ce qu'elle inspire, ce qui est le caractère de la crédulité. Celle-ci admet comme vérité le merveilleux, les prodiges et même l'absurde ; c'est aussi le caractère de la foi, d'après saint Augustin : *Credo quia absurdum.* La foi, ainsi que la crédulité, se base sur l'ignorance ; car l'ignorant admet indistinctement toute religion qui lui est proposée; le crédule adopte ce qu'on lui dit, sans examen, sans jugement; la foi défend d'examiner, de juger. Telle est la nature de la foi, d'après plusieurs docteurs orthodoxes. Il semblerait qu'ils aient puisé cette doctrine chez les prêtres druides, qui disaient, au rapport de Tacite : « Il est plus saint et plus respectueux de croire aux actes des dieux que de les examiner [1]. »

---

[1] Sanctius ac reverentius de actis deorum credere quam scire. (Tacite, *de Morib. German.*)

Le clergé, dans les différentes religions, n'a cependant jamais cessé de produire des motifs et des arguments pour prouver la vérité de sa doctrine, ce qu'il n'a pu évidemment faire sans l'usage de la raison. Comment se fait-il qu'il ait seul le droit et le privilége d'employer le raisonnement, et de l'interdire aux autres, au sujet d'une même question?

Supposer qu'il ne nous est pas licite de juger en matière de religion, de douter et même de rejeter, c'est dire que nous devons adopter une croyance qui n'est pas la nôtre, et que, par conséquent, nous n'avons aucune responsabilité envers Dieu; car on ne peut être responsable que de ses propres opinions et de ses propres actes, et non de ceux d'autrui. Telle est la conséquence où conduit l'abnégation de la raison et des principes de liberté individuelle, que si vous les détruisez, il ne peut plus exister de responsabilité, et l'homme est réduit à l'état d'une machine.

C'est une grande imprudence que de rendre la raison incompatible avec la religion. Car la raison étant indubitablement un don de Dieu, la religion qui sera discordante ou en contradiction avec elle, ne pourra être l'ouvrage de Dieu. La vérité, loin de redouter la raison, a recours à elle pour se manifester d'une manière plus évidente. Plusieurs sectes du christianisme, nommées éthérodoxes, admettent, il est vrai, la raison comme base et appui de la religion, mais en la soumettant cependant à la Bible, car, disent-elles, lorsqu'il s'agit de la parole de Dieu, nous n'avons qu'à croire et à obéir. C'est ainsi qu'on restreint la raison dans des limites où les effets qui devaient en résulter se trouvent annulés, ce qui équivaut à peu près à un rejet.

La foi est nécessairement subordonnée à la raison, puisqu'elle ne peut être distinguée de l'erreur, si elle s'appuie sur tout autre fondement: or, on ne peut en avoir de plus solide que la raison dont Dieu est l'auteur, et qu'il nous a donnée pour discerner le vrai du faux. La raison seule nous conduit donc à la foi, ainsi qu'à toute espèce de vérité. En interdire l'usage est une violation manifeste de la loi divine. De plus, dire qu'il faut croire sans raisonner, c'est soutenir que Dieu nous a révélé des dogmes sans qu'il soit permis d'examiner si Dieu les a révélés, ce qui est absurde.

Croire n'est pas une chose libre, la croyance dépendant nécessairement des raisons et des motifs de crédibilité. Lorsque ces raisons ne compensent pas par leur poids, par leur nombre, les difficultés, l'obscurité et l'invraisemblance de la chose qui est l'objet de la foi, il n'y a, ni ne peut y avoir de croyance. Quand la différence entre les raisons de croire ou de ne point croire est légère, elle fait naître le doute et le soupçon. Quand l'un égale l'autre, il en résulte une opinion vague et incertaine. Quand les motifs déterminants l'emportent, il en résulte une croyance plus ou moins forte. Tel qui pense, et qui dit croire, se trompe peut-être, et cela d'autant plus qu'il l'affirme plus positivement; car il n'y a point, en fait de religion, de preuves qui emportent une conviction absolue, et ce qui le démontre c'est que, de toutes les preuves apportées pour démontrer une religion quelconque, il n'en est aucune contre laquelle il ne se soit élevé des objections plus ou moins fortes, et qui n'ait été combattue avec plus ou moins de succès. On ne peut, sans violer la conscience, le droit naturel et la raison, faire un commandement de ce qui n'est pas libre; il faudrait d'ailleurs que ce droit eût été donné dès l'origine du pacte social ou depuis; ce qui est absurde, car on ne peut donner à autrui un droit légal sur la conscience, sans renoncer aux droits imprescriptibles de cette conscience même.

L'homme religieux est, relativement à l'ordre social, dans l'état de nature, c'est-à-dire qu'il a, sous les rapports religieux, le droit de se conduire comme si cet ordre n'existait pas, et de suivre les lois selon lesquelles il est déterminé à penser et à agir, et par conséquent de résister passivement, s'il ne peut le faire activement, à toute contrainte ayant pour but de violenter sa conscience, de substituer à son symbole un autre symbole, à son culte un autre culte. Que l'on soit dans l'erreur ou dans la vérité, dans la raison ou dans l'absurde, il n'appartient à nul autre d'en juger, car on juge toujours d'après sa propre opinion, qui est souvent erronée; d'ailleurs l'homme n'est pas compétent, dans un jugement de cette nature, qui n'appartient qu'à Dieu. L'état social exige des concessions; l'ordre religieux n'en doit aucune et ne peut en reconnaître. Il n'a de soumissions à faire qu'à Dieu, d'ordres à recevoir que de lui seul, n'ayant de relations qu'avec lui. L'individu est, sous ce rapport, isolé de toute société; il est placé dans un ordre d'idées ou de pratiques qui n'ont de relations qu'avec lui-même, qui ne sont ni utiles, ni nuisibles à la société, celle-ci n'ayant rien à exiger que la soumission aux lois faites pour le maintien de l'ordre public et de la sûreté des particuliers.

De ces principes, dont l'évidence ne peut être niée par tout homme qui, libre de préjugés, sait faire usage de sa raison, il résulte qu'il est permis à chacun de choisir, d'après le *dictamen* de sa conscience, la religion qui lui paraît porter avec elle les preuves les plus évidentes de la vérité, et par conséquent de pratiquer le culte qu'il croit être le plus agréable à Dieu. Comme il est permis à chacun de choisir son médecin, fut-ce un charlatan et un ignorant, de même il doit être permis de choisir son prêtre, fût-ce un imposteur ou un fourbe. C'est à l'opinion publique et à la publicité de cette opinion de prémunir les personnes peu avisées ou trop crédules et trop confiantes contre ces hommes qui se jouent, dans leurs intérêts, des maladies du corps ou de celles de l'âme : l'autorité publique ne doit intervenir, dans le premier cas, que lorsque le médecin donne à ses malades du poison au lieu de remèdes, et, dans le second, lorsque le prêtre enseigne une doctrine contraire à la morale, ou à l'ordre et à la tranquillité publique.

Il est à remarquer que l'opinion sincère ou simulée de tous les fondateurs de religions a été bien différente de celles que nous venons d'émettre. Ils ont mis, pour première et indispensable condition, qu'il fallait, pour plaire à Dieu, et pour obtenir le salut éternel, croire aveuglément et sans hésiter les dogmes qu'ils

présentaient comme divins ; ils ont fait un crime du
doute et de l'examen. On peut prouver cependant
par les évangiles que telle ne fut pas la doctrine de
Jésus-Christ, et que ce n'est qu'après lui que les prêtres et les docteurs de l'Église ont avancé une opinion
qui, considérée sous les rapports de la bonté et de la
clémence divines, n'est pas soutenable. Aussi a-t-elle
été rejetée par plusieurs catholiques et par un grand
nombre de protestants.

On conçoit que le motif le plus puissant sur les
esprits faibles, sur des hommes ignorants, crédules et
superstitieux est le sentiment de terreur qu'ils éprouvent, étant menacés de peines éternelles, s'ils refusent
de croire, ou même s'il s'élève quelque doute dans leur
âme. L'homme, frappé de ces idées effrayantes, doit
abdiquer sa raison, son libre arbitre, les droits même
que Dieu a attachés à sa nature.

C'est par ce moyen que toutes les fausses religions
ont fondé la croyance des peuples, et que les prêtres,
ne consultant que leurs intérêts, ont enchaîné ceux-
ci sous des liens si fortement enlacés, qu'ils n'ont pu
s'en débarrasser, même après une longue série de siècles. Ainsi, selon Brahma, Dieu repousse même les
hommes vertueux qui ignorent sa loi. « Quant à ceux
qui, sans me connaître pour leur Dieu, font de bonnes
œuvres, ils n'auront aucun mérite devant moi [1]. » Lao-
Tsee s'exprime dans le même sens. « La foi n'a pas jeté
dans votre cœur de profondes racines, et c'est pour

---

[1] Bagavedam, 89.

cela que vos bons principes n'ont pas de base[1]. » Le
Coran reproduit ce précepte dans cinquante passages
dont voici un exemple : « La protection du ciel est assurée aux croyants... La foi des croyants vertueux les
conduira dans des jardins de délices. » Les païens pensaient qu'il fallait avoir une foi explicite dans leurs législateurs et leurs oracles ; c'est en parlant d'eux que
Strabon dit : « Les hommes considéraient comme la
vérité tout ce qu'ils disaient [2]. » Jamblique veut que
l'on croie un mystère, par la raison qu'il est inintelligible : « Nous devons avoir une vénération d'autant plus
grande pour ce qui est moins intelligible [3]. » C'est ainsi
qu'on a abruti l'homme et qu'on lui a ravi les droits les
plus précieux que lui avait accordés la divinité.

Le principe d'une foi aveugle et d'une soumission
passive, qui avait été admis dans tous les mystères de
l'antiquité, s'introduisit avec d'autant plus de facilité
dans la religion chrétienne, lorsqu'elle commença à se
corrompre, qu'il se trouvait d'accord avec les intérêts
du sacerdoce. Ainsi Origène répondait aux païens qui
reprochaient aux chrétiens de croire sans examen :
« Puisqu'on nous accuse sans cesse de crédulité, je ré-
pondrai que nous avons reconnu qu'il est utile à la gé-

[1] *Le Livre des récompenses et des peines*, trad. du chinois, par
M. Julien, p. 23.

[2] Hæc qualiacumque sint sine ratione habita veritatis, ab
hominibus credebantur. (Strab., l. XVI. § 762.)

[3] Et quoties a nobis intelligi non potest, tunc maxime ideo
est venerandus. (Jambl., *de Mysteriis*, c. IV, sect. 7.)

néralité des hommes d'adopter et de croire ce que nous enseignons, sans qu'il leur en soit donné de raison, principalement lorsqu'il s'agit des personnes qui, distraites par les affaires du monde, ne peuvent se livrer à l'étude [1]. » Saint Augustin porte l'exagération encore plus loin : il croit à la religion chrétienne parce qu'elle est absurde, ainsi que nous l'avons déjà fait remarquer. Il n'y croirait même pas s'il n'y était entraîné par l'autorité de l'Église [2]. Ainsi, d'après ce saint père, une grande partie de ceux qui se disent chrétiens, c'est-à-dire tous les protestants, ne sont que des déistes ou des athées ; car, rejetant l'autorité de l'Église, ils doivent rejeter l'Évangile.

Ces différentes opinions sur la foi, ces variantes qui ont existé et qui existent encore parmi les chrétiens, réduisent à une grande perplexité les personnes qui, recherchant sincèrement la vérité, croient se rendre criminels en faisant usage du doute, de l'examen et du droit que Dieu leur a donné de consulter leur raison avant de prendre une décision. Mais non, nous ordonnons impérieusement de croire ce que nous croyons. Il est sans doute de bonnes raisons pour cela. La foi est considérée en religion comme la légitimité en poli-

---

[1] Quoniam sine fine credulitatem nobis objectant, discendum : nos qui experti sumus quam sit utilis vulgo hominum, fateari quod doceamus credere, vel itaque rationibus præsertim eos qui non possunt omnibus negotiis relictis vacare inquirendi studio. (Orig., *Cont. schism.*, l. I.)

[2] Non crederem Evangelio, nisi Ecclesia me compelleret. (August., *Epist. fundam*)

tique. L'un et l'autre suppléent à tout. Il n'y a point, hors de là, de salut dans ce monde, ni dans l'autre. Un habile théologien a dit : « Qu'on ne trouvait aujourd'hui aucune Église dans le monde qui n'obligeât à croire des choses évidemment fausses, et qui renferment des contradictions et des impossibilités manifestes ; et cela avec autant de gravité et d'autorité que si elle proposait des oracles émanés de Dieu même. »

La foi est l'évidence de choses invisibles, insaissables ; les doctrines de foi, loin d'être prouvées, ne sont pas susceptibles de preuves ; or, comment croire une chose qui n'est, ni ne peut être prouvée? On croit sans croire réellement parce qu'on s'imagine avoir une foi, parce qu'on se croit obligé de croire, parce qu'on craint de ne pas croire. A-t-on en effet examiné assez profondément, assez longtemps et avec assez d'indépendance pour avoir une vraie foi.

La croyance et l'incrédulité ne peuvent être ni une vertu, ni un crime, même d'après les théologiens, puisque, selon eux, la foi est un don de Dieu, qui ne dépend point de nous. Celui qui reçoit cette faveur, qu'il ne dépend pas de lui d'obtenir, ne peut s'en faire un mérite, et, par la même raison, celui à qui elle est refusée ne peut mériter aucun blâme. D'ailleurs, lorsqu'une proposition est évidente, nous ne pouvons nous empêcher de la croire. Où peut donc être le mérite, lorsqu'on donne un assentiment nécessaire? Si, au contraire, une proposition n'est point évidente, nous ne pouvons nous empêcher de la rejeter. Dans ce cas, où est le crime de ne point faire une chose impossible, ou de ne

4

point croire ce qui ne paraît pas véritable? Conservons à chacun les droits qu'il a reçus de Dieu, et nous serons à l'abri de ces prétentions impérieuses dont il résulte tant d'injustices et de dissensions.

CHAPITRE III.

DU CHANGEMENT D'OPINIONS POLITIQUES ET RELIGIEUSES.

Nous ne devons pas oublier, en traitant de la liberté des opinions, de parler du droit que chacun a d'abandonner celle où il se trouve engagé par des circonstances ou des motifs quelconques, et d'en adopter une autre, dans l'intime et sincère conviction qu'elle est la seule vraie. L'exercice de ce droit fut cependant regardé, et est encore aujourd'hui considéré comme un acte plus ou moins criminel, par les sectaires des différentes religions, selon qu'ils sont plus ou moins dominés par un esprit de fanatisme ou d'intolérance. Mais les opinions erronées, fruit de l'éducation et des préjugés religieux, ont de tout temps dominé le monde, à quelques exceptions près. La liberté religieuse semble avoir été méconnue et proscrite d'autant plus qu'elle est plus sacrée et inviolable; et souvent ceux qui la proclament n'en connaissent ni tous les droits, ni toute la portée. « Les droits naturels de l'homme, a dit Condorcet, sont connus, en général, de tous ceux qui ont l'esprit droit et l'âme élevée, mais peu de gens en embrassent toute l'étendue; peu se sont élevés à

une assez grande hauteur pour apercevoir toutes les
conséquences de ces droits[1]. »

Le judaïsme s'est fait remarquer surtout par la haine
implacable qu'il portait à ceux qui abandonnaient leur
religion, et par les lois qui les condamnaient à mort.
« *Et statim interficies*, » est-il dit dans le Deutéronome,
chap. XIII, v. 9. La haine des chrétiens, en dépit des
préceptes de la charité, n'a pas été moins violente que
celle des juifs, lorsqu'ils ont donné à ceux qui renon-
çaient à leurs croyances les épithètes infamantes d'*a-
postats* ou de *renégats*, et qu'ils ont été même jusqu'à
les conduire sur les échafauds. La loi mahométane
condamne à mort celui qui renonce à la foi du Coran. On
trouve un exemple frappant de cette intolérance dans la
manière dont fut jugé l'empereur Julien pour avoir abandonné la religion chrétienne. Instruit, dès sa première
jeunesse à l'école des philosophes d'Athènes, il consi-
déra le christianisme comme une invention humaine,
adoptée par la politique de Constantin. Mais, craignant
d'éprouver le sort de son frère Gallus, assassiné par ce
sanguinaire empereur, il fut contraint de dissimuler son
opinion, jusqu'au moment où il parvint à l'empire. Il
reprit alors le culte païen, qu'il crut inconsidérément
pouvoir rétablir sur des bases moins absurdes.

Il est difficile, lorsqu'on est impartial, de juger
quels furent les desseins de Julien, s'il agissait par politique, ou par préjugé, ou par conviction. Il repous-
sait la religion chrétienne, soit qu'il la considérât

[1] Condorcet, *Idées sur le despotisme*, § 20.

comme une œuvre humaine, soit parce qu'il prévit, d'après les dissensions et l'intolérance dont elle avait déjà donné des preuves, qu'elle ferait renaître, non-seulement à l'égard des païens, mais entre les chrétiens qui différaient d'opinion entre eux, l'esprit de persécution dont elle avait été elle-même la victime; qu'elle occasionnerait la ruine de l'empire, ainsi que le pensaient avec lui tous les païens; soit enfin qu'il fût entiché des idées de Platon, ou de celles des autres philosophes. Mais quelque aient été les torts de cet empereur, on ne peut lui refuser des qualités éminentes, qui, dans un prince chrétien, eussent reçu des éloges bien mieux fondés que ceux donnés par des prêtres passionnés et fanatiques à Constantin couvert de crimes, avant et après qu'il eut adopté la religion chrétienne. En effet, les pères de l'Eglise se sont acharnés d'une manière peu charitable à poursuivre la mémoire de Julien par les injures et la calomnie. Socrate, après avoir condamné toutes les actions de sa vie, suppose qu'il reçut la mort, non frappé d'une flèche, lorsqu'il combattait à la tête de son armée, mais par la main d'un démon. Saint Jean Damascène et Nicéphore, croyant sans doute mieux faire apparaître la vengeance céleste, donnent pour auteurs de cette mort deux martyrs, qu'ils nomment Mercure et Artemius. Le même Nicéphore certifie que Julien, ayant prié quelques chrétiens d'assister à un sacrifice qu'il faisait dans la Calédonie, les accusa, sur leur refus, d'impiété, et les fit livrer aux flammes. Théodoret fait proférer, à Julien expirant, des imprécations et des

4.

blasphèmes contre celui qu'il nommait *le Galileen.*
Chrysostôme lui conteste jusqu'à son mérite militaire.
Ce même père de l'Église, ainsi que saint Jérôme et
saint Grégoire, disent qu'il avait fait vœu d'immoler
à ses faux dieux des chrétiens, s'il était victorieux dans
sa guerre contre les Parthes. Enfin le dernier de ces
saints personnages le représente se lavant dans un
bain de sang, pour mieux effacer l'impression et les
marques de son baptême. Il ajoute qu'avant de mourir
Julien fut prêt de se jeter dans un fleuve, afin, son
corps n'étant pas retrouvé, de passer pour un Dieu.

Si nous avons rapporté des imputations et des calomnies si odieuses, si absurdes, si contraires au caractère de Julien et à la vérité de l'histoire, ce n'est pas
pour les réfuter; elles n'en ont pas besoin. Nous
avons voulu seulement faire voir jusqu'à quel excès
peuvent se porter le fanatisme et l'intérêt religieux,
et tracer l'origine de l'intolérance sacerdotale, qui
poursuit d'une haine implacable ceux qui, lui ayant
été une fois soumis, croient avoir des motifs légitimes
de se soustraire à sa domination.

Cette haine ne s'est pas bornée aux païens et aux
compétiteurs du christianisme, tels que les mahométans, dont les opinions ont été si longtemps en horreur,
et ont occasioné une si abondante effusion de sang
humain. Elle n'a pas été moins flagrante d'orthodoxes
à éthérodoxes, de catholiques à hérétiques; enfin les
philosophes et les déistes n'ont pas été traités plus
charitablement. On n'a pas été moins parcimonieux de
calomnies, d'inculpations haineuses, d'épithètes inju-

rieuses envers les uns qu'envers les autres. Les ouvrages des pères de l'Église et des théologiens qui leur ont succédé sont remplis, contre ceux qui ne partageaient pas leurs opinions, des accusations odieuses d'hérétiques, d'impies, de sacriléges, de profanateurs, d'irreligieux, de libertins, etc., etc.

Les chrétiens, ne redoutant plus les païens, chaque parti ou chaque secte déversa contre ses nouveaux adversaires la haine qu'elle avait eue d'abord pour les premiers. C'est ce qui est attesté par les longues et violentes dissensions qui ont agité l'Église à diverses époques. Mais l'humanité eût été préservée de grands maux si, au lieu de se laisser influencer par l'intérêt, par le fanatisme et par d'autres passions, on eût considéré qu'une opinion quelconque, l'hérésie ou même le déisme, loin d'être un crime, devient une vertu, lorsqu'on se détermine par une conviction sincère et dégagée de tout intérêt humain; car, dans ces matières, le crime est de résister à la conscience. On n'a une opinion que parce qu'on la croit bonne et meilleure que d'autres; on ne pèche donc pas en la suivant; le contraire serait pécher contre ses propres lumières. On peut être trompé ou aveuglé par des préjugés, par l'habitude, l'éducation ou l'exemple, tout en croyant être dans la vérité : c'est un malheur et non un crime; car on adopterait ce qui est meilleur ou vrai, si on le connaissait. Ne pas changer, lorsque la conviction se prononce, c'est hypocrisie, intérêt mondain, peur ou lâcheté. Quelle que soit la religion que vous aient donnée les circonstances, il est du devoir de l'examiner, au-

tant que le permet la position morale ou physique où
l'on se trouve, pour s'assurer si elle est vraie ou
fausse, et afin de la conserver dans le premier cas, et
de la rejeter dans le second.

Les opinions n'étant pas volontaires, et dépendant
des circonstances, que nous n'avons pas la puissance
de créer, de faire naître, ou de changer à volonté, il
est évident qu'elles ne peuvent se commander. Nous
n'en sommes donc pas responsables, et on ne peut
nous en faire un crime. Tout ce qu'on a droit d'exiger
de nous, c'est de faire nos efforts pour parvenir à la
connaissance de la vérité, et de nous y attacher, lorsque nous croyons l'avoir découverte. C'est d'après ce
principe que celui qui se trouve engagé dans une opinion religieuse quelconque, eût-il promis de ne point
l'abandonner, n'est nullement tenu de s'y maintenir,
lorsqu'après un examen soigneux, il reconnaît qu'elle
est fausse et mensongère. Cette promesse, pareille à
celle qu'on ferait de commettre une action immorale,
non-seulement n'est pas obligatoire, mais elle est nulle
de sa propre nature. Ainsi, on n'est pas coupable en
ne l'observant point; on le serait dans le cas contraire, car on doit la vérité à soi-même, aux hommes
et à Dieu.

Rien de si absurde, de si contraire à la nature humaine et à l'inspiration divine que de promettre l'ob-
servance d'une religion sous l'empire de laquelle on
est né, où l'on a été élevé, ou même qu'on a adoptée volontairement : c'est admettre que nous ne sommes
pas sujets à errer; c'est établir comme certain que nos

parents, les hommes au milieu desquels nous vivons,
que nos instituteurs, nos prêtres, ainsi que nos ancêtres, n'ont jamais pu se tromper ni tromper les autres; que Dieu leur a donné un jugement infaillible,
un esprit assez pénétrant, assez étendu pour distinguer avec évidence l'erreur de la vérité, sans jamais
pouvoir se tromper. C'est en admettant une opinion
aussi fausse, aussi contraire à l'expérience journalière,
à celle des siècles, que les païens proscrivirent le
christianisme, que les chrétiens, devenus dominateurs, se haïrent, se persécutèrent, et que chaque
secte se crut en droit d'employer le fer et le feu pour
faire triompher ses opinions. Ne voit-on pas que ces
sectes admirent la veille comme une vérité ce qu'elles
regardèrent le lendemain comme une erreur. Il en
fut de même de l'Eglise catholique et romaine, qui
rejeta avec indignation des mystères et des croyances
qu'elle avait considérés, avant la réforme, comme
des prescriptions et des lois divines. Que sont devenus les symboles des chrétiens qui peuplaient l'Asie,
l'Afrique et une partie de l'Europe avant Mahomet?
Laissez donc chacun suivre l'impulsion de ses lumières, de sa bonne foi, et le sentiment de sa conscience.

La justice et la charité doivent donc proscrire ces
haines, ces expressions odieuses *d'apostat*, de *renégat*,
et autres semblables; car, ainsi que l'a dit un écrivain,
aussi recommandable par sa piété que par son savoir :
« Toute conviction sincère mérite le respect, et la conscience est un sanctuaire pour l'homme, un asyle

où Dieu seul a le droit de pénétrer comme juge[1]. »

Ceux qui méritent le mépris sont les hommes qui, pour un intérêt mondain, ou pour donner un cours plus libre à leurs passions, passent d'une religion à une autre, ou rejettent toute croyance, même celle que nous inspire la loi naturelle. Mais, par l'inconséquence attachée à l'esprit humain, on fera un reproche et même un crime à l'homme vertueux qui, par principe de conviction et de devoir, change de religion, tandis qu'on approuvera l'apostat qui abjure pour un trône ou même pour un moindre intérêt.

Au reste, ce que nous venons de dire sur l'abandon d'une religion ou d'une secte, ainsi que les observations faites dans les chapitres précédents, et dans ceux qui suivent, prouvent, à notre avis, sur quels frêles fondements et quelle débile conviction est basée la religion de la plupart des hommes. N'avons-nous pas vu des personnes qui, avant 1789, faisaient profession de ce qu'ils nommaient philosophie ou incrédulité, devenir religieux dans l'émigration et fanatiques sous la restauration? N'avons-nous pas vu, dans les villes comme dans les campagnes, le peuple français, par une impulsion spontanée, renverser les autels et les images de son culte, et célébrer la fête du Déïsme? n'avons-nous pas vu les hommes qui avaient approuvé ces nouvelles opinions en adopter de contraires, lorsque l'intérêt les a rangés sous la bannière de celui qui se vantait d'avoir restauré la religion en France,

[1] Lamennais, *Affaires de Rome.* t. I, p. 197.

et qui la consolidait par des concordats? Le nombre des dévots n'a-t-il pas augmenté sous la restauration? et ne voyons-nous pas, depuis quelques années, une recrudescence religieuse et monacale, sous l'influence d'une politique qui espère pouvoir en tirer parti pour l'accroissement de son pouvoir?

Mais si l'on veut s'attacher à la réalité, et non à de vaines paroles, ou à des formes extérieures, que trouve-t-on? Des hommes qui n'ont aucune croyance réelle, puisqu'ils croient ou ne croient pas, selon les circonstances ou les intérêts. Peut-on, en effet, faire entrer en ligne de compte la foi de ceux qui embrassent ou rejettent une opinion avec une égale indifférence, où la politique de ces fourbes à qui il est profitable de jouer un certain rôle sur le théâtre du monde? Des ecclésiastiques, zélés pour la cause religieuse, ont démontré jusqu'à quel point est portée cette indifférence[1].

Quant à l'hypocrisie politique et religieuse, il suffit d'ouvrir les yeux pour savoir à quoi s'en tenir. Que signifient ces changements qui se modèlent d'après le passage d'une royauté à une république, de celle-ci à un empire, de cet empire à une dynastie, de la légitimité à un gouvernement bâtard composé de principes discordants? Peut-on croire bonnement qu'un peuple, à qui l'on fait changer de rôle selon la pièce que l'on veut jouer, ait de l'affection et de l'attachement pour les opinions qu'on lui impose, et qu'il soit réellement

---

[1] Lamennais. *Indifférence religieuse.*

religieux ? Comment le serait-il , lorsqu'au lieu de lui
présenter la religion dans toute sa pureté et sa sim-
plicité primitive, on en a fait un instrument gouvernemental, un moyen de pouvoir et de richesses
entre les mains de ceux qui n'y croient que relativement à leurs intérêts [1]. C'est ce qui faisait dire à
Alfieri : « Admettre la religion catholique sans y
croire, c'est là la situation actuelle de presque toute
l'Europe catholique ; cela paraît être une de ces contradictions humaines qui répugne à la saine raison si
extraordinairement, que cette religion ne peut avoir
une longue existence [2].

Cet état de choses n'est point changé depuis qua-
rante-cinq ans, époque où écrivait Alfieri. Il n'a fait
qu'empirer, malgré les constants efforts des principales
puissances catholiques de l'Europe, combinés avec ceux
de la cour de Rome, de son clergé ultramontain, de ces
légions de moines et de jésuites qui ont envahi non-
seulement la France, mais encore les pays protestants.

C'est ce dont se plaint amèrement l'un des écrivains
qui ont approfondi avec le plus de soin cette matière, et qui disait, il y a peu d'années, en parlant de
la religion catholique : « Son étendue géographique
comprend environ les deux tiers de l'Europe, une
extrêmement petite partie de l'Afrique et de l'Asie,
l'Amérique entière, à l'exception des pays situés en-

---

[1] Sui quæstus causa, fictas suscipiunt opiniones. (Ennius ,
ap. Cicer., l. I, de Divin.)
[2] Alfieri, de la Tyrannie, chap. VIII.

tre la Louisiane et le Canada, et de quelques îles anglaises où le protestantisme domine; presque rien
dans l'Austrasie, rien dans l'Océanie. Il se trouve à
peu près dans les mêmes rapports avec la population
totale du globe, c'est-à-dire que les catholiques, selon les calculs les plus vraisemblables, en forment la
sixième partie. Quelque faible que soit déjà ce nombre, il faut en déduire encore, surtout parmi les nations européennes, les hommes qui, ayant abandonné
la foi de leurs ancêtres, et même toute foi, n'appartiennent au catholicisme que de nom; et chacun sait
combien ils se sont multipliés depuis un siècle.
Ajoutez-y certaines peuplades à peine converties à
moitié, chez lesquelles règne un impur mélange de
christianisme défiguré et de superstitions idolâtres;
quelques autres qui croupissent dans une ignorance
presque absolue, et voyez ce qui reste de vrais chrétiens. On est effrayé de leur solitude sur cette terre
promise tout entière au Christ, et chaque jour le dé-
sert s'élargit autour d'eux. Chaque jour la religion
gémit sur de nouvelles pertes que sont bien loin de
compenser les progrès qu'elle fait dans d'autres contrées; à partir d'une époque déjà ancienne, elle a visi-
blement et sans interruption tendu à décliner, comme
un vieillard dont le pouls bat toujours plus lente-
ment [1]. »

Le même auteur, avant de faire les observations que
l'on vient de lire, avait déploré l'état de la religion en

---

[1] Lamennais, *Affaires de Rome*, i. ii. p. 28.

France, par suite du système de la restauration, qui
faisait servir cette religion à l'appui de son dépotisme.
« Enfin, dit-il, pour juger combien l'état de choses
que nous venons de peindre fut funeste à la religion,
il suffit de dire que le nombre des communions pas-
cales, qui s'élevait à Paris, sous l'empire, à quatre-
vingt mille, était réduit au quart vers la fin de la restauration. Le même fait se reproduisait dans toute la
France, de sorte que l'on peut dire que la révolution
de 1830, qui avait arrêté cette décadence progressive,
a été sous ce rapport un évènement heureux [1]. »

Ne nous interférons donc pas dans les opinions des
autres ; ne calomnions pas, ne provoquons pas la haine
sur ceux qui en changent par conviction sincère et dés-
intéressée. Réservons notre mépris pour ces nombreux apostats, pour ces hypocrites qu'encouragent
l'exemple, un misérable système de corruption, et la
dépravation des hommes influents. Car le sage ne peut
pactiser avec le vice, lors même qu'il triomphe.

Je ne puis m'empêcher de produire encore le sentiment de l'auteur que je viens de citer, et qui, ayant
longtemps professé certaines opinions, a eu la candeur
et la bonne foi de les modifier, en bravant les calomnies et les inculpations des personnes peu réfléchies,
ou celles des hommes de parti, lorsque, fort de sa conscience, il n'a pas craint de manifester ouvertement la
lumière qui se présentait à ses yeux. On ne saurait
concevoir des idées plus vraies et plus brillantes sur

[1] Lamennais, *Affaires de Rome*, t. I, p. 45.

le devoir de changer et de manifester ses opinions religieuses ou politiques, lorsque la vérité céleste, issue
de la réflexion et de l'expérience, vient éclairer notre
esprit.

« La vérité croît, s'élargit sans cesse, dit M. Lamennais, parce qu'en elle-même elle est infinie. Elle sort,
tel qu'un fleuve divin, de son éternel principe, arrose
et féconde l'univers, jusqu'en ses profondeurs les plus
reculées, portant sur ses célestes ondes les intelli-
gences qui s'abreuvent d'elle, et dans son invariable
cours que rien n'arrête, que rien ne retarde, les éle-
vant peu à peu vers la source d'où elle est partie. Et
puisqu'elle est infinie, nul, quel qu'il soit, à quelque
point du temps qu'il lui ait été donné d'être, ne saurait se flatter de la posséder complètement. Entre elle
et lui quelle proportion, quelle mesure commune?
Coquille imperceptible qui, sur le rivage, se dirait :
J'ai en moi l'Océan ! Point d'état donc plus déraison-
nable que de rester immobile dans les mêmes idées,
quand elles ne sont pas de celles qui forment en quelque manière le lit sur lequel coule perpétuellement la
vérité progressive. Car cet état implique ou la persuasion que l'on sait tout, que l on a tout vu, tout conçu,
ou la volonté de ne pas voir plus, de ne pas concevoir
mieux ; et lorsqu'en outre on prétend faire de cette
idée quelconque à laquelle on s'est cramponné en passant, comme une pointe de rocher pendante sur le
fleuve, la station dernière de l'humanité, aucune langue ne fournit de mot pour exprimer un pareil excès
d'extravagance. »

Solon disait : « Je vieillis en apprenant toujours. » Cet avancement dans la connaissance, cette continuelle évolution de l'intelligence dans le vrai, est une des premières lois des êtres créés. Mais toute connaissance, toute idée nouvelle ne se surajoute pas seulement aux idées et aux connaissances acquises déjà, elle les modifie encore en se combinant avec elles, de sorte qu'indépendamment des erreurs qui lui appartiennent en propre, qui dérivent immédiatement de sa faiblesse intrinsèque et native, l'esprit ne peut croître en lumières, étendre sa vue, découvrir au delà, sans trouver quelque chose à redresser dans ses pensées et ses jugements antérieurs. Ceux-mêmes qui annoncent hautement la prétention d'être invariables en ce sens, qui disent : « Pour moi, je n'ai jamais changé; mes opinions sont ce qu'elles étaient il y a dix ans, il y a trente ans », ceux-là s'abusent, ils ont trop de foi en leur infaillibilité; l'esprit humain, même soigné, cultivé sans relâche, avec un infatigable amour, ne va pas jusque-là, ne saurait atteindre à cette perfection idéale, et il n'est personne qui, le voulant ou non, ne subisse à quelque degré l'influence du progrès commun. Malgré soi l'on s'éclaire, malgré soi l'on marche, la foule vous emporte, et la sotte vanité qui, à chaque pas, conteste ce mouvement, traînée à reculons, voit peu à peu fuir dans le lointain ses convictions inébranlables.

CHAPITRE IV.

TOUTE RELIGION SACERDOTALE EST CONTRAIRE A LA LIBERTÉ CIVILE, POLITIQUE ET RELIGIEUSE.

On ne peut douter que Jésus-Christ n'ait voulu établir, parmi les hommes, la liberté de conscience ainsi que la liberté civile, lorsqu'on considère que sa doctrine est fondée sur la charité, la fraternité, l'égalité et la justice. Mais les paroles du Christ, transmises longtemps après sa mort, par les chrétiens de différentes sectes, se résument dans les Évangiles, finalement adoptés, après avoir été modifiés et altérés selon les circonstances et d'après les intérêts, les opinions et les vues des évêques, des papes, des conciles et même des souverains. Ces livres présentent des faits et des préceptes qui ont puissamment secondé le despotisme des prêtres et celui des rois. Les premiers s'en sont servi pour faire triompher leur doctrine et leur puissance; les seconds, pour affermir leur despotisme. C'est un fait attesté par l'histoire civile et ecclésiastique de tous les lieux et de toutes les époques du christianisme, bien qu'il soit contesté par ceux qui, par préjugé ou par intérêt, refusent souvent de rapporter les effets aux causes dont ils proviennent. La liberté civile, la liberté religieuse règneraient sur la terre, ou du moins sur une grande partie du globe, si, au lieu d'interpréter les paroles du Christ dans un sens inverse, on leur eût conservé la signification qu'elles avaient réellement. Mais cette belle doctrine ne se trouve énoncée qu'indirectement ; les passions humaines , par leur constante activité, l'ont détournée de son vrai sens dans la pratique. Il semblerait qu'on ait pris à tâche de rayer de la Bible le mot *libertas*, qui ne s'y trouve pas une seule fois dans la signification ordinaire , et seulement dix-neuf fois dans le sens mystique, tandis que le mot *servus* y est employé près de 900 fois, et celui de *sacerdos* 833 ; ce qui, sous ce double rapport, donne à penser que ce furent les prêtres qui revirent et corrigèrent les Écritures , ainsi que fit saint Jérôme , comme on sait. D'une autre part, le mépris des jouissances de ce monde, la résignation , et même l'indifférence pour les outrages et les injustices, enfin la soumission passive du faible envers le fort, du laïque envers le prêtre, ont rendu les chrétiens insouciants pour la liberté, et ont donné des armes puissantes au despotisme ; car les méchants et les fourbes, qui se jouent également du sacré et du profane, savent toujours s'en servir pour opprimer les hommes.

On voit que les prêtres des religions révélées furent constamment les ennemis de toute espèce de liberté, et prêchèrent une soumission passive à leur autorité et à celle des gouvernements ; donnant ainsi au pouvoir de ces derniers une nouvelle force, afin que le leur devînt plus certain et plus actif par cet échange réciproque. C'est là la doctrine des prêtres brahmines, bou-

dhistes et musulmans, consignée dans tous leurs
écrits. Il suffira d'en citer un seul exemple. La secte
fondée aux Indes par un mahométan nommé Bayarid,
reconnaît pour principe : «Que la seule évidence du
bien et du mal résulte de l'obéissance aux *pirs* ou
prêtres qui sont les représentants de la divinité; car les
prêtres ne peuvent se tromper, ni faire le mal. Le plus
grand de tous les péchés, c'est la désobéissance aux
prêtres, car désobéir aux prêtres, c'est désobéir à
Dieu[1].» Cette doctrine a été établie en principe par
la cour de Rome, qui considère «comme bien plus
criminels et dignes de plus grands supplices, ceux qui
ont l'audace de s'opposer aux prêtres, que ceux qui
s'insurgent contre leurs souverains[2]. »

Les religions révélées, qui seules ont des prêtres of-
ficiels, des fonctionnaires qui commandent et qui
agissent ici-bas au nom de la divinité, ont dû être contraires à la liberté civile ou religieuse, par la raison
que le système de domination et d'influence qu'ils ont
établi a été puisé dans la religion même, usurpation
qui n'eût pu avoir lieu si les peuples eussent exercé le
droit de penser, de rejeter ou d'approuver ce qui répugne à leur conscience ou ce qui lui est conforme.
Les ministres de ces cultes se sont opposés avec non
moins de chaleur à l'une qu'à l'autre de ces libertés;

[1] Asiat. res, t. II, p. 420.
[2] Si is qui contra reges erigit se supplicio dignus evadit
quanto magis qui adversus sacerdotes insurgit... tanto et gravio-
res pœnas dabit, qui in illud ausus fuerit abducti, quam qui in
regnum. (*Constit. apostol.*, l. VI, chap. I.

car la jouissance intégrale de la première entraîne nécessairement celle de la seconde. Ils ont été portés par
un instinct naturel à combattre ces libertés et à faire
cause commune avec leurs ennemis, dans la certitude
qu'ils trouveraient de puissants protecteurs. C'est
ainsi que les peuples se sont trouvés enlacés dans une
double enceinte que leurs efforts n'ont encore pu
franchir.

Le christianisme, corrompu par les passions des
hommes, a été entraîné dans un pareil système, et s'est
trouvé ainsi à une distance immense de sa première
institution.

Les chrétiens devenus puissants oublièrent à la fois
les persécutions dont ils avaient été victimes et les
préceptes de charité dont ils avaient d'abord fait profession. Ils trouvèrent, malheureusement, dans la
Bible, assez d'exemples pour autoriser, aux yeux des
peuples crédules et superstitieux, les excès auxquels
ils se portèrent, pour faire prévaloir exclusivement
leur nouvelle doctrine. C'est ce qu'observait l'empereur Julien, dès l'époque où il vivait : « Les Galiléens,
dit-il, ont puisé chez les Juifs une haine implacable
contre toutes les différentes religions des nations. »
Plût à Dieu que les Pères de l'Église, au lieu de vomir
des torrents d'injures contre ce prince, eussent imité
son esprit conciliant, et qu'au lieu de porter les
empereurs à employer la violence pour faire triompher
la religion chrétienne, ils leur eussent conseillé de
prendre pour loi de l'empire l'édit de tolérance publié
par Julien ! Que de dissensions, de persécutions, que

de guerres impies eussent été évitées, si cet édit ou celui de Constantin eût été admis dans tous les codes de la chrétienté, et exécutés ponctuellement. Aujourd'hui même, dans le dix-neuvième siècle, siècle de liberté et de tolérance, dit-on, les peuples se trouveraient heureux et les consciences tranquilles, si cet édit remplaçait les lois barbares et tyranniques qui déparent la législature moderne. C'est ce dont le lecteur pourra juger, après avoir pris lecture de cet édit que nous rapportons ici textuellement.

« J'aurais cru que les chefs des Galiléens sentiraient qu'ils m'ont plus d'obligation qu'à celui qui m'a précédé dans le gouvernement de l'empire; car, sous son règne, plusieurs ont souffert l'exil, la persécution, l'emprisonnement, et quantité de ceux qu'ils appellent hérétiques ont été égorgés, de sorte que, dans les provinces du Samosate, de Cysique, de Paphlagonie, de Bythine, de Galatie, et nombre d'autres, des villes entières ont été détruites jusqu'aux fondements. Les exilés ont été rappelés et les proscrits ont été rétablis dans la légitime possession de leurs biens. Mais ces gens-là sont si furieux et si insensés, qu'ayant perdu le privilége de se tyranniser les uns les autres et de persécuter leurs propres sectaires ou les membres de la sainte religion, ils se livrent à tout ce que la rage inspire, et remuent ciel et terre pour exciter le tumulte et la sédition; tous ils méprisent la vraie piété et l'obéissance qu'ils doivent à nos lois et à nos constitutions, quelque humaines et tolérantes qu'elles soient; car nous sommes constamment résolus de ne pas per-

mettre qu'on en traîne un seul de force à nos autels.
Quant au peuple, il paraît qu'il a été entraîné dans la
sédition et les cabales par ceux d'entre eux que l'on
nomme clercs, qui sont aujourd'hui furieux d'être
restreints dans l'usage de leur ancienne puissance et
autorité excessive. Ils ne peuvent plus agir en magistrats ou en juges civils, ni disposer des testaments, ni
supplanter les parents, ni s'emparer des patrimoines
des autres, ni engloutir tout sous de spécieux prétextes..... A ces causes, j'ai jugé à propos d'avertir ces
gens-là, par cet édit public, de ne plus exciter de
troubles et de ne plus s'assembler en séditieux auprès
de leurs clercs, au mépris du magistrat qui a été insulté
et presque lapidé par cette canaille échauffée. Cependant ils peuvent assister à leurs assemblées religieuses tant qu'ils voudront, s'acquitter de leur culte avec
leurs chefs, recevoir l'instruction et prier selon qu'on
leur enseigne. »

« J'informe en même temps et en particulier les
habitants de la ville de Bostra que leur évêque Titus
et ses clercs ont formellement dénoncé leurs troupeaux
dans les mémoires qu'ils nous ont adressés et où ils se
vantent d'avoir résisté aux tendances de la multitude
à l'insurrection. Quoique les chrétiens, disent-ils,
fussent égaux en nombre aux Grecs, nos exhortations
ont empêché les premiers de commettre le plus léger
excès. Vous le voyez, c'est votre accusateur. A ce
titre, vous pouvez l'expulser de la ville. Mais demeu-
rez unis: qu'aucun citoyen n'en inquiète un autre; que
ceux qui, quoiqu'à tort, partagent vos opinions, se

gardent d'aucune offense envers ceux qui regardent comme un devoir d'honorer les dieux suivant les antiques traditions.

« Que, de leur côté, les adorateurs des dieux se gardent aussi de violer l'asyle ou de piller les maisons de ceux qui tiennent par la religion à une autre croyance, soit par erreur, soit par conviction. C'est par la persuasion qu'il faut instruire les hommes et non par les violences, les outrages et les peines corporelles.

« Dans ces sentiments, je ne cesse d'interdire à ceux qui sont les plus zélés pour la véritable religion toute injure ou invective contre la secte des Galiléens ; car ceux-là doivent nous inspirer plus de pitié que de haine, qui font fausse route dans une chose si importante. Certes, si la religion est le plus grand des bienfaits, l'impiété est le plus grand des maux. Et tel est l'état déplorable où se mettent ceux qui abandonnent les dieux pour se mettre sous la protection des morts et de leurs restes inanimés. Autant nous plaignons ces malheureux, autant nous félicitons ceux que les dieux ont préservés d'un sort aussi funeste.

« Donné à Antioche, le jour des calendes du mois d'août [1]. »

Il a été facile au clergé, dans des temps d'ignorance et de superstition, de dicter des ordres au nom de la divinité, et d'usurper une grande autorité sur les peuples et sur les rois C'est ce qui a eu lieu surtout dans les religions révélées, et même dans le chris-

---

[1] Julien, Lettre LII aux Bostréniens.

tianisme, où il s'est formé un système d'invasion sous
un chef infaillible, représentant de Dieu sur la terre, et
qui en outre a été favorisé par les circonstances et par
l'intérêt des gouvernements. Une autorité armée de
deux puissances contradictoires ne pouvait naître,
exister et se conserver que là où la liberté n'aurait aucune vie, aucune action : aussi, fut-elle bannie de Rome
et de tous les pays qui ployaient sous sa domination,
lorsque l'évêque de l'ancienne capitale du monde eût
posé la triple thiare sur sa tête.

Nous pourrions citer, si les limites de cet écrit nous
le permettaient, une longue série de faits qui prouve-
raient les usurpations successives de l'Église de Rome,
ainsi que les prétentions dont elle ne s'est jamais départie. Nous nous bornerons donc à parler des évènements les plus récents qui se sont passés sous nos
yeux. Voyons d'abord ce qui a eu lieu sous Napoléon,
en France, et depuis sa chute, en Hollande, en Belgique et en Espagne. Il résultera de ces faits que
la cour de Rome, qui se croit éternelle comme la
république et l'empire dont elle a usurpé la domination, n'a jamais renoncé à ses maximes et à ses prétentions, et qu'elle sera toujours la même : *semper
eadem.* Ne voulant jamais rien céder de ce dont elle a
été une fois en possession, sa politique est de garder
le silence, de temporiser dans le danger, et de se
montrer, d'avancer, d'envahir, lorsque les circonstances lui deviennent favorables. Elle sait qu'il y aura
encore longtemps des despotes et des tyrans, et que
partout où ils gouverneront elle trouvera pouvoir,

assistance et amitié. C'est en effet ce que le pape
Pie VII crut pouvoir obtenir de Bonaparte, lorsqu'il
reconnut que son ambition et son amour du despotisme
le portaient à anéantir la liberté en France. Ces deux
pouvoirs, chacun dans leurs intérêts, se firent des
concessions relativement insignifiantes, mais funestes aux libertés dont la France avait été dotée
par la révolution de 89. On tomba facilement d'accord
sur tous les points, si ce n'est sur la tolérance que
Napoléon, dans l'impossbilité de faire autrement,
voulait accorder aux protestants, tandis que la cour
de Rome, inébranlable dans ses antiques maximes, refusait d'y consentir. On convint de part et d'autre,
pour se tirer d'affaire, qu'il ne serait pas question, dans
le concordat, de liberté des cultes ; car Pie VII s'était
expliqué positivement à ce sujet dans une circulaire
en date du 5 février 1808, où l'on trouve les paroles
suivantes : « On entend que tous les cultes soient libres et publiquement exercés ; mais nous avons rejeté
cet article comme contraire aux canons, aux conciles,
à la religion catholique, à la tranquillité de la vie et
au bonheur de l'État, par les funestes conséquences
qui en dériveraient [1]. »

Napoléon voulait obtenir à tout prix un concordat

---

[1] Relation de ce qui s'est passé à Rome, etc., t. 1, p. 43.
L'original italien se trouve dans cet ouvrage. On voit par les
termes de cette circulaire que la cour de Rome a l'air d'oublier
ses intérêts et de ne penser qu'à ceux de la religion, à la *tranquillité* et au *bonheur* des États. Mais ces discours jésuitiques,
démentis par les faits de l'histoire, n'en imposent à personne.

qui lui soumît le clergé, et imposât silence aux dévots
et aux récalcitrants. Il employa avec plus d'adresse
que de loyauté un expédient qui devait le conduire
au résultat qu'il désirait obtenir. Ce fut de faire des
lois organiques qui admettaient l'indépendance du gouvernement civil, la tolérance du culte protestant, et
de les joindre, de les publier simultanément avec le
concordat, afin de faire croire qu'elles avaient reçu l'approbation du pape. Le cardinal Pacca publia alors, par
ordre du pape, une lettre dans laquelle, après avoir
réfuté le principe de l'indépendance du pouvoir civil,
et celui de la tolérance du culte protestant, il dit :
« Qu'il est également faux et calomnieux que le concordat ait consacré la tolérance des autres cultes, tandis qu'il n'a été fait que pour sanctionner le glorieux
retour de l'unité catholique en France ; et qu'il ne
renferme pas une seule parole ayant rapport à un
culte condamné ou proscrit par l'Église de Rome. S'il
se trouve dans les *articles organiques* quelque apparence de tolérance, ces articles ont été de tout temps cen-
surés et condamnés par le saint-siége, quoiqu'on ait
voulu persuader qu'ils faisaient partie du concordat,
ayant été publiés simultanément et sous la même date[1]. »

Bonaparte, qui n'avait sur la tactique et la politique
de la cour de Rome que les notions généralement répandues parmi les premières classes de la société, notions qui n'apprennent pas à pénétrer jusqu'aux ressorts
secrets qu'elle sait employer, Bonaparte, disons-nous,

[1] Relation de ce qui s'est passé à Rome. t. II, p. 37.

se trompa dans cette circonstance, comme il lui était arrivé dans les affaires d'Espagne. Il crut inconsidérément pouvoir, avec sa puissance et son concordat, dominer le pape et ses évêques ou prêtres affidés ; celui-ci, sûr du succès, fit de l'opposition et de la résistance, ainsi qu'on le voit dans sa correspondance. Il lui reproche « la protection qu'il accorde à toutes les sectes et aux différents cultes. » Sous prétexte que la religion catholique, apostolique et romaine est divine, elle doit être « une et unique ; elle ne peut faire alliance avec aucune autre, ce qui serait unir Jésus-Christ avec Belial, la lumière avec les ténèbres, la vérité avec l'erreur, la vraie piété avec l'impiété. » Il ajoute que le respect qu'affecte Napoléon pour les différents cultes n'est qu'un prétexte qui prouve son dédain pour la religion catholique, hors de laquelle, ainsi qu'il le lui rappelle, il n'y a aucune espérance de salut (*della quale non vi è esperanza di salute*). Il revendique le droit qu'il a de s'interférer parmi toutes les nations de la terre, « dans les affaires séculières comme dans les spirituelles ; dans ce qui concerne les écrits, les mariages, la légitimité des enfants, le divorce, les couvents, les monastères, les vœux du célibat, les serments de fidélité, enfin la surveillance sur les ministres du culte [1]. » Il n'oublie même pas le droit d'excommunier

---

[1] Relation de ce qui s'est passé à Rome, t. I, p. 193-195. V. aussi *Correspondance authentique de la cour de Rome avec la France.* Paris, 1814 ; et aussi *Fragments relatifs à l'histoire ecclésiastique, etc.* Paris, 1814. On trouve dans ces ouvrages les pièces authentiques des faits dont nous venons de faire mention.

les princes; qu'il a en effet exercé envers l'empeur Napoléon et ses adhérents.

Ces prétentions monstrueuses du pape, et sa conduite envers un ennemi redoutable contre lequel il
pouvait cependant lutter avec sûreté, prouve ce que peut
entreprendre et ce qu'entreprendra toujours la cour de
Rome contre la liberté des peuples, contre l'indépendance de leur culte, et enfin contre l'autorité des
rois.

Voyons quelle a été la conduite de cette même cour,
lorsque les cortès d'Espagne se sont efforcées de recou-
vrer leur ancienne liberté. A peine eurent-elles détruit l'infâme tribunal de l'inquisition, tout en procla-
mant l'autorité du pape ainsi qu'elle existait avant
cette révolution, et en déclarant que la religion catholique seule pouvait être exercée en Espagne, que Pierre
Gravina, nonce apostolique, excita le clergé à s'opposer à la publication de ce décret. Il adressa, dans ce
but, une lettre, en date du 5 mars 1813, au doyen et
au chapitre de Malaga. Après les phrases jésuitiques
qui accompagnent d'ordinaire ce genre d'écrits, le
nonce établit : « Que l'abolition de l'inquisition peut
être funeste à la religion, puisqu'elle blesse les droits
et la primatie du pontife romain qui l'a établie comme
nécessaire et profitable à l'Église et à la foi. » Le despotisme royal de Ferdinand ayant été restauré en Espagne, le despotisme inquisitorial devait l'être, ainsi
que celui du pape, qui précède, accompagne et favorise
tous les despotismes possibles.

On voit encore le pape Léon XII, dans une encyclique

du 24 septembre 1824, adressée aux archevêques et évêques d'Amérique, soutenant un despote, et donnant des éloges à un prince dont il aurait dû blâmer les vices et la conduite. Après avoir exhorté les évêques à user de leur ascendant pour ramener les peuples de ces contrées sous la domination tyrannique de Ferdinand VII, il ajoute : « Faites connaître à vos troupeaux les qualités augustes et distinguées qui caractérisent notre bien-aimé fils Ferdinand, roi catholique des Espagnes, dont *la vertu sublime et solide* lui fait préférer à l'éclat de la puissance la gloire de la religion et le bonheur de ses sujets [1]. » Il paraît que cette lettre fut assez mal reçue en Amérique, puisque sa critique, faite par un ecclésiastique, eut sept éditions en très peu de temps.

Passons aux affaires qui concernent la liberté religieuse en Belgique et en Hollande. Nous y trouverons le même esprit d'intolérance et de domination, qui toujours inspire l'Église romaine. Lorsque la sainte-alliance eut adjugé la Belgique à la maison d'Orange, le nouveau roi voulut sagement établir la liberté des cultes parmi ses nouveaux sujets. Ses évêques lui adressèrent alors, à l'instigation de Rome, une protestation dont nous extrayons ici quelques phrases : « Sire,

[1] Si os dedicais à esclarecet aute vuertra grey las Augustas y distinguidas calidades qualei caracterizan a nuestro muy amado higo Fernando, rey catolico de las Espanas, cuy a *sublima et solida virtus* se hace antepouer al esplendor de su grandora, et lustre de la religion y la felicidad de sus subditos. (*Gazeta de Madrid*, febrero 1826. Articolo de oficio.)

nous n'hésitons pas de déclarer à votre majesté que les lois canoniques, sanctionnées par l'ancienne constitution du pays, sont incompatibles avec le projet de constitution qui accorde en Belgique une égale faveur à toutes les religions. Les lois canoniques ont toujours rejeté le schisme et l'hérésie hors du sein de l'Église catholique. Les empereurs romains pensèrent qu'il était de leur devoir de maintenir ces lois, et d'assurer leur exécution, ainsi qu'on peut le voir dans la collection des édits à ce sujet... Il est de notre devoir, Sire, de préserver le peuple confié à nos soins contre les doctrines opposées aux doctrines de l'Église catholique. Nous ne pouvons ne pas remplir cette obligation sans manquer à nos devoirs les plus sacrés. Si votre majesté, par une loi fondamentale, protégeait la liberté des cultes, et répandait une telle doctrine, qu'il est de notre devoir d'arrêter avec tout le soin et l'énergie qu'attend de nous l'Église catholique, *nous serions dans une opposition formelle à la loi de l'État* et aux mesures que pourrait prendre votre majesté pour la maintenir. » Tel est l'esprit de l'Église : la guerre civile, s'il est nécessaire, pour maintenir un pouvoir et des usurpations faites au nom d'un Dieu de paix, pour le plus grand bien de la religion. Les rois ne verront-ils donc jamais qu'ils sont les esclaves de celui qui, s'intitulant le serviteur des serviteurs de Dieu, leur commande en maître impérieux ? Si l'alliance du trône avec l'autel est utile à un despote, combien n'est-elle pas avilissante pour un prince ami de sa liberté ! En effet, malgré les moyens d'accommodement que le ro

de Hollande chercha à prendre avec le pape, celui - ci
.lui signifia que « la tolérance des différentes religions
était contraire aux principes de l'Église catholique. »
Le trône fut contraint de s'humilier devant la chaire de
saint Pierre, et les évêques récalcitrants reçurent l'approbation pontificale.

CHAPITRE V.

TOUTE RELIGION SACERDOTALE EST CONTRAIRE A LA LIBERTÉ
CIVILE ET RELIGIEUSE. — SUITE DU CHAPITRE PRÉCÉDENT.

Les principes de soumission passive et d'intolérance
civile et religieuse que la cour de Rome avait montrés
aux époques difficiles dont nous avons parlé dans le
chapitre précédent se manifestèrent d'une manière
plus active après la révolution de 1830, qui faillit lui
être si fatale. Le danger commun qui rapproche les
hommes produisit une union plus intime que jamais
entre la sainte-alliance laïque et la sainte Église de
Rome. Celle-ci, qui n'avait d'abord osé fulminer contre la révolution de juillet, se trouvant en sécurité par
l'effet de la direction donnée à ce grand évènement,
dissémina bientôt dans tout le monde chrétien des
brefs, des lettres encycliques, où elle donna aux évêques le signal d'anathème et de réprobation contre
toute idée ou toute opinion libérale. La révolution de
Pologne en fournit la première occasion. Il parut, le
18 septembre 1832, un bref du pape, adressé aux évêques de Pologne. C'est un monument de la constance
du saint-siége à soutenir avec une persévérance inébranlable, à la face du monde civilisé, des principes
destructeurs de toute civilisation et de toute liberté.

« Nous avons été informé, dit le pape, de la misère affreuse dans laquelle ce royaume florissant a été plongé l'année dernière. Nous avons appris en même temps que cette misère avait été causée uniquement par les menées des malveillants, qui, dans des temps malheureux, se sont, sous le prétexte des intérêts de la religion, élevés contre des souverains légitimes, et ont précipité dans un abîme de maux leur patrie, en brisant les liens de la souveraineté légale. Prosterné devant l'autel du Tout-Puissant, nous, son indigne représentant sur la terre, nous avons versé des larmes abondantes sur les malheurs terribles qui sont venus fondre sur cette partie du troupeau que la Providence a confié à nos soins faibles, mais dévoués...

«Maintenant qu'avec la grâce de Dieu, la tranquillité et l'ordre sont rétablis, nous vous ouvrons de nouveau notre cœur !... Le devoir vous oblige à veiller avec le plus grand soin à ce que les hommes mal intentionnés, les propagateurs de fausses doctrines, ne répandent pas parmi vos troupeaux les germes de théories corrompues et mensongères. Il convient de réfuter leurs principes imposteurs par la parole immuable de l'Écriture, et par les monuments authentiques de la tradition de l'Église. Ces sources font voir clairement que la soumission au pouvoir institué par Dieu est un principe immuable, et que l'on ne peut s'y soustraire qu'autant que ce pouvoir violerait les lois divines de l'Église. Les puissances existantes sont instituées par Dieu : ainsi quiconque leur résiste résiste à Dieu ; ainsi, il faut se soumettre, non-seulement pour éviter la colère de Dieu, mais aussi à cause de la conscience... Votre magnanime empereur vous accueillera avec bonté, et entendra nos représentations et nos prières dans l'intérêt de la religion catholique qu'il a toujours promis de protéger dans ce royaume. »

On comprend facilement ce qu'entend la chancellerie de Rome dans son style onctueux et débonnaire, par ses larmes et ses prières. Elle parle « d'ordre et de tranquillité rétablis » dans le même sens qu'un ministre donnait aux mêmes paroles, à la tribune de la chambre des députés de France. On qualifie, dans ce bref, de « fausses doctrines, de théories corrompues et mensongères, d'impostures » les vérités et les principes sur lesquels sont basés les droits imprescriptibles des peuples. On combat ces droits par les paroles de l'Écriture, et en se plaçant sur l'échafaudage d'une tradition vague et incertaine, arsenal où l'on trouve tout ce qu'il faut pour combattre la raison et autoriser le despotisme le plus absolu, l'on fait ainsi intervenir Dieu comme ordonnateur de la tyrannie des gouvernements et de la servitude des peuples. On se récrie contre des « malveillants qui se sont élevés contre des souverains légitimes et contre la souveraineté légale; » et l'on approuve un souverain qui avait violé la légalité fondamentale du pays, posant ainsi en principe qu'un prince peut violer ses promesses, ses serments, tout pacte quelconque, sans qu'il soit permis de s'insurger, « qu'autant que ce pouvoir violerait les lois divines de l'Église, » ce qui nous prouve que la cour de Rome n'a pas renoncé au droit, qu'elle

s'est toujours attribué, d'appeler les peuples à la révolte, lorsque les intérêts de la religion, c'est-à-dire
ceux de sa puissance, pourraient la demander. Mais,
en compensation, l'on applaudit à un prince magnanime qui a noyé la liberté dans le sang de ses sujets ;
et puis on se « prosterne devant l'autel du Tout-Puissant, on verse des larmes abondantes pour les malheurs terribles qui sont venus fondre sur le troupeau.»
Enfin le pape, sans doute pour insinuer que le devoir
des soldats est de protéger le tyran et soutenir la tyrannie, fait intervenir dans son bref les chrétiens de
la primitive Église, qui, d'après lui, étaient tellement
fidèles à ces principes, qu'ils obéissaient aux empereurs romains, même au milieu des terreurs de la
persécution, et travaillaient ainsi à la gloire de l'empire.» Il a donc oublié que, depuis bien des siècles,
ni le christianisme, ni les chrétiens primitifs n'existent plus, et que ce qui porte le même nom est depuis
longtemps une chose bien différente. Si quelques soldats chrétiens opprimés et confondus avec les légion-
naires païens furent soumis aux empereurs, combien
d'exemples de rébellion ne trouve-t-on pas dans les
armées chez les chrétiens parvenus à la domination,
depuis Constantin jusqu'à nos jours? Ne voit-on donc
pas que la religion, les opinions de notre siècle, ne sont
plus ce qu'elles étaient à l'aurore du christianisme?
Le soldat était alors une espèce de machine de guerre
soumise nécessairement aux seuls mouvements que
voulait lui communiquer un maître ; aujourd'hui, il en
est autrement, ainsi que le prouvent les évènements

qui se sont passés dans ce siècle, en France, en Belgique, dans le royaume de Naples, dans le Piémont, même dans les États du pape, et, plus que partout ailleurs, dans l'Espagne catholique.

La même aversion pour la liberté et le même esprit d'intolérance se manifestent dans la lettre encyclique du même pape Grégoire XVI, datée du mois de septembre 1832, et adressée aux patriarches, primats, archevêques et évêques de la chrétienté. La cour de Rome, effrayée du danger qu'elle avait couru par la révolution de juillet 1830, saisit cette circonstance pour animer ses phalanges jésuitiques et soutenir leur courage pour la défense des intérêts communs. Après avoir dit : « Si la droite de Dieu ne s'était signalée, vous nous eussiez vu submergé par l'effet d'une noire conspiration des méchants; » après avoir parlé de « l'insolence des factieux, de leur fureur effrénée, » le pape s'écrie : « Oui, la terre est dans le deuil et elle périt ; elle est infectée par la corruption de ses habitants, parce qu'ils ont violé les lois, changé les ordonnances du Seigneur, rompu son alliance éternelle. Nous vous parlons, vénérables Frères, de ce que vous avez vu de vos yeux, et de ce dont nous pleurons et gémissons ensemble. C'est le triomphe d'une méchanceté sans retenue, d'une science sans pudeur, d'une licence sans bornes... De là, la saine doctrine se corrompt, et les erreurs de tout genre se propagent audacieusement... L'obéissance due aux évêques est enfreinte, et leurs droits sont foulés aux pieds. Les académies et les gymnases retentissent horriblement d'opinions nouvelles et monstrueuses qui ne sapent plus la foi catholique en secret et par des détours, mais qui lui font ouvertement une guerre publique et criminelle : car quand la jeunesse est corrompue par les maximes et par les exemples de ses maîtres, le désastre de la religion est bien plus grand, et la perversité des mœurs devient bien plus profonde. Ainsi, lorsqu'on a secoué le frein de la religion, par laquelle seule les royaumes subsistent et l'autorité se fortifie, nous voyons s'avancer progressivement la ruine de l'ordre public, la chute des princes, le renversement de toute puissance légitime... Nous recourons à notre foi comme à un aide salutaire, et nous appelons à notre sollicitude pour le salut du troupeau catholique... Défendons donc dans l'unité du même esprit notre cause commune, ou plutôt la cause de Dieu... Rien de ce qui a été défini ne doit être retranché ou changé, ou ajouté, mais il faut le conserver pur, et pour le sens, et pour l'expression... Ce serait une chose coupable de représenter la discipline de l'Eglise comme défectueuse, imparfaite et soumise à l'autorité civile.

« De cette source infecte de l'indifférentisme découle cette maxime absurde et erronée, ou plutôt ce délire, qu'il faut assurer et garantir à qui que ce soit la liberté de conscience. On prépare la voie à cette pernicieuse erreur par la liberté d'opinions pleine et sans bornes, qui se répand au loin, pour le malheur de la société religieuse et civile..... L'expérience a fait voir, de toute antiquité, que les États qui ont brillé par leur richesse, par leur puissance et par leur gloire, ont péri par ce seul mal, la liberté immodérée des opinions, la licence des discours et l'amour des nouveautés.

« Là se rapporte cette liberté funeste dont on ne peut avoir assez d'horreur, la liberté de la librairie, pour publier quelque écrit que ce soit, liberté que quelques-uns osent solliciter et étendre avec tant de bruit et d'ardeur. Nous sommes épouvanté, vénérables Frères, en considérant de quelles doctrines, ou plutôt de quelles erreurs monstrueuses nous sommes accablé, et en voyant qu'elles se propagent au loin et partout par une multitude de livres, et par des écrits de toute sorte, qui sont peu de chose pour le volume, mais qui sont remplis de malice, et d'où il sort une malédiction qui, nous le déplorons, se répand sur la surface de la terre.

« La discipline était bien différente du temps des apôtres, qui, au dire des Écritures, firent brûler publiquement une grande quantité de mauvais livres. Qu'il suffise de parcourir les lois rendues à ce sujet dans le cinquième concile de Latran, et la constitution qui fut depuis donnée par Léon X..... Il faut combattre avec force, autant que la chose le demande, et tâcher d'exterminer cette peste mortelle; car jamais on ne retranchera la matière de l'erreur qu'en livrant aux flammes les coupables éléments du mal. D'après cette constante sollicitude avec laquelle le saint-siége s'est efforcé, dans tous les temps, de condamner les livres suspects et nuisibles, et de les retirer des mains des

fidèles, il est assez évident combien est fausse, téméraire, injurieuse au saint-siége, et féconde en maux
pour le peuple chrétien, la doctrine de ceux qui, non-
seulement rejettent la censure des livres comme un
joug trop onéreux, mais en sont venus à ce point de ma-
lignité qu'ils la représentent comme opposée aux principes du droit et de la justice, et qu'ils osent refuser à
l'Église le droit de l'ordonner et de l'exercer.

« Il est certain que cet accord (l'alliance du trône
et de l'autel), qui fut toujours si favorable et si
salutaire aux intérêts de la religion, et à ceux de l'autorité civile, est redouté par les partisans d'une liberté
effrénée. Que nos très chers frères en Jésus-Christ, les
princes, considèrent que leur autorité leur a été donnée, non-seulement pour le gouvernement temporel,
mais surtout pour défendre l'Église, et que tout ce
qui se fait pour défendre l'Église se fait aussi pour
leur puissance et pour leur repos. Qu'ils se persuadent
même que la cause de la religion doit leur être plus
chère que celle du trône, et que le plus important pour
eux, pouvons-nous dire avec le pape Léon, est que la
couronne de la foi soit ajoutée de la main de Dieu à
leur diadème. »

Les ministres de Grégoire XVI, cardinaux ou jésuites, qui ont rédigé cette encyclique, auraient dû,
en montrant un si grand zèle pour la religion, ne pas
dénaturer la vérité, dans le but de rendre odieux les
faits et les hommes. Ainsi, la révolution de 1830, qui
fut l'effet de la perfidie d'un roi imbécille, est traitée
de « noire conspiration des méchants. » Ses auteurs,

c'est-à-dire le peuple français, sont qualifiés « d'inso-
lents factieux qui s'efforcent d'élever l'étendard de la
révolte. » Qui sait si, un jour, Louis-Philippe ne sera
pas traité d'usurpateur?

Le pape parle ensuite de « l'autorité qui lui a été
confiée d'en haut pour punir la fureur effrénée qui paraît fomentée par une longue impunité et par un excès d'indulgence et de bonté » de la part de l'Église.
Pourquoi donc n'a-t-elle pas fait usage, depuis longtemps, de cette puissance, qui eût pu prévenir les
révolutions qui se succèdent sans interruption dans
toute la chrétienté ?

On déclame, dans cette lettre encyclique, contre
« une science sans pudeur. » On y dit que « les académies retentissent horriblement d'opinions nouvelles
et monstrueuses, qui ne sapent plus la foi en secret,
mais qui lui font une guerre publique et criminelle. »
Qui ne voit que ces accusations passionnées étaient le
mot d'ordre donné aux évêques et aux jésuites, pour
attaquer nos institutions, nos écoles, l'Université, et
faire considérer nos professeurs et nos instituteurs
comme des hommes « corrompant les mœurs de la
jeunesse par leurs maximes et leurs exemples. » Après
avoir cherché à tromper et à indigner le public par l'effet
de la calomnie, on indique quel est, dans les intérêts
de la cour de Rome, le seul moyen à employer « pour
sauver le troupeau catholique, et éviter qu'il ne soit
dévoré par les loups; » c'est « de recourir à la foi
comme à un aide salutaire, » avec laquelle seule « les
royaumes peuvent subsister et se maintenir. » Après

avoir avancé cette dernière absurdité, on prescrit aux pasteurs du troupeau de se coaliser dans leur intérêt commun pour faire la guerre aux loups : « Il faut tout tenter, est-il dit, et se réunir contre l'ennemi commun pour défendre la cause commune. » Nous voyons, par ce qui se passe en France depuis douze ans, que le clergé, les corporations religieuses ont suivi à la lettre les ordres de leur chef ; car, ainsi que le dit l'encyclique, rien de ce que les papes ordonnent ou ont ordonné ne doit être *retranché*, et rien n'y doit être *ajouté,* sous peine de *damnation éternelle*, ce qui est la conséquence nécessaire de leur infaillibilité.

On ne doit pas s'étonner si le saint-siége, qui a un si grand intérêt à maintenir une nombreuse milice de moines, véritables eunuques, qui ne connaissent d'autre patrie que la chancellerie de Rome, d'autre maître que le pape, se permet d'incriminer les philosophes, sous la dénomination de « ligue honteuse, » parce qu'ils réprouvent le célibat des prêtres, institution aussi funeste aux mœurs qu'à l'État. Mais ce qui paraît assez singulier, c'est qu'il considère comme des libertins ceux qui voudraient faire cesser les désordres produits par un célibat forcé.

La liberté de conscience est combattue avec d'autant plus de force dans la lettre du pape aux évêques, qu'elle se présente au saint-siége comme un spectre précurseur funeste de sa ruine ; c'est pourquoi on la taxe de « maxime absurde et erronée, de délire, de fléau le plus mortel pour la société, » puisque, dit-on, « l'expérience a fait voir, de toute antiquité, que les

6.

États qui ont brillé par leur richesse, par leur puissance, par leur gloire, ont péri par le seul mal de la liberté des opinions. » Il est fâcheux que l'histoire vienne démentir formellement une pareille assertion. Il suffit, pour en sentir l'absurdité, de comparer l'Espagne, le Portugal et les États du pape avec la France, l'Angleterre, la Hollande et les États-Unis d'Amérique.

Enfin, la cour de Rome n'a pas moins en horreur la liberté de la presse que celle des cultes ; deux ennemis formidables qui la menacent incessamment de sa ruine, et contre lesquels elle ne cessera jamais de combattre. Aussi représente-t-elle la première sous des couleurs aussi hideuses que celles dont elle se sert pour peindre la seconde : « La liberté de la librairie, dit-elle, cette liberté funeste, dont on ne peut avoir assez d'horreur, nous épouvante, en considérant de quelles doctrines, ou plutôt de quelles monstruosités nous sommes accablé, en voyant qu'elle se propage au loin sur la surface de la terre. » Le pape exhorte les évêques à faire publiquement brûler les livres, à l'exemple des apôtres, et conformément aux canons de l'Église ; car jamais « on n'exterminera la matière qu'en livrant aux flammes les coupables éléments du mal. » Les auteurs ne sont-ils pas les vrais éléments du mal, et ne mériteraient-ils pas, d'après un principe plus logique et plus conforme à l'inquisition papale, de subir une peine dont ils sont seuls réellement coupables? Heureusement, les dominicains ne sont pas encore constitués légalement en France ; les jé-

suites se sont contentés, jusqu'ici, de brûler nos ouvrages philosophiques, brûlure qui, au reste, a trouvé
un prompt remède dans les nombreuses éditions nouvelles qui en sont résultées.

La doctrine anti-libérale de la cour de Rome s'est
manifestée, avec sa ténacité et son obstination ordinaires, dans les transactions qui ont eu lieu, il y a peu
d'années, entre cette cour et M. Lamennais. Cet écrivain, qui ne s'est pas moins fait remarquer, dans tous
ses ouvrages, par la supériorité de son esprit et de son
style que par son courage et sa constance à soutenir
la cause du peuple et celle de la liberté civile et religieuse, entreprit un voyage à Rome, dans le but de savoir si l'influence religieuse du chef de la catholicité
ne pourrait pas être employée aux intérêts mieux en-
tendus de la religion, et provoquer un système plus
approprié aux idées et aux circonstances actuelles, aux
droits et aux besoins des peuples. Mais, lorsqu'il a fait
cette démarche, il ne connaissait pas les sentiers tor-
tueux et sombres du labyrinthe où il allait s'engager.
S'il eût sondé la politique de la cour de Rome, il eût
vu que les tentatives qu'il allait faire auprès d'une corporation sacerdotale, dirigée uniquement dans des
intérêts mondains, seraient sans succès, et ne servi-
raient qu'à lui susciter des ennemis : c'est en effet
ce qui a eu lieu.

On exigea de lui de renoncer, par un acte officiel,
aux opinions libérales qu'il avait émises dans ses
écrits. Mais, fortement convaincu par l'évidence, et inébranlable dans ses opinions, il refusa, par principe de

loyauté et par attachement pour la vérité, d'accéder aux demandes astucieuses qui lui étaient faites. Il se soumit, cependant, par amour pour la paix, à l'Église catholique, quant aux matières de pure foi, réservant son indépendance dans les matières philosophiques et politiques, indépendance qu'il eût pu échanger, s'il l'eût voulu, contre le cardinalat.

Mais, à peine eût-il quitté Rome, qu'il reçut de la part du pape une lettre encyclique que celui-ci écrivait à tous les évêques de la chrétienté, et dans laquelle la doctrine de M. Lamennais était condamnée « par la bouche infaillible du successeur de saint Pierre, » ainsi que s'exprimait le cardinal Pacca, dans sa lettre jointe à l'encyclique, dont nous donnerons un extrait. Voici avec quelle véhémence apostolique s'emportent les auteurs de cette encyclique contre M. Lamennais et contre ses *Paroles d'un Croyant.* «Nous avons vraiment été saisi d'horreur, vénérables Frères, au premier coup d'œil jeté sur ce livre, et, ému de compassion sur l'aveuglement de son auteur, nous avons compris à quels excès emporte la science qui n'est pas selon Dieu, mais selon l'esprit du monde. Il a entrepris d'ébranler et de détruire la doctrine catholique, telle que nous l'avons définie en vertu de l'autorité confiée à notre faiblesse, soit sur la soumission due aux puissances, soit sur l'obligation de détourner des peuples le pernicieux fléau de l'indifférentisme, et de mettre un frein à la licence sans bornes des opinions et des discours, soit enfin sur la liberté absolue de conscience, liberté tout à fait condamnable, et sur

cette horrible conspiration des sociétés composées
pour la ruine de l'Église et de l'État, des partisans de
tous les cultes faux et de toutes les sectes.

« L'esprit a également horreur de lire seulement
les pages de ce livre, où l'auteur s'efforce de briser
tous les liens de fidélité et de soumission envers les
princes, et brandit de toutes parts les torches de la sédition et de la révolte, sous prétexte d'une alliance de
crimes et de complots qu'il imagine avoir été conclue
entre eux contre les droits des peuples. N'étant point encore satisfait d'une si grande audace, il veut de plus
faire établir par la violence la liberté absolue d'opinions, de discours et de conscience; il appelle tous les
biens et tous les succès sur les soldats qui combattent
pour se délivrer de la tyrannie; c'est le mot qu'il emploie. Dans les transports de sa fureur, il provoque
les peuples à se réunir et à s'associer dans toutes les parties du monde, et sans relâche il pousse, il presse à
l'accomplissement de si pernicieux desseins, de manière à nous faire sentir qu'en ce point encore il foule
aux pieds et nos avis et nos prescriptions. Nous souf-
frons de rappeler ici tout ce qui, dans cette détestable
production d'impiété et d'audace, se trouve entassé
pour produire le bouleversement des choses divines et
humaines. »

Tel est le cri d'une virulente indignation que la cour
de Rome fait entendre dans toute la chrétienté. Re-
saisissant son ancienne puissance, elle défend à qui
que ce soit de discuter et de prononcer sur les questions
qu'elle s'est réservées à elle seule, par la raison, ainsi

que le dit le cardinal Pacca, dans sa lettre à M. de La-
menais, « qu'elles n'appartiennent qu'au gouvernement
de l'*Église et à ses chefs.* » Que dirait la chancellerie de
Rome, si l'on réfutait avec la même publicité, et si l'on
critiquait avec aussi peu de mesure les faits et les actes
de sa politique? Elle devrait considérer que nous
sommes parvenus à une époque où chacun revendique
le droit d'émettre son opinion et de combattre celle de
ses adversaires. La chaire de saint Pierre n'est plus aujourd'hui le seul tribunal auquel il soit permis de prononcer sans appel. Le public s'élève au-dessus de
toutes les cours souveraines, et prononce en dernier
ressort.

Cependant le pape Grégoire XVI, toujours avec les
mêmes prétentions que ses prédécesseurs, lance son
anathème contre M. Lamennais en ces termes : « De notre
science certaine et de toute la plénitude de notre puissance apostolique, nous réprouvons, condamnons et
voulons qu'à perpétuité on tienne pour réprouvé et
condamné le livre dont nous venons de parler, et qui
a pour titre : *Paroles d'un Croyant.* »

Nous avons pensé que le lecteur trouverait ici avec
plaisir la réponse indirecte à l'encyclique du pape
Grégoire XVI, adressée à l'archevêque de Paris, par
M. Lamennais. « Ce qui m'a presque soudainement décidé à la publier, dit-il, c'est l'effroyable état dans lequel
je vois la France d'un côté, et l'Europe de l'autre, s'en-
foncer rapidement tous les jours. Il est impossible que
cet état subsiste : une pareille oppression ne saurait être
durable, et, comme vous le savez, je suis convaincu

que rien ne pouvant arrêter désormais le développement de la liberté publique et civile, il faut s'efforcer de l'unir à l'ordre, au droit, à la justice, si l'on ne veut pas que la société soit bouleversée de fond en comble. C'est là le but que je me suis proposé. J'attaque avec force le système des rois, leur odieux despotisme, parce que ce despotisme qui renverse tout droit est mauvais en soi, et parce que, si je ne l'attaquais point, ma parole n'aurait pas l'influence que je souhaite pour le bien de l'humanité. Je me fais donc peuple, je m'identifie à ses souffrances, à ses misères, afin de lui faire comprendre que s'il n'en peut sortir que par l'établissement d'une liberté, jamais il n'obtiendra cette liberté qu'en se séparant des doctrines anarchiques, qu'en respectant la propriété, le droit d'autrui et tout ce qui est juste. Je tâche de remuer en lui les sentiments d'amour fraternel et la charité sublime que le christianisme a répandus dans le monde pour son bonheur. Mais en lui parlant de Jésus-Christ, je m'abstiens soigneusement de prononcer un mot qui s'applique au christianisme déterminé par un enseignement dogmatique et positif. Le nom même d'Église ne sort pas de ma bouche une seule fois. Deux choses néanmoins, à mon grand regret, choqueront beaucoup une certaine classe de personnes, qui probablement ne démêleront pas clairement mes intentions. La première, c'est l'indignation avec laquelle je parle des rois et de leur système de gouvernement; mais qu'y puis-je? Je résume des faits et je ne les crée pas. Le mal n'est pas dans le cri de la conscience et de l'humanité, il est dans les choses, et tant mieux si elles sont reconnues et senties comme mal. La seconde est l'intention que j'attribue aux souverains, tout en se jouant du christianisme, d'employer l'influence de ses ministres pour la faire servir à leurs fins personnelles : mais c'est encore là un fait évident, un fait que personne ne conteste ; et je ne dis pas qu'ils aient réussi dans cet abominable dessein [1]. »

Nous croyons en avoir dit assez pour démontrer jusqu'à l'évidence que les principes du catholicisme romain sont diamétralement opposés à ceux de la liberté, sous quelque dénomination qu'elle soit prise ; que ces deux éléments sont aussi incompatibles que l'eau et le feu, que jamais ils ne pourront se réunir ; que le clergé catholique, aussi longtemps qu'il sera soumis à l'Eglise de Rome, partagera la même intolérance, et sera toujours hostile soit ouvertement, soit secrètement, à la liberté civile et religieuse. Car on doit considérer que la cour de Rome ne cessera d'employer, sur l'esprit des masses, les armes redoutables qu'elle a entre les mains, à savoir : l'enfer, le paradis, les démons, les miracles, le purgatoire, la confession, les dispenses, le célibat des prêtres, un clergé discipliné sous ses lois et soumis à une obéissance aveugle et passive, la superstition, le fanatisme, enfin des légions de moines et de jésuites, qui ne connaissent d'autres maîtres que le pape, et d'autre devoir que celui de lui obéir en tout ce qu'il commande.

[1] Lamennais, *Affaires de Rome*, t. 1, p. 143, 144 et 145.

Quoique le système d'intolérance et les moyens de le faire prévaloir ne soient pas aussi nombreux et aussi puissants dans le protestantisme que dans le catholicisme, il n'en est pas moins vrai que les prêtres des différentes sectes ont adopté, depuis que leur existence a été légalement assurée, l'esprit de rivalité qui les rend hostiles les unes contre les autres; et que parmi elles il n'en est peut-être aucune qui ne proscrivît toutes les autres, si elle devenait dominante par le nombre et par l'appui d'un gouvernement. Elles se réunissent d'ailleurs toutes par leur haine et leur intolérance pour toute opinion religieuse qui n'est pas basée sur un passage quelconque du nouveau Testament. Leurs ministres ne sont en général partisans de la liberté civile que parce qu'ils obtiennent, au moyen de celle-ci, la liberté de l'exercice de leur culte.

Il n'en fut pas ainsi dans l'origine du protestantisme, qui ne put se faire jour qu'en admettant une liberté de conscience illimitée. Mais ses fondateurs, effrayés des conséquences de ce principe, ne tardèrent pas à le modifier, lorsqu'ils s'aperçurent que leur propre ouvrage allait être détruit par les déductions qui en émanaient nécessairement. Ce principe a souffert par la suite de grandes altérations; de sorte que, de nos jours, quelques sectes ont une tendance à s'assimiler au catholicisme.

Il en est cependant qui ont rendu de grands services à la liberté civile. Tels ont été les puritains en Angleterre. « L'autorité de la couronne, sous Élisabeth, était si absolue, dit Hume, que l'étincelle précieuse de

liberté qui avait apparu fut conservée par les seuls
puritains; et c'est à eux, dont les principes et les manières paraissaient si ridicules, que l'Angleterre est
redevable de sa liberté constitutionnelle [1]. » La secte
des indépendants est celle qui s'est le plus signalée
par sa tolérance. Le même historien dit : « De toutes
les sectes chrétiennes, c'est la première qui, dans
la prospérité comme dans l'adversité, soutint toujours
le principe de tolérance [2]. » Un autre historien nous
apprend « qu'elle ne demanda pour elle-même d'autre
liberté que celle qu'elle accordait aux autres [3]. » Les indépendants ont publié en 1839 un écrit dans lequel ils
exposent au public les principes généralement admis
dans leur secte. « Leur but, dans cette publication,
n'est pas, disent-ils, de provoquer des discussions
avec ceux qui diffèrent d'eux sur les principes du
christianisme. Non-seulement ils reconnaissent qu'ils
ont la liberté de penser et d'agir, ainsi qu'ils le jugent convenable, mais ils reconnaissent ouvertement
que ceux qui professent le christianisme peuvent
être aussi sincères qu'eux-mêmes en embrassant et
en suivant les opinions dont ils sont convaincus, et que,
sans avoir égard à la communion à laquelle ils appartiennent ostensiblement, ils sont disposés à reconnaître
chaque chrétien comme un frère. » Si tous les chrétiens eussent été pénétrés de ces beaux sentiments de

---

[1]. Hume, *Hist. of England*, t. V, p. 189.
[2] *Id.*, *ibid.*, ch. LVII.
[3] Godwin's, *Hist. of common weatlh*, t. I, p. 336.

charité depuis l'existence du christianisme jusqu'à nos jours, il est probable que la majeure partie des habitants du globe formerait aujourd'hui une société unie par les liens sacrés de l'humanité et de la religion. Mais l'organisation sacerdotale, introduite dans la religion du Christ, a tout corrompu par son ambition, son orgueil et son avarice.

Pour se convaincre combien les religions sacerdotales ont, de tout temps, et sous tous les gouvernements, été hostiles à la liberté religieuse ou civile, il suffit de jeter les yeux sur l'histoire du boudhisme, du judaïsme, de l'islamisme, et sur les opinions émises, même avant Constantin, par les Pères de l'Église, par les écrivains ecclésiastiques, par les conciles d'Orient et d'Occident, et, enfin, par les théologiens plus modernes. Partout on trouve le même esprit, la même manière de penser, et la même action, lorsque des circonstances particulières n'y ont pas mis obstacle. C'est ce qu'on voit même dans les États-Unis d'Amérique, où l'esprit d'indépendance politique et religieuse, incorporé, en quelque sorte, dans les lois et dans les mœurs, ne permet pas aux prêtres de favoriser ouvertement le despotisme. Ils ne sont cependant pas moins intolérants, en réalité, que dans les pays où ils ont acquis de la puissance par leur alliance avec le pouvoir civil. On les verrait bientôt, s'ils se trouvaient dans des circonstances aussi favorables, avoir la même façon de penser, de prêcher et d'agir. On peut en juger pas ce qu'en dit Jefferson, ancien président des États-Unis, qui devait bien les connaître. C'était à l'occasion de l'opposition qu'il avait montrée, lorsqu'on voulut former une université en Virginie, que Jefferson écrivait à l'un de ses amis :

« Nos ennemis sérieux sont les prêtres de toutes les sectes religieuses, qui redoutent, pour leur influence, tous les progrès de l'esprit humain, qu'ils tiennent enchaîné. Leurs chaires retentissent de dénonciations contre la nomination du docteur Cooper, qu'ils accusent d'être monothéiste, en opposition avec leur trithéisme. Quelque divisées que soient ces sectes entre elles sur tous les points, elles s'unissent pour soutenir leur mystique théologie contre ceux qui croient à un seul Dieu. C'est le clergé presbytérien qui crie le plus haut; c'est la secte la plus intolérante, la plus ambitieuse, la plus tyrannique. Ils seraient tout prêts encore, au premier mot du législateur, si un mot pareil pouvait être aujourd'hui prononcé, à mettre la torche sous le bûcher, et à rallumer sur cet hémisphère vierge la flamme sur laquelle Calvin, leur oracle, a fait périr le malheureux Servet, pour n'avoir pas su trouver, dans son Euclide, le théorème qui démontre que trois ne font qu'un, et qu'un est égal à trois, et pour avoir refusé de souscrire à ce principe de Calvin, que les magistrats doivent exterminer tous ceux qui n'acceptent pas le *Credo* calviniste. Ils désireraient ardemment voir rétablir par la loi cette sainte inquisition, qu'ils sont maintenant réduits à infuser dans l'opinion publique. Il faut avouer que ç'a été une grande imprudence que de confier, comme nous l'avons fait, aux hiérophantes de notre superstition particulière, la di-

rection de l'opinion publique, cette reine de l'univers.
Nous leur avons accordé des jours fixes et privilégiés
pour nous réunir et nous catéchiser, leur fournissant
ainsi toutes les occasions possibles de faire entendre
leurs oracles à la masse du peuple, et de pétrir les esprits comme de la cire dans le creux de la main. Mais en
dépit des anathèmes qu'ils fulminent contre tout effort pour éclairer la généralité de la nation, pour développer le bon sens du peuple, et s'encourager à en
faire usage, la libéralité de notre État soutiendra cette
institution naissante, et ouvrira une libre carrière à
la culture de la raison [1]. »

Jefferson dit, dans une autre lettre, en parlant des
progrès du libéralisme : « Ces progrès nous encouragent à espérer que l'esprit humain reconquerra quelque jour la liberté dont il jouissait il y a deux mille
ans. Le pays qui a donné au monde l'exemple de la
liberté physique lui doit aussi celui de l'émancipation
morale; et cette dernière n'existe encore chez nous
que de nom. L'inquisition de l'opinion publique comprime, dans la pratique, la liberté que les lois nous
garantissent en théorie [2]. » Jefferson fait ici allusion
au préjugé que l'intérêt des prêtres a fait naître et entretient dans les esprits, et dont nous avons déjà
parlé : il contraint, par une force morale, chaque individu à adopter une religion de secte chrétienne, an-

---

[1] *Mélange politique et Correspondance de Jefferson.* Lettre à
W. Short, 13 avril 1820.

[2] *Id., ibid.,* Lettre à J. Adams, janvier 1821.

cienne ou moderne, n'importe, ou de s'en faire une, avec la condition nécessaire qu'elle soit basée sur un verset des Évangiles. Hors de là, il ne peut exister de bonne religion, de croyance raisonnable; il n'y a ni salut à espérer dans l'autre vie, ni relation sociale, ni considération, ni amitié, dans le monde présent.

Jefferson rend justice à la bonne intelligence où vivent entre elles quelques sectes qui se réunissent dans le même temple pour honorer Dieu, chantent ensemble les mêmes hymnes, écoutent avec attention et dévotion les prédicateurs de chaque secte, et tous vivent dans la société en parfaite harmonie. Tels sont les épiscopaux, les presbytériens, les méthodistes et les baptistes, qui se réunissent tous dans la maison de justice qui leur sert de temple, où chacun officie à son tour un dimanche chaque mois. C'est ainsi que se passent les choses à Charlotteville : « Mais il n'en est pas de même, ajoute Jefferson, dans les districts où les presbytériens dominent sans partage. Lorsqu'ils ont le pouvoir, leur ambition tyrannique ne souffre pas de concurrence. Dans leur plan systématique, pour obtenir l'ascendant sur les autres sectes, ils visent, comme les jésuites, à accaparer tout le pays, et se montrent hostiles à toute institution dont ils n'ont pas la direction, souffrant impatiemment que d'autres commencent à s'occuper en quoi que ce soit de cet objet[1]. » Cela prouve que partout où une secte dominera, elle sera tyrannique.

[1] *Mélange politique et Correspondance de Jefferson.* Lettre au docteur Cooper, novembre 1822.

Cette influence des prêtres, si funeste aux libertés
civiles et religieuses, a cependant été combattue, à
toutes les époques, par quelques vénérables ecclésiastiques, par l'autorité publique, et surtout par les
philosophes. Mais que peuvent la raison et la philosophie, lorsque des prêtres, soutenus dans leur système
de domination par les gouvernements, parlent, au
nom du ciel, à des masses ignorantes et irréfléchies.
Les amis de la religion trouveront, dans l'exposé des
opinions suivantes, un puissant motif de soutenir les
droits de l'humanité contre ceux qui se croient permis
de les violer.

« C'est une impiété d'ôter, en matière de religion,
la liberté aux hommes, d'empêcher qu'ils ne fassent
choix d'une divinité; aucun homme, aucun dieu ne
voudrait d'un service forcé. » (Tertullien, *Apologétique*,
ch. XXIV.)

« Si on usait de violence pour la défense de la foi,
les évêques s'y opposeraient. » (S. Hilaire, liv. Ier.)

« La religion forcée n'est plus religion : il faut persuader et non contraindre. La religion ne se commande point. » (Lactance, liv. III.)

« C'est une exécrable hérésie de vouloir vaincre par la
force, par les coups, par les emprisonnements, ceux
qu'on n'a pu convaincre par la raison. » (S. Athanase.)

« Rien n'est plus contraire à la religion que la contrainte. » (S. Justin, martyr, liv. V.)

« Persécuterons-nous ceux que Dieu tolère? » dit
saint Augustin, avant que sa querelle avec les donatistes l'eût rendu trop sévère.

« Qu'on ne fasse aucune violence aux juifs. »
(4e Concile de Tolède, 56e canon.)

« Conseillez et ne forcez pas. » (Lettres de S. Bernard.)

« Nous ne prétendons point détruire les erreurs par la violence. » (Discours du clergé de France à Louis XIII.)

« Nous avons toujours désapprouvé les voies de rigueur. » (Assemblée du clergé, 11 août 1560.)

« Nous savons que la foi se persuade et ne se commande point. »(Fléchier, évêque de Nîmes, lettre xixe.)

« On ne doit pas même user de termes insultants. » (L'évêque du Beloy, dans une instruction pastorale.)

« Souvenez-vous que les maladies de l'âme ne se guérissent point par contrainte et violence. » (Le cardinal le Camus, Instruction pastorale de 1688.)

« Accordez à tous la tolérance civile. » (Fénelon, archevêque de Cambrai, au duc de Bourgogne.)

« L'exaction forcée d'une religion est une preuve évidente que l'esprit qui la conduit est un esprit ennemi de la vérité. » (Dirois, docteur de Sorbonne, liv. VI, chap. iv.)

« La violence peut faire des hypocrites; on ne persuade point quand on fait retentir partout les menaces. » (Tillemont, *Hist. eccl.*, 6.)

« Il nous a paru conforme à l'équité et à la droite raison de marcher sur les traces de l'ancienne Église, qui n'a point usé de violence pour établir et étendre la religion. » (Remontrances du Parlement de Paris à Henri II.)

« L'expérience nous apprend que la violence est plus capable d'irriter que de guérir un mal qui a sa racine dans l'esprit, etc. » (De Thou, Épître dédicatoire à Henri IV.)

« La foi ne s'inspire pas à coups d'épée. » (Cérifier, sur les règnes de Henri IV et de Louis XIII.)

« C'est un zèle barbare que celui qui prétend planter la religion dans les cœurs, comme si la persuasion pouvait être l'effet de la contrainte. » (Boulainvilliers, *État de la France.*)

« Il en est de la religion comme de l'amour : le commandement n'y peut rien, la contrainte encore moins ; rien de plus indépendant que d'aimer et de croire. » (Amelot de la Houssaie, sur les Lettres du cardinal d'Ossat.)

« Si le ciel vous a assez aimé pour vous faire voir la vérité, il vous a fait une grande grâce : mais est-ce à ceux qui ont l'héritage de leur père de haïr ceux qui ne l'ont pas? » (*Esprit des lois*, liv. XXV.)

7.

CHAPITRE VI.

DE LA TOLÉRANCE.

Les mots *tolerantia*, *tolerare*, tolérance, tolérer, n'é-
taient appliqués, avant l'établissement du christianisme, que relativement aux maux, aux souffrances
morales ou physiques auxquels l'homme est sujet, et
qu'il doit supporter, *tolerare*, par nécessité ou par raison. Ainsi Pline le naturaliste a dit : *Tolerare frigora*,
supporter le froid ; Cicéron, *tolerantia rerum humana-
rum*, la fermeté à supporter les choses humaines. Il
applique également ce mot à la douleur, aux fatigues
de la guerre. Sénèque en fait usage relativement au
courage à supporter les tourments : *Omnium tormento-
rum fortem tolerantiam*. Les païens n'employaient pas
ces expressions pour exprimer les droits qu'un individu ou une association quelconque prétend avoir de
permettre ou *de proscrire*, selon sa volonté, une opinion particulière en fait de politique ou de religion. Ils
n'avaient même pas de terme pour exprimer le sens
que les chrétiens ont donné à ce mot, par la raison
qu'ils n'en avaient pas l'idée. Ils considéraient les opinions comme un droit individuel et sacré auquel il
n'était pas permis de porter atteinte. Ils n'avaient

même pas employé ce mot relativement aux actions humaines, car ils les laissaient libres, ils les récompensaient ou les punissaient selon qu'ils les jugeaient indifférentes, utiles ou funestes à la société. Mais cette manière de penser et d'agir changea sous le christianisme triomphant, c'est-à-dire en décadence morale.

Des prêtres dominateurs proscrivirent toute opinion qui n'était pas conforme à celle qu'ils voulaient faire prévaloir. Ils enlevèrent à tout individu le droit d'en avoir une en propre, à moins qu'ils ne lui en eussent donné l'autorisation. Forcés d'accorder cette autorisation dans de certaines circonstances, ils la désignèrent sous le nom de *tolérance* ; ce qui, dans leur sens, veut dire une permission à laquelle on n'avait aucun droit, et qu'ils pouvaient retirer toutes les fois qu'ils le jugeaient à propos. C'est ainsi que l'Église, devenue puissante, a introduit dans le langage et dans les esprits l'expression absurde et tyrannique de *tolérance religieuse*. Autant vaudrait établir une *tolérance vitale*, par laquelle on permettrait aux hommes de respirer l'air qui les entoure : c'est ainsi qu'on est parvenu à faire croire que toute opinion qui n'était pas permise par l'Église, ou que même elle tolérait dans certaines circonstances, lorsqu'elle ne pouvait l'empêcher, était une opinion criminelle. Cette idée a passé de l'Église dans la politique ; et, avec des mots vides de sens, on a sanctionné des systèmes conçus dans le seul intérêt de quelques castes, de quelques dynasties, de quelques corporations privilégiées.

Le mot tolérance, d'après l'acception qu'on lui a

donnée, suppose un droit de prévenir ou d'empêcher quelque chose; or il est absurde de dire qu'on ait, surtout en matière de religion, le droit, non-seulement d'empêcher de penser d'après les sentiments de la conscience, mais aussi de porter obstacle à la pratique du culte que chacun croit être le plus agréable à Dieu, lorsqu'il n'y a rien de contraire à la morale, à l'ordre et à la tranquillité publique. Tout pouvoir qui dépasse ces limites est injuste et tyrannique. Si l'acte par lequel on dépouille de son bien un individu, ou par lequel on le prive de la protection que lui doit la société, est considéré comme un attentat, combien plus criminel ne sera-t-il pas de lui ravir une opinion relative à Dieu, qui doit lui être plus chère que ses biens et que la vie même? D'où un gouvernement a-t-il reçu le droit de juger si sa religion est meilleure que celle d'un particulier, et d'être ainsi juge et partie? A quelle origine fait-il remonter son infaillibilité? Qu'il montre le décret céleste qui lui commande de prescrire aux hommes la volonté de Dieu!

Tout magistrat a été institué pour agir dans les affaires civiles, et non pour régler et coordonner les matières religieuses : ces dernières lui étant absolument étrangères, ne sauraient entrer dans ses attributions. Il a seulement le droit de réprimer, dans les religions et dans leur culte, ce qui pourrait être contraire à la morale, à la loi naturelle et aux droits respectifs de chacun, mais non d'intervenir dans les croyances et dans le mode de culte.

Ce mot *tolérance* suppose un droit de l'autorité pu-

blique, contraire au droit naturel, et par conséquent
qui ne peut et ne doit exister, en matière de religion,
sans une violation évidente du droit le plus sacré !
Nul particulier isolé, ou nulle réunion de particuliers, n'a pu donner aux magistrats qu'elle a élus, ou
qui se trouvent appelés à la gouverner, quelle que soit
d'ailleurs l'origine de leur pouvoir, le droit de lui imposer une croyance religieuse quelconque, de règle-
menter son culte, de s'opposer à celui qui est de son
choix, de le prohiber directement ou indirectement.
Ce droit ne peut même être concédé par un individu
quelconque, sans un abandon total de sa raison, une
abjuration de sa conscience et de ses devoirs envers
Dieu, auquel seul on est comptable, tandis que, sous
ce rapport, on ne doit rien aux hommes. D'ailleurs,
celui à qui il serait enlevé aurait également droit
d'en priver les autres; et, alors, tout se réduirait à la
force. Si la raison, si la faculté de penser et de juger
sont les plus nobles dons que nous ayons reçus du
Créateur, si l'exercice de ces facultés, si la jouissance
de nos idées et de nos sentiments moraux forment la
source principale d'où découle notre bonheur, leur
abandon serait le prélude de l'avilissement et de la
plus abjecte dégradation. Les hommes, en se réunissant en corps de société, peuvent abandonner des droits
et des avantages physiques, lorsque ce sacrifice est
exigé par des intérêts mutuels, mais ils ne peuvent se
départir des droits constitutifs de leur nature, car la
société ne pourrait leur donner de compensation pour
le sacrifice d'une chose si précieuse.

« La liberté religieuse n'est pas seulement inaliénable et imprescriptible : il faut aussi qu'elle soit illimitée (ainsi que le fait observer un auteur qui a pris la
défense de cette cause sacrée), car, si elle était tempé-
rée par les lois, elle cesserait d'exister. Être ou n'être
pas est pour elle d'une nécessité absolue. Les hommes
dont elle blesse les intérêts n'osent plus la proscrire,
mais ils en font un droit adventif de l'ordre social. Ils
ne veulent qu'une sage liberté religieuse. Les Américains eux-mêmes ne promettent protection qu'aux
cultes chrétiens. A ces mots : « Tous les hommes de
toutes les religions, » ils ont substitué ceux-ci : « Les
chrétiens de toutes les dénominations. » Pour siéger
dans les chambres de quelques États, il faut déclarer :
« Qu'on est fermement persuadé de la vérité de la religion chrétienne; que les écritures de l'ancien et du
nouveau Testament ont été divinement inspirées. »
Excellent moyen pour substituer les malhonnêtes gens
à ceux qui se feraient scrupule de prononcer de semblables serments. « Montesquieu, dit à cette occasion
le docteur Price, n'était probablement pas chrétien,
Newton et Locke n'étaient pas trinitaires, et, par conséquent, pas chrétiens, selon l'idée vulgaire qu'on
attache à ce mot. Les États-Unis voudraient-ils refuser à de tels hommes, s'ils étaient vivants, toutes les
places de confiance et d'autorité [1]. »

Au reste, il est à remarquer que les mots tolérance,

[1] *Observations sur l'importance de la révolution de l'Amérique*, page 261.

tolérer, ne se trouvent dans aucun passage de la Bible, si ce n'est dans la seconde épître aux Corinthiens, chap. I, v. 6, où il est pris dans son acception primitive : *Tolerantiam earumdem passionum quas et non patimur.* La loi judaïque était cependant très intolérante ; celle de Jésus-Christ, tombée entre les mains d'un sacerdoce que ne connurent jamais les premiers chrétiens, est devenue, en théorie comme en pratique, plus hostile aux opinions que ne fut celle de Moïse.

On distingue, d'après le langage passé en habitude, deux sortes de tolérances : l'une civile, l'autre religieuse ; mais l'une et l'autre n'ont jamais été qu'une déception ; c'est là ce qui arrive lorsque l'esprit se repose sur des expressions qui ne représentent aucune idée claire et positive. Si les prêtres et les gouvernements ont parlé de tolérance, de liberté religieuse, ce ne fut jamais pour accorder, mais bien pour restreindre toute liberté à cet égard. La preuve en est que cette liberté, proclamée dans leurs chartes et dans leurs lois, a toujours été éludée, lorsqu'on a cru pouvoir le faire impunément. Qu'on nous cite, si l'on peut, un seul gouvernement qui l'ait accordée dans toute l'extension qu'elle devrait avoir, et qui ne l'ait pas violée par des lois règlementaires ou par des restrictions formulées de telle manière que, si le nom restait encore, la chose avait disparu, ou ne laissait plus que des traces insensibles ? Voyez l'Angleterre, qui n'admet de liberté de conscience que celle qui s'appuie sur un passage de la Bible, et qui s'autorise du nom de Jésus-Christ. C'est là la tolérance des Turcs qui vous permettent d'être musulmans, comme vous permettez d'être chrétiens. Cessez donc de tromper les hommes! Proscrivez ouvertement la liberté de conscience, et dites que vous n'admettez d'autre religion que celle qui est d'accord avec vos opinions ou avec votre politique. Ayez la franchise des inquisiteurs d'Espagne, et effacez de vos codes les mots tolérance et liberté religieuse!

C'est en vain qu'aux États-Unis d'Amérique, où ce genre de liberté a plus d'extension que partout ailleurs, un individu, rejetant toutes les religions révélées, se bornerait aux devoirs les plus stricts de la morale; c'est en vain qu'il reconnaîtrait l'unité d'un Dieu créateur, rémunérateur de la vertu et punisseur du crime dans une autre vie. La loi, il est vrai, le mettrait à l'abri des attaques et des peines juridiques, mais il serait flétri par l'opinion qu'ont fait naître les préjugés, l'intolérance, la haine ou l'intérêt des sectes établies, qui, ne connaissant d'autre fondement religionnaire que celui qui peut se trouver dans la Bible, rejettent comme impie tout ce qui sort de ces limites. Qu'un homme manifeste publiquement une opinion contraire, il sera considéré comme une espèce de paria, qui ne pourra former aucune relation amicale, sociale, commerciale, et qui sera privé des agréments de la vie et de la considération due à toute personne vertueuse; il vivra isolé comme un homme abandonné dans une île déserte, et qui, sans être exposé aux attaques des bêtes féroces, ne pourrait cependant établir de relations avec aucun être pacifique et bienfaisant.

La vraie liberté de conscience et de religion (car nous ne parlons pas de cette tolérance qui n'est qu'injustice et déception) n'existera que lorsque tout homme, quelles que soient ses opinions, pourvu toutefois qu'elles n'aient rien d'immoral ou d'hostile à la société, trouvera, parmi ses semblables, des sentiments d'amitié, de charité, de bienfaisance et d'égalité, tels qu'ils doivent régner parmi les hommes, d'après la raison et la loi divine.

Nous pourrions ajouter aux exemples que nous venons de citer celui de la France; mais on connaît assez quel a été le résultat des constitutions, des lois, des promesses et des serments faits au peuple depuis cinquante ans.

Telle sera la marche de la politique civile et religieuse, aussi longtemps que les peuples seront assez débonnaires ou assez aveugles pour se reposer sur des lois qui se détruisent les unes les autres, qui ne s'observent pas, ou sur des promesses et des serments qu'on viole toujours. Il faut des garanties moins illusoires et plus fortes, pour se mettre en sûreté contre des ennemis qui ne cessent et ne cesseront jamais d'attaquer la liberté partout où elle existera. Les peuples ne s'affranchiront de la servitude que lorsque le mot vague et illusoire de liberté sera remplacé par celui de droit, de droit sacré auquel nulle loi ne pourra porter atteinte.

De tous les biens de ce monde, la liberté est, pour l'homme qui a le sentiment de sa dignité et la connaissance de ses droits, le bien le plus précieux et le plus inestimable. Mais si l'on compare la liberté civile ou politique avec la liberté religieuse, on trouvera que cette dernière est bien plus sacrée et plus inviolable que la première. En effet, les hommes qui se réunissent en société doivent nécessairement faire le sacrifice d'une portion des droits dont ils jouissent dans l'état de nature ou d'isolement. Ce n'est que par ce sacrifice qu'ils peuvent jouir des grands avantages que l'association seule peut leur procurer; sans cela il n'y aurait ni sûreté pour les personnes et les propriétés, ni possibilité de se procurer les nombreuses jouissances qu'offre la sociabilité. Mais il n'en est pas de même pour la liberté religieuse. L'homme n'est pas obligé, pour en jouir dans toute sa plénitude, d'en sacrifier une partie quelconque; et cela par la raison que l'intérêt de ceux avec qui l'on est associé n'exige pas un pareil sacrifice, et que la jouissance individuelle, quelque étendue qu'elle soit, ne porte ni obstacle ni détriment à celle des autres associés; ce qui ne saurait être dans le cas précédent.

C'est donc pour n'avoir pas connu la différence qui existe entre ces deux genres de liberté, et avoir voulu trouver de l'analogie là où il n'en existe point, qu'on les a assimilées, qu'on est parvenu à tromper les hommes, qu'on leur a enlevé un droit qui est le même dans l'état de civilisation que dans l'état de nature ou d'isolement. Dans l'un des cas, la dérogation est exigée pour le bien de tous, tandis que la dérogation, dans l'autre, est également préjudiciable à tous, et ne saurait être établie par aucune raison, par aucun droit, si ce n'est celui de la violence, de la force et de la plus odieuse des tyrannies.

L'homme toléré dans un État, sous le rapport religieux, n'est pas un citoyen libre auquel les lois accordent la jouissance de tous ses droits. La protection qu'il reçoit peut être assimilée à celle qu'on accorde à un esclave, à un serf. Elle est précaire, subordonnée à la volonté et aux caprices du prince, et cessera d'exister lorsque celui-ci le croira utile à ses intérêts. Les lois, si elles sont fondées sur la nature des choses, ne doivent impliquer ni contrainte ni tolérance en matière de religion. Elles doivent être muettes, ou ne se prononcer que pour protéger tous les citoyens indistinctement, et punir les délits.

L'intolérance religieuse, qui ne s'est montrée, chez les païens, que dans un petit nombre de circonstances et toujours dans les intérêts de la politique des gouvernements, a été adoptée en principe par toutes les religions révélées, et poursuivie sans relâche. La raison en est que, chez les premiers, les prêtres préposés au culte particulier d'une divinité n'avaient aucun intérêt à déprécier, par leur opposition, l'exercice du culte établi en l'honneur d'une autre divinité. Les unes et les autres, d'après l'opinion des païens, accordaient également leur faveur et leur protection à ceux qui les invoquaient. D'ailleurs, toutes ces divinités, ainsi que leur culte, étaient indistinctement admises par les païens. Mais il en a été différemment dans le système des religions révélées, qui se sont toutes attribuées une mission divine et spéciale, à l'exclusion les unes des autres, et qui ont proscrit, au nom du ciel, et condamné à des peines éternelles, tous ceux qui refusaient de croire à leurs dogmes et à leur doctrine.

Il a été facile aux ministres de ces religions de commander impérieusement aux peuples, après avoir séduit leur crédulité, et d'établir, surtout lorsqu'ils étaient protégés par les gouvernements, une intolérance qui proscrivait ceux qui refuseraient de croire et d'être soumis. Tout ploya aux ordres qu'ils donnaient au nom du ciel; ils se rendirent les arbitres des consciences et des opinions; ils commandèrent ainsi aux peuples et aux rois, selon que le demandaient leurs intérêts, ou que le permettaient les circonstances. C'est ce qu'atteste l'histoire de ces religions. Il suffira d'en donner un exemple pris dans l'une des religions révélées, les plus tolérantes, celle de Brahma. Rammohun Roy, savant brahme, qui possédait les principales langues mortes et vivantes de l'Europe et de l'Asie centrale, également versé dans la théologie chrétienne et brahmine, raconte, dans ses ouvrages récemment imprimés à Londres, où il est mort de maladie, qu'ayant publié en persan, avec une préface arabe, un *Traité contre l'idolâtrie de toutes les religions*, et ayant parlé avec liberté, il offensa grièvement les mahométans et les Indiens. Il s'attira de leur part une si grande inimitié, qu'il fut contraint de cesser avec eux toute relation, et et se trouva réduit à n'avoir de rapports qu'avec deux ou trois Écossais de ses amis. Il fut accusé de témérité, d'arrogance et d'impiété. La mission des anabatistes au Bengale, qui avait, avant cette époque, fait imprimer plusieurs de ses traités, lui refusa d'imprimer celui qui avait pour titre : *Final appel in defense of the precepts of Jesus* (Appel final pour la défense des préceptes de Jésus-Christ).

Ce serait une longue histoire que celle qui retracerait tous les actes d'intolérance dont les religions ont, chez différents peuples et en tout temps, souillé les annales de l'humanité. Malheureusement, la religion catholique et même celle des sectes désignées sous le nom d'hérétiques, ont, à des époques de crédulité et de fanatisme, surpassé en ce genre tout ce que présentent les autres religions. Il n'est aucun pouvoir, aucune raison qui puisse balancer la puissance des organes du ciel; alors le sacerdoce est maître de l'État, et dispose, à son gré, des souverains et des peuples.

Les premiers chrétiens, aussi longtemps qu'ils furent victimes de l'oppression, ne réclamèrent que tolérance. Ils reconnurent que chacun a le droit d'honorer Dieu, en lui rendant le culte qu'il croit lui être le plus agréable. Ils donnaient à ce sujet la plus grande latitude aux païens, ainsi que nous l'avons prouvé en citant l'opinion de Tertulien, qu'ont aussi partagée quelques autres Pères de la primitive Église.

Mais, chose étonnante, le protestantisme, qui avait pris naissance au milieu des abus et de l'intolérance du catholicisme, et qui avait proclamé le libre examen et l'indépendance des opinions, devint lui-même intolérant, lorsqu'il se vit incorporé dans l'État, et que la rivalité d'intérêts se fut introduite parmi les sectes. Car la libre interprétation des écritures, sur laquelle

s'était appuyée la réforme, donna naissance à un grand
nombre de sectes qui varièrent entre elles, à raison de
la différence des interprétations qu'on donnait à ces
écritures. Mais, chacun croyant que les déductions
qu'il en tirait étaient seules conformes à la loi divine,
supposa que celles des autres étaient erronées : de
là naquirent de nouvelles haines religieuses. On avait
admis, en théorie, un principe dont on repoussa bientôt les conséquences, parce qu'elles blessaient les
amours-propres, les intérêts et l'ambition des sectaires. Ainsi, par exemple, les opinions adoptées par les
sociniens et les anabatistes furent repoussées comme
fausses et anti-évangéliques par ceux qui avaient trouvé dans la Bible une doctrine contraire; et, oubliant
les persécutions qu'on avait éprouvées, on devint persécuteur. Calvin, Mélancton, Cramer, Socinus, admirent la persécution comme un devoir de conscience à
l'égard des sectes qui leur étaient contraires. Il se
trouve encore de nos jours quelques protestants fanatiques qui approuvent cette intolérance : tels, par
exemple, que l'évêque de Hall, en Angleterre, qui
termine un traité qu'il a récemment publié sur la *Mo-
dération* en disant : « Maître Calvin se rendit digne de
l'Église de Jésus-Christ, en faisant périr Servet sur un
échafaud, à Genève [1]. »

Si les rois ou ceux qui ont le pouvoir en main, pouvaient s'affranchir des erreurs et des préjugés, et sur-

---

[1] Master Calvin did well approve himself to god's church, in
bringing Servetus to the stake at Geneva.

tout des passions qui les dominent ; s'ils s'intéressaient
au bien moral des peuples , si même ils entendaient
leurs vrais intérêts, il est hors de doute qu'ils n'accor-
dassent la plus grande latitude à la liberté civile et religieuse. Alors on ne trouverait plus dans leurs lois le
mot *Tolérance*. Mais il en est autrement ; le désir de
dominer et le sentiment d'une aveugle superstition, qui
semblent inhérents à la nature humaine, ont sanctionné
dans le monde la violation des droits civils et religieux.
Peu de princes ont été exempts de ces funestes passions; s'ils y donnent trève pour un moment, ce n'est
que par nécessité ou par crainte. On les voit bientôt
se laisser entraîner à leurs penchants. Constantin, que
nous avons cité, en a donné un exemple, et après lui
Jovien et Théodose. Jovien, successeur de Julien, voulant affermir un pouvoir nouveau et ménager l'opinion de ses sujets, rendit une loi par laquelle il
accordait aux païens et aux chrétiens une liberté
égale de culte. Thémistius , philosophe païen , donne
à cette loi des éloges bien mérités, dans le beau discours qu'il adresse à son auteur. Il y fait ressortir les
motifs d'humanité , de justice et de tolérance qui devraient être la base de toute législation, et la règle de
conduite de tous les princes chrétiens , en matière de
religion. Il est à remarquer que Thémistius est le seul
écrivain qui fasse mention de cette loi. Les Pères de
l'Église et les historiens ecclésiastiques qui nous ont
transmis un si grand nombre de faits faux ou insigni-
fiants n'en disent pas un mot, ce qui ne peut être attribué qu'au système d'intolérance qu'ils professaient et

à la crainte que cet exemple ne fût imité par les successeurs de Jovien.

« Vous avez compris, dit Thémistius, qu'il est des choses auxquelles le souverain ne peut contraindre : de ce nombre sont les vertus et surtout la religion. Un prince qui ferait un édit pour enjoindre à ses sujets de l'aimer ne serait point obéi. Doit-il se flatter de l'être, lorsqu'il leur commandera d'avoir telle ou telle persuasion religieuse? La crainte opèrera, sans doute, des métamorphoses passagères; mais prendrons-nous pour des hommes persuadés ces gens plus changeants que l'Euripe, convaincus, par leurs variations, d'être les adorateurs de la pourpre, et non de la divinité; ces ridicules protées qui déshonorent l'espèce humaine, et que l'on voit tantôt dans les temples, aux pieds des statues et des autels, tantôt à la table sacrée, dans les églises des chrétiens? Aussi, loin d'user de violence, vous avez fait une loi qui permet à chacun de rendre à la divinité le culte qu'il jugera le meilleur. Image de l'Être suprême, vous imitez sa conduite. Il a mis dans le cœur de l'homme un penchant naturel qui le porte à la religion; mais il ne force point dans le choix. Ainsi, les lois coërcitives, qui tendaient à priver l'homme d'une liberté que Dieu lui laisse, ont duré tout au plus pendant la vie de leurs auteurs; au lieu que votre loi, ou plutôt celle de Dieu même, subsiste dans tous les siècles : ni les confiscations, ni les exils, ni les supplices, ne la peuvent anéantir. On peut emprisonner le corps, le tourmenter, le détruire; mais l'âme prend son essor; elle échappe à la violence, portant en elle-même cette loi ineffaçable, cette liberté de penser qu'il est impossible de lui ravir, quand on forcerait la langue d'articuler quelques mots.... La sagesse de votre édit apaise nos cruelles divisions. Vous le savez mieux que personne, empereur chéri de Dieu, les Perses étaient moins formidables aux Romains que les Romains eux-mêmes; les incursions de ces barbares, moins dangereuses que les accusations suggérées par l'esprit de parti pour perdre des citoyens. Continuez de tenir la balance égale; souffrez que toutes les bouches adressent des prières au ciel pour la prospérité de votre empire... Une loi si juste, dit encore Thémistius, doit pénétrer de respect et d'amour tous les sujets de notre divin monarque, ceux, entre autres, à qui, non content de rendre la liberté, il explique les dogmes de la religion, aussi bien que le pourrait faire le plus habile de leurs docteurs[1]. »

On voit, par ce discours, qu'alors comme aujourd'hui, on se conformait au culte appuyé par les empereurs, ou on l'abandonnait, selon qu'on y était déterminé par l'exemple ou par quelque motif d'intérêt; et que la contrainte, loin de faire des chrétiens, ne produisait que des hypocrites, et ne servait qu'à susciter des haines et des dissensions entre les citoyens.

Lorsque le christianisme n'eut plus rien à redouter du paganisme expirant, alors l'intolérance, se retournant contre ceux mêmes qui professaient cette reli-

[1] Themistius, Orat. V.

8

gion, prit une nouvelle intensité entre les sectes chrétiennes, qui se poursuivirent à outrance. Elles furent
d'autant plus intolérantes, qu'elles étaient conduites
par des chefs habiles, ou qu'elles étaient protégées et
soutenues par les empereurs. Ce fut alors que l'hérésie devint abominable. Chaque parti, se disant orthodoxe, donnait à ses adversaires la qualification odieuse
d'hérétiques; guerre de paroles, de procédés et d'actions encore prête à renaître, si les circonstances
viennent à s'y prêter.

Autant la haine et l'intolérance furent prononcées
entre les individus d'opinions et de symboles diver-
geants, autant la louange fut prodiguée aux hommes
qui soutenaient avec passion et enthousiasme les
principes admis dans leurs sectes respectives. Ainsi,
on a canonisé et donné la qualification de *martyrs* à
des hommes factieux et turbulents, ou à de pieux fanatiques, tandis qu'on tourmentait et qu'on persécu-
tait des hommes vertueux et sincères dans leur
croyance. L'esprit d'intolérance, ne trouvant plus des
adversaires tels que Celse, Porphyre, Julien, etc.,
éclata avec d'autant plus de violence de secte à secte,
qu'il s'agissait, après la victoire, de savoir lequel des
combattants jouirait seul des dépouilles de l'ennemi.
Ce fut ainsi qu'à force d'intrigues, d'habileté et de violences, Rome, favorisée par les circonstances, parvint
à une domination universelle.

CHAPITRE VII.

DE LA TOLÉRANCE. — SUITE DU CHAPITRE PRÉCÉDENT.

Les prêtres des religions ou sectes qui se fondent sur une révélation, qui croient, ou qui ont intérêt à faire croire que la doctrine qu'ils professent est la seule vraie, admettent l'intolérance comme le seul moyen de conserver dans toute sa pureté le dépôt de la foi qui leur est confié. Laissez, disent-ils, à chacun la liberté de penser, de parler et d'écrire, et bientôt les hérésies ou l'incrédulité pulluleront de toutes parts ; l'erreur sapera les fondements de la vraie religion, sans laquelle il ne peut y avoir de sécurité et d'ordre dans cette vie, ni de salut à espérer dans l'autre. C'est donc par charité pour le prochain qu'il faut être into-lérant envers ceux qui refusent de croire et de se sou-mettre à la foi qui seule peut leur procurer le salut éternel ; c'est leur être utile et plaire à Dieu de les contraindre dans une affaire où il s'agit du plus grand de tous les intérêts.

Mais ne peut-on pas demander aux prêtres et aux gouvernements, qui sont si zélés pour le salut des âmes, par quelle raison ils tolèrent les juifs, les maho-

métans, les boudhistes, les brahmistes, les païens,
non-seulement en Europe, mais aussi dans les contrées lointaines qu'ils ont envahies, sans doute pour
la plus grande gloire de Dieu, et où ils sont parvenus
à faire ployer les habitants à leurs volontés, dans tout
ce qui tient à leurs intérêts personnels? Pourquoi tolè-
rent-ils les maisons de jeu et de prostitution, écoles du
vice et de l'immoralité? Pourquoi les prêtres ne s'é-
lèvent-ils pas ouvertement contre les princes et les
hommes riches et puissants, dont les mœurs dé-
pravées et licencieuses corrompent, par leurs exemples, la morale publique, et entraînent la perdition
d'un si grand nombre d'âmes? Pourquoi cette intolérance, si active et si constante envers les hérétiques
et les incrédules, cesse-t-elle envers les hommes qui
se rendent coupables de crimes publics, bien plus funestes à l'humanité, et plus répréhensibles devant
Dieu que des opinions qui nous portent à croire qu'il
existe trois dieux ou cinquante, deux sacrements au
lieu de sept, tel dogme au lieu de tel autre, de bons
et de mauvais esprits, etc., etc.? Si les théologiens
étaient conséquents avec eux-mêmes, par suite de
leur principe qui ordonne de châtier le corps pour
sauver l'âme, ne devraient-ils pas admettre la même
intolérance envers ceux qui se rendent coupables
d'un péché mortel, qu'envers les hérétiques; car, d'a-
près eux, les uns et les autres sont également pas-
sibles de la damnation éternelle? Je le demande,
quels seraient les résultats d'une pareille doctrine?

Les prêtres semblent avoir oublié que l'erreur est

le partage de l'humanité, du moins quant à ce qui les concerne; car, en admettant ce fait relativement aux hommes en général, ils ne s'en font point l'application à eux-mêmes, et ils taxent de criminelle toute opinion qui n'est pas la leur. Mais l'erreur ne pourrait être condamnable que dans le cas où elle serait volontaire, ce qui est impossible; car personne n'admet l'erreur comme erreur, excepté dans le cas où l'on cède à la violence. Quel est donc l'homme qui ne s'est jamais trompé? Combien d'opinions n'a-t-on pas adoptées, qu'on avait d'abord condamnées?

C'est en vain qu'on cherche à réunir les hommes dans un même sentiment : la nature de l'esprit humain et l'expérience démontrent qu'il ne peut y avoir unanimité dans une même opinion. On trouve, en analysant la pensée, qu'elle diffère même dans les questions où elle paraît unanime; c'est aussi avec raison qu'on a dit depuis longtemps : *tot capita, tot sensus*. Comment, d'ailleurs, imputer à crime une erreur dans laquelle on est de bonne foi, par suite de l'éducation, de l'habitude, des préjugés et des circonstances dans lesquelles on se trouve enveloppé invinciblement?

Mais quel serait le pouvoir des prêtres, s'ils admettaient que tout homme est libre d'avoir une volonté à lui, et de ne se soumettre et de n'obéir à la leur qu'autant qu'il le jugerait convenable? Leur pouvoir serait le même que celui des autres à leur égard. Mais cela ne suffit pas pour ceux qui veulent dominer. Ce fut donc pour se rendre maître des esprits qu'on

8.

supposa que Dieu ordonnait de faire abnégation de sa volonté propre, en se soumettant à celle de ses ministres, qui seuls pouvaient guider sûrement dans la voie du salut. Cette maxime se trouve formulée dans ces paroles de saint Bernard : « Est-il quelque chose que Dieu haïsse et qu'il punisse comme l'usage de notre propre volonté. Que cette volonté cesse, et l'enfer disparaîtra [1]. » L'homme renonçant à sa propre volonté, et se soumettant aveuglément aux ordres que lui dictait un prêtre, comme seul moyen de se préserver de l'enfer, s'est trouvé réduit à l'état d'une machine qui ne peut agir que par l'impulsion d'une puissance extérieure.

La haine et l'intolérance, qui s'étaient déversées des païens sur les hérétiques, s'est transmise de ceux-ci aux déistes et aux incrédules, avec cette différence que les sectes d'une même religion, rapprochées primitivement par un dogme fondamental, celui d'une révélation, n'ont été rivales que dans le désir de faire succomber leurs adversaires, et de jouir seules de la domination, tandis qu'elles se sont toutes réunies contre le déisme, la seule des religions qui pût lutter avec avantage contre elles, sous les rapports dogmatiques et rationnels. D'ailleurs les sectes, obligées, dans un grand nombre de circonstances, d'avoir entre elles des relations d'intérêts matériels, se sont tolérées sous certains rapports, tandis qu'elles ont pro-

[1] Quid odit aut punit Deus præter propriam voluntatem? Cessat propria voluntas, et infernus non erit. (Bern., Serm. 3, Temp. pasc., n. 3.)

scrit moralement ou légalement le déisme partout où elles ont dominé, ou qu'elles l'ont déconsidéré et incriminé dans l'opinion, comme il est arrivé aux États-Unis d'Amérique, où la loi ne fait aucune exception, et laisse à chacun la plus grande latitude. Elles ont égaré l'esprit public, au point de faire considérer les déistes ou les incrédules comme des êtres pervers, sans probité, sans vertu, qu'il fallait proscrire et éviter.

Le langage et la conduite des prêtres envers les déistes et les philosophes diffèrent peu aujourd'hui de ce qu'ils furent chez les païens envers les chrétiens. Les premiers accusaient leurs adversaires de violer les lois de l'État; d'outrager l'opinion et les sentiments publics; de méconnaître et de mépriser les dieux, ainsi que l'autorité impériale; de séduire et d'égarer le peuple; de troubler l'ordre, et de méditer la ruine de la république; enfin, de crimes infâmes. Ils étaient, en conséquence, haïs, tourmentés, traînés devant les tribunaux, et de là sur les échafauds. La religion ordonne-t-elle ou permet-elle cette intolérance, qui est cependant exercée et approuvée, dans le xixᵉ siècle, par des gens qui se disent chrétiens? Que penseraient Jésus-Christ et ses apôtres, s'ils revenaient sur la terre? C'est en vain qu'ils y chercheraient un lieu où les préceptes de leur religion fussent mis en pratique.

Les philosophes, à leur tour, ne pourraient-ils pas user de représailles? Vous leur en avez amplement fourni le droit et l'occasion. Quel est le sentiment de charité qui vous porte à exciter contre eux l'animadversion publique, et à provoquer des lois qui leur imposent silence? Quel crime de croire en un seul Dieu, à l'immortalité de l'âme, aux récompenses futures pour les actions utiles à l'humanité et conformes à la justice?

Dans le dessein de déconsidérer plus sûrement les déistes, on les confond avec les athées et les impies, quoique le nom indique une chose diamétralement opposée; il y a, en effet, une immense différence entre croire et ne pas croire en Dieu, entre ne rien croire et croire en un Dieu rémunérateur de la vertu. Il y a donc de la mauvaise foi à dire que cette dernière opinion tend à dissoudre tous les liens de la société, et annuler toute distinction entre le vice et la vertu. C'est là de la déclamation que l'on trouve journellement dans les bulles des papes, dans leurs lettres encycliques, dans les mandements de certains évêques, dans les ouvrages publiés par des jésuites ou des fanatiques, dans les discours des bigots ou des ignorants. Combien n'y a-t-il pas de chrétiens auxquels on pourrait adresser, à bon droit, les inculpations que l'on porte sans distinction contre les déistes et les philosophes? Quoi de plus contraire à la raison et à l'expérience que de juger les hommes, non par leurs actions, mais par leurs croyances et leurs paroles? Accordons notre estime et notre considération à l'individu probe, juste, charitable, etc., et refusons-les à celui qui n'a d'autre qualité que celle de professer telle ou telle religion! Faisons renaître parmi nous ces temps heureux où l'on pouvait parler impunément, et où l'on n'avait à rendre compte que de sa conduite : *Facta arguebantur, dicta impune !*

Quant à ceux qui croient, comme vous, à une mission divine, que signifie, dans votre bouche, le mot *héré-tiques* que vous vous efforcez de rendre odieux ? Rien du tout. Car ce qu'on taxe d'erreur dans une secte est vérité dans une autre ; puisque dans ces matières la vérité est ce qu'on prend pour tel. On est hérétique à Rome lorsqu'on nie l'infaillibilité du pape, son pouvoir spirituel sur les princes ; en Angleterre, lorsqu'on n'admet pas les vingt-neuf articles de foi d'une religion dont le roi est le chef. Enfin, un hérétique, quittant une secte devient orthodoxe en passant dans une autre ; de sorte que l'attribution donnée à ce mot est vertu chez les uns et crime chez les autres. D'ail-leurs, où poserez-vous les bornes qui déterminent l'hérésie et l'orthodoxie ? Ces bornes n'ont-elles pas été placées et déplacées selon les temps, les circonstances ou les intérêts. Il ne peut y avoir de milieu : il faut ou que la liberté soit accordée à tous, ou que la tyrannie devienne l'apanage d'une secte ou d'une faction.

Les lois, non-seulement contre les catholiques, mais aussi contre les dissidents, n'ont été nulle part plus injustes et plus sévères qu'en Angleterre. La philosophie a cependant tempéré le fanatisme qui a désho-noré longtemps ce pays. On a adouci quelques-unes de ces lois iniques, ou on les a laissé tomber en désué-tude. On n'y connaît plus aujourd'hui d'hérétiques, si ce n'est les perturbateurs de la paix publique [1].

[1] The free and happy civil constitution of this coutry knows not heretick, but a disturber of the peace.

Le grand nombre de sectes dissidentes qui se
trouvent en Angleterre favorise, il est vrai, le fanatisme et l'hypocrisie; mais cette concurrence a, dans
l'intérêt de chacun, fait disparaître cet excès d'intolérance qui existait, il y a un ou deux siècles, dans ce
pays. Un autre bien, qui en résultera plus tard, sera
la destruction des priviléges oppressifs dont jouit la
religion de l'État, et par suite l'abolition d'une institution politico-religieuse et anti-chrétienne, aussi
funeste à la liberté de conscience qu'à la liberté civile. Car, une fois cette domination renversée, l'opposition des sectes rivales ne permettra pas qu'on re-
construise de nouveau cet instrument de despotisme;
il faut croire que l'Angleterre jouira alors de la liberté
de conscience dans toute sa plénitude.

Il est à remarquer que le droit de conscience et la
liberté religieuse sans restriction ne présentent aucun inconvénient, ainsi qu'il peut arriver dans certaines circonstances, lorsqu'il s'agit d'une liberté civile et politique qui ne serait déterminée par aucune
limite. Ce n'est que lorsque les peuples jouiront
pleinement de la liberté religieuse qu'on verra cesser
ces dissensions et ces troubles si funestes à l'ordre et
à la tranquillité publique, et qui agitent encore en ce
moment les divers États de l'Europe, et surtout la
France. D'ailleurs, ainsi que nous l'avons dit, chaque
citoyen doit, en fait de liberté civile, faire le sacrifice
de quelques-uns de ses droits primitifs pour s'assurer
la jouissance de ceux que comporte une bonne organisation sociale, tandis qu'en matière de religion,

chacun peut jouir du droit illimité que la nature lui a donné, sans qu'il soit besoin d'aucune concession de sa part, et sans nuire à personne.

Comme les raisons philosophiques sont rarement un motif de tolérance pour les personnes imbues de certaines opinions religieuses, tandis que le sentiment des hommes dont les principes orthodoxes ne peuvent être mis en doute, a une plus grande influence sur les esprits, nous ajouterons, aux témoignages du même genre produits dans cet ouvrage, l'opinion de saint Augustin, qui, dans l'affaire des donatistes, prêcha la tolérance, à laquelle il n'était cependant pas fort enclin. Voici comment il s'exprime :

« Que ceux qui ne savent pas combien il est difficile de découvrir la vérité et de se garantir de l'erreur, exercent leur cruauté contre vous; que ceux qui ignorent combien il est rare et pénible de surmonter les fantômes de la chair par le calme d'un esprit pieux, vous traitent avec rigueur; que ceux qui ne savent pas avec quelle difficulté on guérit l'œil intérieur de l'homme pour le rendre capable de voir son soleil, sévissent contre vous; que ceux-là vous maltraitent qui ne savent pas combien il faut gémir et soupirer pour comprendre quelque chose de Dieu; que ceux enfin qui n'ont jamais été trompés par une erreur semblable à celle qui vous séduit, vous oppriment. Pour moi, je ne saurais absolument vous faire violence, vous que je dois tolérer à présent, et traiter avec la même douceur et la même indulgence que celle dont mes parents ont usé à mon égard, pendant que j'errais, furieux et aveugle, dans votre dogme[1].»

Il n'est pas hors de propos de rechercher les causes qui ont fait de l'intolérance un principe adopté sans exception par les religions révélées. Le code de ces religions vraies ou fausses est tenu, par ceux qui l'ont adopté, pour émané directement de la divinité; il lui est dû, par conséquent, une obéissance aveugle et passive. Mais ces codes ont pû être et ont été en effet altérés par l'inadvertance, les préjugés, le fanatisme, enfin par la mauvaise foi ou l'intérêt des premiers propagateurs, ou par celui de leurs successeurs, surtout dans des temps d'ignorance et de superstition. C'est ce qui est arrivé, même pour les livres du nouveau Testament. L'histoire de l'Église nous apprend qu'il parut, dès l'origine du christianisme, cinquante évangiles différents les uns des autres, selon les diverses opinions des nombreuses sectes qui, chacune, s'efforçaient de faire prévaloir leur doctrine. Mais, comme définitivement une de ces sectes devint dominante, par l'effet de l'habileté de ses chefs et par le soutien spécial des empereurs, elle dut proscrire et proscrivit ces écrits, ne conservant que ce qui était conforme à ses doctrines; elle en forma un code unique. Mais de nouveaux dogmes, de nouvelles opinions et de nouveaux intérêts étant survenus par la suite des temps, il fut nécessaire de réviser l'ancien code, de le corriger et d'en supprimer ce qui ne paraissait pas conforme au système religieux qu'on s'é-

[1] Saint Augustin.

tait formé. C'est ce qui a eu lieu à deux ou trois re-
prises, ainsi qu'il est constaté par les relations du
parti orthodoxe et dominant.

Mais ce n'est pas tout : il a été prouvé, d'après les
recherches et les vérifications faites par les savants sur
les manuscrits existants à l'époque de la découverte
de l'imprimerie, que les textes, loin d'être identique-
ment les mêmes, présentaient des différences remar-
quables sur des points essentiels ; et l'on a même
porté le nombre de ces variantes de tout genre jusqu'à
plusieurs mille. Comment donc pourrait-on recevoir
comme articles de foi ou comme faits historiques tout
ce qui se trouve aujourd'hui consigné dans ces écrits?
Si Dieu les eût dictés, son intention eût sans doute
été qu'ils fussent conservés dans toute leur pureté et
leur intégrité, et il n'eût pas permis qu'un seul iota
en fût retranché ou y fût ajouté. D'ailleurs, des lois et
des préceptes émanés de la divinité, loin d'être en désaccord avec la loi naturelle, ouvrage primitif et invariable du Tout-Puissant, devraient être dans une con-
cordance parfaite avec elle, ainsi qu'avec les attributs
qui appartiennent essentiellement à la nature divine.
Il serait permis, d'après l'évidence de ces principes, de
rejeter tout ce qui ne leur serait pas conforme ou qui
pourrait être l'ouvrage de la mauvaise foi, de l'ignorance ou des passions humaines.

L'intolérance ne fut jamais commandée par le fonda-
teur de la religion chrétienne, comme le dénotent
l'esprit et la lettre des Évangiles. Il est même à remarquer qu'on ne trouve dans Matthieu, Marc et Luc,

aucun passage où l'intolérance soit autorisée, même contre ceux qui ne reconnaissent pas la loi de Jésus-Christ comme inspirée. Saint Matthieu dit seulement que celui qui refuse de se soumettre à la doctrine des fidèles qui composent l'Église doit être considéré comme un païen [1] ; passage qui a fourni aux prêtres, dans tous les temps, un prétexte de persécuter ceux qui refusent de se soumettre à leurs opinions. L'Évangile de saint Jean, publié plus tard, et interpolé d'une manière notable, ainsi qu'il a été prouvé, renferme un passage dont il peut être permis de nier l'authenticité, vu la contradiction qu'il présente avec la bonté, la justice et la clémence de Dieu. « La vie éternelle est acquise à celui qui croit au Fils, mais elle est refusée à celui qui n'y croit pas, et la colère de Dieu demeure en lui [2]. » Le même évangéliste s'exprime d'une manière aussi formelle dans un autre chapitre : « Je vous ai dit que vous mourriez dans vos péchés, car, si vous ne reconnaissez pas qui je suis, vous mourrez dans votre péché [3]. »

L'anathème prononcé dans les Actes des apôtres établit d'une manière aussi positive la même opinion.

---

[1] Si autem Ecclesiam non audierit, sit tibi sicut ethnicus et publicanus. (Matt., ch. xviii, v. 17.)

[2] Qui credit in Filium, habet vitam æternam : qui autem incredulus est Filio, non videbit vitam, sed ira Dei manet super eum. (Joann., Evang., cap. iii, v. 36.)

[3] Dixi ego vobis, quia moriemini in peccatis vestris . si enim non credideritis quia ego sum, moriemini in peccato vestro. (*Id.*, *ibid.*, cap. viii, v. 24.)

Quelqu'un demandant à saint Paul et à Silas ce qu'il fallait faire pour être sauvé, ils lui répondirent : « Croyez au Seigneur Jésus, et vous et votre famille serez sauvés[1] ; » et ailleurs, saint Paul, comparant les incrédules à des branches d'arbre, dit : « Qu'ils ont été brisés à cause de leur incrédulité[2]. » Enfin, cet apôtre, qui a modifié et formulé la religion chrétienne d'après l'esprit d'enthousiasme et de prosélytisme dont il était animé, avance une opinion non moins funeste à la morale que contraire à la justice et à la bonté divine. Il annulle cette justice d'où émanent les lois naturelles, divines, évangéliques, et la remplace par ce qu'il nomme miséricorde ou grâce de Dieu, et par la réception du baptême. « Ce n'est pas par les œuvres de justice que nous faisons, mais par la miséricorde de Dieu que nous sommes sauvés, ainsi que par le baptême de régénération et de rénovation[3]. » Il confirme même cette opinion dans le verset suivant : « Nous pensons que l'homme est justifié par la foi, sans accomplir les œuvres de la loi[4]. » Ce dogme dénature l'essence du christianisme et substitue au précepte de la charité, principe créateur de toute vertu et de tout

---

[1] Crede in Dominum Jesum, et salvus eris tu, et domus tua. (Act., ch. XVI, v. 31.)

[2] Bene : propter incredulitatem fracti sunt. (Ad Rom., ch. XI, v. 20.)

[3] Non ex operibus justitiæ, quæ fecimus nos, sed secundum suam misericordiam salvos nos fecit per lavacrum regenerationis et renovationis Spiritus sancti. (Paul, ad Tit., ch. III, v. 5.)

[4] Arbitramur enim justificari hominem per fidem sine operibus legis. (Paul., ad Rom., ch. III, v. 28.)

bien, une croyance stérile, qui se réduit à quelques actes et à quelques pratiques extérieures de religion.

L'esprit d'intolérance envers les dissidents et les incrédules se retrouve encore dans l'Épître II de saint Jean : « Si quelqu'un vient à vous et n'apporte pas cette doctrine, ne le recevez pas dans votre maison, et ne le saluez point, car celui qui le salue participe à ses mauvaises actions[1]. » Saint Paul est aussi précis à ce sujet : « Ne vous attachez point à un même joug avec les infidèles. Qu'y a-t-il, en effet, de commun entre la justice et l'iniquité ? Quelle union existe-t-il entre la lumière et les ténèbres ? Quel accord entre Jésus-Christ et Bélial ? Ou, qu'est-ce que le fidèle a de commun avec l'infidèle ? Quel rapport y a-t-il du temple de Dieu avec les idoles[2]. »

Il est difficile, après avoir lu le passage de saint Matthieu et celui de saint Jean, ainsi que ceux des Actes des apôtres, qui commandent l'intolérance, et que nous venons de rapporter, il est difficile d'expliquer leur contradiction avec les préceptes de charité et de tolérance, ordonnés dans plusieurs endroits des Évangiles. Ainsi, le passage suivant contrédit ce que saint Jean et saint Paul lui-même viennent de dire. Saint Matthieu, après avoir recommandé l'amour de ses ennemis et de ses persécuteurs, ajoute : « Et si vous ne saluez que

---

[1] Si quis venit ad vos et hanc doctrinam non affert, nolite recipere eum in domum, nec ave ei dixeritis. (Joan., 2ᵉ Epist., v. 10-11.)

[2] Paul., II ad Cor., ch. VI, v. 14, 15 et 16.

vos frères, que faites-vous de plus que les païens? car c'est ce qu'ils font eux-mêmes[1]. »

Il est évident, d'après l'esprit de douceur que Jésus-Christ a manifesté par ses actes et par ses paroles, que toute sa doctrine consistait dans l'amour de Dieu et dans celui du prochain, et dans les conséquences qui résultent nécessairement de ce précepte. On voit en effet ce précepte reproduit comme unique point de doctrine dans plusieurs passages du nouveau Testament : ainsi l'on trouve dans saint Matthieu : « Faites aux hommes tout ce que vous voulez qu'ils vous fassent ; car c'est là la loi et les prophètes[2]. » Après avoir dit qu'il faut aimer Dieu de tout son cœur et son prochain comme soi-même, il en conclut que « toute la loi est renfermée dans ces deux préceptes[3]. » Saint Paul n'est pas moins formel à ce sujet : « Celui qui aime son prochain a rempli la loi[4]. » Il ajoute peu après : « Vous chérirez votre prochain comme vous-même; l'amour du prochain ne fait pas le mal : toute la loi consiste dans cet amour[5]. » Il reproduisait le

[1] Et si salutaveritis fratres vestros tantum, quid amplius facitis? nonne et ethnici hoc faciunt? (Matt., ch. v, v. 47.)

[2] Omnia ergo quæcumque vultis ut faciant vobis homines, et vos facite illis ; hæc est enim lex et prophetæ. (Matth., ch. vii, v. 12.)

[3] In his duobus mandatis universa lex pendet, et prophetæ. (Id., ch. xxii, v. 40.)

[4] Qui enim diligit proximum, legem implevit. (Ad Rom., ch. xiii, v. 8.)

[5] Dilectio proximi malum non operatur. Plenitudo ergo legis est dilectio. (Id., ibid., ch. xiii, v. 10.)

même précepte, lorsqu'en écrivant aux Galates, il disait : « Toute la loi est contenue dans ces paroles : aimez votre prochain comme vous-même[1]. »

Quels que soient la cause ou les moyens par lesquels se sont produits, dans les livres du nouveau Testament, des dogmes ou des préceptes si disparates, il en est résulté une discordance qui s'est manifestée dès l'origine du christianisme. De là la naissance des nombreuses sectes qui ont divisé et diviseront sans cesse le christianisme. Mais, parmi les maux résultés de cet état de choses, l'intolérance n'a pas été le moindre. En conséquence du principe d'exclusion et d'intérêt privé, inhérent à toute corporation, les chefs ou les prêtres de chaque secte, considérés comme les représentants de la divinité et les interprètes infaillibles de ses lois, ont su tirer parti de cette opinion pour accroître leur pouvoir et leur domination. Ayant peu d'égard au précepte fondamental du christianisme, charité et tolérance, ils ont saisi et fait valoir les dogmes et les maximes impératives qu'ils avaient su accréditer. Ils ont établi qu'il ne pouvait y avoir de salut hors de la secte qu'ils soutenaient comme étant la seule orthodoxe.

C'est en vain que, parmi ces prêtres qui n'agissaient que dans des vues d'intérêts temporels, il s'en est trouvé qui réprouvaient cette déviation des maximes primordiales du christianisme ; la corruption a prévalu,

---

[1] Omnis enim lex in uno sermone impletur : diliges proximum tuum sicut teipsum. (Paul., Ad Gal., ch. v, v. 14.)

la contrainte et la violence ont remplacé la douceur et la persuasion évangéliques. Les droits de la conscience ont été violés ; les échafauds et les bûchers ont été élevés avec le secours de la puissance temporelle, qui, depuis Constantin, a secondé le parti dominant. La terreur d'un être partial et vindicatif n'a pas été un agent moins puissant sur des esprits faibles, crédules ou superstitieux. Fort de tous ces moyens, et habile à employer ce qu'offre de plus entraînant le prestige religieux, on est parvenu à faire considérer l'intolérance comme un prétexte divin, et on a violé impunément le plus sacré de tous les droits.

CHAPITRE VIII.

TENDANCE DES LÉGISLATEURS, DES GOUVERNEMENTS ET DES RELIGIONS RÉVÉLÉES A LA DESTRUCTION DES LIBERTÉS CIVILES, POLITIQUES ET RELIGIEUSES.

Si l'on considère les lois dont les codes profanes et sacrés sont surchargés, l'on voit que les législateurs, loin de vouloir établir et affermir les libertés dont nous parlons, n'ont eu d'autre dessein que de les combattre et de les anéantir. Qu'ont produit, en effet, ces codes, ainsi que les jugements, les actes qui en ont été le résultat, sinon un spectable hideux de haines, de vengeances, de prisons, d'échafauds, et même de guerres sanglantes, dont presque chaque page de l'histoire est souillée?

Il est à remarquer que les désastres qui ont affligé l'humanité, par suite de l'intolérance religieuse, n'ont eu lieu que là où se trouvait un système religieux fondé sur une révélation divine; et, malheureusement, la religion chrétienne n'a pas été exempte de cette contagion funeste. Vérité attestée par une longue série de faits.

Si nous remontons aux premiers documents de

l'histoire, nous voyons le peuple juif, qui, de tout temps, s'est signalé par sa haine envers toutes les nations, porter la cruauté jusqu'au point d'exterminer des peuplades entières, par le seul motif qu'elles professaient une religion différente de celle de Moïse. Nous trouvons, au centre des Indes, une lutte d'extermination entre le brahmisme et le boudhisme, jusqu'au jour où cette dernière religion, vaincue par ses adversaires, fut réduite à se disperser dans des contrées lointaines et inhabitées. L'histoire nous présente encore un fait analogue, qui eut lieu, quelques siècles plus tard, en Perse, région qui reçut anciennement sa religion de Zoroastre, prophète et législateur inspiré de Dieu. Artaxercès, après avoir fait la conquête de ce pays, forma, dans le dessein d'affermir sa nouvelle puissance, une sainte alliance avec les mages, et devint intolérant et persécuteur. Sa politique fut, en cela, celle des conquérants et des despotes, qui considèrent la religion, quelle qu'elle soit, comme un moyen puissant de domination : *instrumentum regni*. Après avoir convoqué un nombre considérable de mages, et les avoir réunis en concile, ainsi que fit plus tard Constantin, il proscrivit sévèrement, d'après leur conseil, l'exercice de tout culte autre que celui de Zoroastre. Comme les successeurs de Constantin, il renversa les temples et les statues des idoles; il poursuivit avec acharnement les juifs et tous les dissidents qui avaient pénétré dans ses États; et enfin il parvint, en maintenant l'orthodoxie, à faire disparaître presque entièrement les nombreuses sectes qui s'étaient

9.

élevées dans le sein même de la religion des mages. On sait que le mahométisme a en horreur toutes les religions qui ne reconnaissent pas Mahomet pour législateur : il est cependant moins intolérant que les juifs et les chrétiens.

Si nous considérons, au contraire, des peuples, tels que les Chinois, les Grecs et les Romains, qui n'ont pas été soumis à des religions spécialement révélées, nous trouvons qu'ils ont professé de tout temps des principes de tolérance religieuse, ou que, s'ils s'en sont écartés parfois, ce n'a été que lorsque des prêtres étrangers ont voulu dominer et renverser les lois et les antiques usages du pays.

Quant à ce qui concerne les Grecs et les Romains, nous laisserons parler, à ce sujet, un auteur connu par ses principes de tolérance :

« Les Grecs et les Romains étaient si éloignés de faire du mal à quelqu'un pour sa religion, pourvu qu'on laissât la leur tranquille, qu'il paraît que leur aversion contre le christianisme ne fut d'abord fondée que sur ce qu'il anéantissait la leur et méprisait leurs divinités.

« Ils n'eurent, par la suite, que trop de raisons pour sentir que leurs soupçons avaient été bien fondés, en voyant les effets cruels de l'esprit et de la conduite du clergé chrétien : son orgueil, son ambition, son avarice, son humeur vindicative, ses querelles continuelles, ses tyrannies implacables, ses artifices, ses fraudes, ses doctrines intéressées, ses assemblées tumultueuses et scandaleuses, ses décisions bizarres, ses flatteries pour les tyrans, son adresse à les engager de verser le sang pour ses querelles et pour ses intérêts, ses factions, ses séditions, son insolence pour d'autres princes humains et modérés, toutes ces choses prouvèrent que les païens avaient eu raison de craindre cette religion. En un mot, il s'introduisit une affreuse dépravation, on abjura la lettre et l'esprit de l'Évangile et d'une religion charitable, que l'on eut l'impiété de faire servir pour justifier les excès les plus criants, les usurpations les plus marquées, et les plus grandes iniquités.

« C'est dans l'amertume de l'âme que je rapporte ces crimes, qui ne sont point exagérés ; les écrivains les plus religieux nous les ont transmis avec douleur, et les annales de l'Église ne sont remplies que des forfaits et des fraudes des membres du clergé. Quant à ces conciles, que l'on ne révère que parce qu'ils ne sont point connus, ils étaient souvent composés d'hommes si dépourvus de bonne foi, de piété, de douceur, de probité, qu'il serait difficile de rencontrer sur la terre une assemblée de personnes plus méchantes ; les fureurs dont ils ont semé les germes ne sont point encore étouffées, et Dieu sait si elles le seront jamais. Ces hommes indignes ont pourtant prétendu régler la foi, et ont infligé des peines à ceux qui refusaient de se soumettre à leurs décisions, comme si les préceptes simples enseignés par les fondateurs de la religion ne suffisaient pas pour guider les fidèles : peut-être les trouva-t-on trop clairs, et jugea-t-on nécessaire de les rendre obscurs et inintelligibles. Quoi qu'il en soit, ces imposteurs, en quelques siècles, sont parvenus à changer et à défigurer le christianisme, au point de le rendre totalement méconnaissable. Leurs débats ont causé des guerres sans fin, qui ont inondé la terre de calamités, qui ont fait périr des millions d'hommes, qui semblent avoir fait naître le mahométisme, et qui ont justifié tous les excès dont cette religion destructive s'est rendue coupable.

« Combien les païens étaient-ils plus innocents (j'allais dire plus religieux) que ces faux chrétiens, ces destructeurs du christianisme, ces pestes des sociétés! La liberté de conscience que le paganisme laissait aux hommes est la cause de cette différence, et lui donne, malgré ses extravagances, un avantage réel sur notre religion sainte. Sous le paganisme, les esprits ne furent point mis à la gêne et soumis au pouvoir des hommes; chacun suivait, dans son culte, les impulsions de sa propre imagination, personne ne troublait celle des autres; la liturgie et les rites étaient établis du consentement unanime des peuples; on les adoptait quand on le jugeait à propos, soit qu'on fût épicurien, stoïcien ou pyrrhonien dans ses spéculations. Chacun était si libre, que, souvent, nous voyons que les dieux de la Grèce étaient tournés en ridicule sur la scène, et leurs oracles étaient des instruments dont les princes se servaient pour accomplir leurs desseins [1]. »

Nous avons prouvé que le christianisme, non tel

[1] Crellius, de la Tolérance. ch. v.

qu'il était sorti de la bouche de Jésus, mais tel qu'il fut constitué, dans la suite des temps, par ceux qui embrassèrent sa doctrine, et tel qu'on le pratique de nos jours, est hostile à toute liberté. Le Christ n'employa jamais ni contrainte, ni violence contre personne : il avait dit à ses apôtres de se retirer, et de secouer la poussière de leurs pieds, si l'on refusait de les entendre. Saint Paul, malgré le zèle impétueux dont il était animé pour la religion qu'il avait embrassée, laissait la liberté de croire ou de ne point croire, lorsqu'il disait : « Que chacun agisse selon qu'il est pleinement persuadé dans son esprit. » (Ch. XVI, v. 5.) Les premiers chrétiens, ainsi que les premiers docteurs de l'Église, prêchèrent la liberté de conscience, soit parce que ce sentiment leur était inspiré par la charité dont ils faisaient profession, soit, ce qui est encore plus naturel, parce qu'ils étaient opprimés et persécutés. Mais lorsque Constantin eut placé les prêtres et les moines près de son trône, et qu'il fut devenu théologien, la tyrannie des empereurs passa dans le domaine de l'Église.

En examinant la vie de cet empereur, même d'après le récit partial des prêtres courtisans qui ont écrit son histoire ou fait son éloge, on ne peut douter qu'il ne se montra partisan de la religion chrétienne que par des motifs d'intérêt et de politique. Voyant que les ministres de cette religion avaient pris sur le peuple un ascendant et une autorité que n'eurent jamais les prêtres du paganisme, il jugea, avec raison, que cette nouvelle corporation sacerdotale lui serait dévouée, et deviendrait entre ses mains un instrument puissant de despotisme. Il adopta, dans cette vue, une religion embrassée par un peuple ignorant et superstitieux, qui se portait, par intérêt et par enthousiasme, vers un système qui lui promettait l'égalité et la participation aux bienfaits de la richesse, réservée exclusivement, jusqu'alors, à une classe peu nombreuse de la société. Constantin reconnut qu'il lui était facile d'attirer le clergé dans ses intérêts, en lui accordant une protection spéciale, des priviléges, des distinctions, des honneurs, et surtout des richesses, qui corrompent tout, et qui ont, en effet, corrompu l'Église de Dieu.

La victoire donne toujours aux princes un accroissement de puissance, et leur permet de tout oser. « Ayant défait dans un combat son collègue Maxence, Constantin fut reçu à Rome, dit Eusèbe, aux acclamations du sénat, des chevaliers, du peuple, des femmes et des enfants, qui ne pouvaient se lasser de le louer. » Il profita habilement de cette circonstance pour faire un premier pas en faveur du christianisme : il attribua sa victoire à Jésus-Christ. « Ce prince, dit le même Eusèbe, qui avait les sentiments d'une véritable piété gravés profondément dans le cœur, fit mettre le trophée de la croix entre les mains de la statue que lui avaient élevée les Romains, avec cette inscription : *Par la vertu toute-puissante de ce signe salutaire*, etc. [1]. »

Il est dans la nature des hommes avides de pouvoir

[1] Eusèbe, *Histoire de l'Église*, l. IX.

de dissimuler les desseins d'agrandissement qui les animent. Ils savent qu'on n'atteint pas, d'un seul élan, le but qu'on se propose, et qu'il est prudent, pour y arriver avec sûreté, de procéder graduellement, et de préparer ou d'attendre les circonstances; de donner le change au peuple, en ayant l'air de lui accorder ce qu'on est dans l'intention de lui refuser ou même de lui ravir lorsqu'il le possède. Ce fut ainsi que procéda Constantin. Après avoir feint un miracle pour mieux tromper le peuple, il porta un édit qui méritait l'approbation et les éloges des amis de la liberté religieuse, mais qui fut, peu après, remplacé par un édit de proscription et de mort contre ceux qui professeraient le culte païen.

Il est à remarquer que deux empereurs, Galère et Maximien, qui avaient persécuté les chrétiens, se déclarèrent, par politique plutôt que par humanité, en leur faveur, avant que Constantin ne portât son édit de tolérance pour tous les cultes. Galère publia en effet un édit sous son nom, sous celui de Licinius et de Constantin, d'après lequel il permet aux chrétiens de « tenir leurs assemblées paisiblement; » après quoi il ajoute : « Nous avons fait savoir à nos juges, par une lettre particulière, ce qu'ils doivent observer à cet égard. Cette indulgence, dont nous usons envers eux, les oblige de prier Dieu pour notre santé, pour la prospérité générale de notre empire, et pour la sûreté particulière de notre famille [1]. »

---

[1] Eusèbe, *Histoire de l'Église*, l. VIII, ch. XVII.

Maximien lui-même publia une loi dans laquelle il s'exprime ainsi : « Ayant été autrefois informé des injustices et des concussions que mes officiers faisaient, sous prétexte de la loi par laquelle Dioclétien et Maximien, mes prédécesseurs, avaient ordonné que les assemblées des chrétiens fussent entièrement abolies, je défendis, l'année dernière, de troubler ceux qui désireraient vivre dans l'exercice de cette religion. Mais j'ai reconnu depuis que, quelques juges n'ayant pas bien compris mon intention, ont été cause que ceux qui approuvaient cette religion dans leur cœur n'osaient en faire profession publique; afin donc de dissiper entièrement leur crainte et leur défiance, je leur permets, par cet édit, de l'exercer librement et de célébrer le dimanche; et pour leur faire sentir de plus grands effets de ma clémence, j'ordonne que, si quelque maison de chrétiens a été confisquée sur eux, donnée à d'autres par les empereurs, ou usurpée par les villes, elle leur soit rendue [2]. »

Les empereurs, et Maxence lui-même qui fut très favorable aux chrétiens, et Galère qui avait été leur ardent persécuteur, comprirent enfin que la violence, loin de faire céder les croyances, ne les rend que plus obstinées, et ne sert qu'à les propager. Le moment était d'ailleurs arrivé où le christianisme devait, après trois siècles de luttes, faire disparaître, ou au moins modifier essentiellement les superstitions du paganisme, dont les peuples avaient été si longtemps imbus.

[1] Eusèbe, *Histoire de l'Église*, l. IX, ch. X.

Nous donnons l'édit de Constantin dans tout son entier, afin que le lecteur puisse juger quels devaient être les vues et les motifs d'un homme qui, après avoir émis un édit de tolérance si équitable, rendit, peu de temps après, c'est-à-dire lorsqu'il se trouva assez fort pour ne plus dissimuler, une loi qui portait peine de mort contre quiconque exercerait le culte païen. On y reconnaît, d'ailleurs, le système d'intolérance et de déception des gouvernements, qui, depuis cette époque, se voyant forcés d'accorder la liberté de conscience, l'ont proscrite lorsqu'ils en ont trouvé une occasion favorable, ou lui ont imposé des limites si étroites qu'elle est devenue plus ou moins illusoire.

CONSTITUTION DES EMPEREURS CONSTANTIN ET LICINIUS.

«Ayant reconnu, il y a longtemps, que la religion doit être libre, et qu'il faut laisser au choix de chacun de servir Dieu en la manière qu'il le juge à propos, nous avons ordonné que tant les chrétiens que les autres pussent demeurer dans la religion qu'ils avaient une fois embrassée. Mais parce qu'il était fait mention de plusieurs sectes dans notre rescrit, quelques-uns se sont dispensés de l'observer. C'est pourquoi étant heureusement arrivés à Milan, et y ayant recherché avec soin ce que nous pourrions faire pour le bien de nos sujets, nous avons trouvé qu'il n'y a rien qui leur fût si avantageux que de régler ce qui regarde le culte de Dieu, et de laisser, tant aux chrétiens qu'aux autres, la liberté de choisir telle religion qu'il leur plaira, afin que Dieu nous soit favorable, et à tous ceux qui vivent sous notre empire. Nous avons ordonné que personne ne fût privé de la liberté d'embrasser la religion chrétienne, mais que chacun pût suivre celle qu'il croirait lui être le plus avantageuse, afin que Dieu nous favorise de sa protection. Au reste, nous avons eu raison de faire cette ordonnance, pour ôter toutes les sectes dont il était parlé dans notre première lettre, pour retrancher ce qui semblait contraire à notre douceur, et pour laisser une entière liberté de l'exercice de la religion chrétienne à ceux qui croient en devoir faire profession. Je vous ai écrit ceci, afin que vous sachiez que je ne désire pas que les chrétiens soient inquiétés en aucune sorte, sans néanmoins que les **autres soient** privés de la liberté de pratiquer leurs cérémonies accoutumées; ce qui convient à la douceur de notre règne, sous lequel nous voulons que chacun choisisse telle religion qu'il lui plaira. Ce que nous avons fait à dessein de ne rien diminuer du culte de Dieu. Mais nous ordonnons de plus, en faveur des chrétiens, que les lieux où ils avaient accoutumé de faire leurs assemblées leur soient rendus sans argent, soit qu'ils aient été confisqués, aliénés, engagés ou donnés à d'autres, et bien que, par une lettre précédente, nous vous eussions donné un ordre contraire. Si ceux qui ont acquis ces lieux-là, ou qui en ont été gratifiés, ont quelque justice à nous demander à cet égard, qu'ils s'adressent au gouverneur de province. Mais parce que les chrétiens possédaient encore quelques lieux en commun, outre ceux où ils faisaient leurs as-

semblées, nous vous commandons expressément de les
leur rendre, à la charge néanmoins que ceux qui auront été contraints de les rendre sans en avoir touché
le prix pourront se retirer vers nous pour être dé-
dommagés. Apportez toute la diligence possible pour
mettre à exécution cette ordonnance, qui contribuera
notablement à la tranquillité publique. Nous espérons
obtenir de Dieu, par ce moyen, la continuation de
sa protection et de ses faveurs. Mais afin que personne
n'ignore cette loi, faites-la publier en tous les lieux
où il sera nécessaire [1]. »

On voit ici que Constantin avait déjà publié une
première lettre ou rescrit, où il mettait quelques restrictions aux concessions faites aux chrétiens, et qu'il
abolit par le décret qu'on vient de lire. Il est à croire
que ce fut à l'occasion des sectes qui dès lors com-
mencèrent à troubler l'empire et à mépriser la puissance temporelle, et qui, ainsi que le dit Constantin,
se dispensaient d'observer les rescrits ou *lois impériales.*

Lorsque Constantin et les empereurs qui lui succé-
dèrent eurent donné au clergé richesse et puissance,
il se forma une double intolérance qui devint encore
plus funeste à la liberté religieuse et civile que n'a-
vait été le despotisme païen ; car, à la volonté et aux
caprices d'un maître, se réunirent des ordres dictés
au nom d'un Dieu vengeur. En effet, la plupart des
empereurs païens furent tolérants, et même favora-
rables aux chrétiens : tels que Tibère, Claude, Vespa-

[1] Eusèbe, *Histoire ecclésiastique,* l. X, ch. v.

sien , Trajan, Marc-Aurèle , Sévère , et même Julien,
qui , malgré son inimitié pour le christianisme , protégea ses sectateurs et ne leur fit jamais de mal.

C'est cette tolérance générale qui permit aux chrétiens de pratiquer leur culte et de le propager sur
presque tous les points de l'empire romain, même
avant le règne de Constantin. En effet, le christianisme ne commença à être persécuté que soixante-
quatre ans après sa naissance, sous Néron ; il avait
même trouvé protection sous Tibère , ainsi qu'il est
prouvé par le document qui nous a été transmis par
Tertullien et par Eusèbe ; nous croyons devoir mettre
sous les yeux de nos lecteurs le passage de ce dernier,
où il est question de ce fait, sans cependant en garantir la véracité. Après avoir dit que Pilate fit savoir à
Tibère ce qui s'était passé en Palestine touchant la
résurrection de Jésus-Christ, ses miracles , etc. , et
que celui-ci en rendit compte au sénat, qui refusa de
le mettre au nombre des dieux , il ajoute : « Tibère
demeura toujours dans le même sentiment, et n'ordonna rien contre la religion chrétienne. Tertullien,
homme fort savant dans la jurisprudence romaine , et
fort célèbre parmi les écrivains latins , rapporte cette
histoire dans l'apologie qu'il a composée en sa langue
pour la religion chrétienne et qui a été traduite en la
nôtre : « Pour parler, dit-il , de l'origine de ces lois ,
c'était une ancienne maxime , qu'aucun Dieu ne pouvait être consacré par l'empereur, qu'il n'eût été auparavant approuvé par le sénat. Marc-Émile en usa de
la sorte au sujet de son dieu Alburne. La pratique où

vous êtes, de faire dépendre l'existence des dieux de la volonté des hommes sert extrêmement à notre cause. Un dieu ne sera pas dieu s'il ne plaît aux hommes. Il faut qu'il se les rende favorables. Tibère, au temps duquel la religion chrétienne commença à paraître sur la terre, ayant déclaré franchement qu'il était d'avis de mettre Jésus au nombre des dieux, le sénat rejeta la proposition parce qu'il ne l'avait point examinée. L'empereur demeura dans son sentiment, et menaça de punir ceux qui entreprendraient de noircir les chrétiens par leurs calomnies. La Providence divine avait inspiré ce sentiment à Tibère, afin que la vérité de l'Évangile, qui venait de naître, fût portée sans obstacle par tout l'univers. »

Quant à l'exagération outrée des souffrances et des châtiments que les empereurs romains ont fait subir aux chrétiens, il est bon de remarquer que les différentes époques où la persécution a eu lieu sont comprises dans une durée de trois cents ans; or, si l'on calcule le nombre d'années qu'a duré cette persécution, sous le règne des dix empereurs qui en sont accusés, on trouvera qu'elle n'a été exercée que pendant une quarantaine d'années, et dans la durée de trois siècles, où soixante à soixante-dix empereurs ont exercé le despotisme le plus absolu.

Un fait qui n'est pas moins constaté, c'est que le despotisme des empereurs chrétiens, et celui des princes qui les ont imités, n'ont pas été moins contraires aux droits de l'humanité qu'à ceux de la liberté religieuse. Les personnes qui ont lu avec attention les écrits des Pères de l'Église, les auteurs ecclésiastiques, les légendes, les martyrologes ou les vies de saints, savent qu'il n'y a qu'une crédulité aveugle qui puisse ajouter foi à tout ce qu'on nous débite sur le nombre des martyrs, et sur les horribles souffrances qu'on leur a fait éprouver. On ne s'est pas fait scrupule, lorsqu'il s'agissait de l'intérêt de la religion, d'imaginer ou d'exagérer les faits. Un zèle peut-être très louable, mais une crédulité sans bornes portait souvent les chrétiens à donner comme des vérités des bruits populaires, fruits de l'imposture, de l'ignorance et de la superstition. On se faisait, d'ailleurs, un mérite de déverser la calomnie et la haine sur les ennemis de la religion, et l'on exagérait dans ce but et le nombre des martyrs et la cruauté de leurs bourreaux; ce qu'il serait facile de prouver, si c'était ici le lieu. Il nous suffira de citer, dans ce but, l'autorité de Tertullien :

« Consultez vos histoires, dit ce Père de l'Église, vous y verrez que Néron a été le premier empereur qui ait persécuté les chrétiens, ceux principalement qui étaient à Rome. Mais un tel persécuteur fait notre gloire; car quiconque connaît Néron doit savoir qu'il n'a jamais condamné que ce qui était un grand bien. Domitien, qui fut un petit Néron pour la cruauté, avait bien d'abord marché sur ses traces, mais il ne tarda pas à s'en repentir, et il rappela même de leur exil les chrétiens qu'il y avait envoyés. Voilà quels sont nos persécuteurs : des hommes injustes, impies, et auxquels il serait honteux de ressembler, que vous condamnez vous-mêmes, tandis que vous avez en vénération ceux qu'ils ont condamnés.

« Au reste, de tant de princes qui ont occupé l'empire, jusqu'à nos jours, et qui ont eu quelque respect pour les lois divines et humaines, désignez-nous-en un seul qui ait persécuté les chrétiens ; mais nous, au contraire, nous pouvons en citer un qui nous protégea (c'était Sévère, qui occupait alors l'empire). Si l'on examine les lettres de Marc-Aurèle, l'on y verra que cet empereur très recommandable y témoigne que son armée de Germanie étant sur le point de périr de soif, le ciel la favorisa d'une pluie abondante, qui fut peut-être le fruit des prières des soldats chrétiens. Aussi, non-seulement il ne sévit pas contre de tels hommes, mais encore il les protégea ouvertement contre leurs ennemis, en menaçant de la dernière peine ceux qui se porteraient leurs accusateurs. Quelles sont donc ces lois qui ne sont mises à exécution contre nous que par des hommes qui ne peuvent se faire remarquer que par leur impiété, leur injustice, leur infamie, leur cruauté, leur vanité et leur extravagance ; que Trajan a rendues vaines, en défendant de rechercher les chrétiens ; qui n'ont eu aucun effet sous l'empire d'Adrien, quoiqu'il examinât de très près toutes les nouveautés ; ni sous celui de Vespasien, quoiqu'il fût le persécuteur des juifs ; ni sous celui d'Antonin-le-Pieux, ni sous celui de Sévère ! Les bons empereurs l'emportaient donc de beaucoup sur ceux qui ont été méchants[1]. »

[1] Tertull., *Apolog.*, ch. v, § 21.

Si l'on considère les lois relatives à la liberté civile et religieuse, émises par les princes chrétiens depuis Constantin jusqu'à nos jours, on trouve qu'elles ne sont pas moins tyranniques que celles des empereurs païens, et que les actes émanés de l'exécution de ces lois, ou de leur esprit, ont produit des scènes non moins sanglantes. Ouvrez les codes de Théodose et de Justinien, vous y trouvez cent lois ou décrets donnés par les empereurs Constantin, Constance, Valens, Valentinien, Gratien, les deux Théodose, Arcadius, Honorius, Léon, enfin Justinien, qui prononcent, contre les païens, les juifs, les philosophes, les chrétiens même, dissidents, hérétiques ou apostats, l'incarcération, la confiscation, l'exil, des peines corporelles, la torture, et même la mort. On ne saurait, du moins, adresser aux païens le reproche d'avoir infligé la peine de mort et même le moindre châtiment à ceux qui adoraient publiquement les mêmes dieux qu'eux.

Il n'est rien de si précieux pour les peuples, rien qu'ils désirent avec plus d'ardeur, rien qu'ils embrassent avec plus d'enthousiasme que la liberté : d'où vient donc qu'ils l'obtiennent si rarement, ou que, si, poussés par l'excès de l'oppression ou par d'heureuses circonstances, ils en ont fait la conquête, elle leur échappe, sans que d'abord ils s'en aperçoivent, ou sans qu'ils puissent s'opposer aux oppresseurs qui se concertent pour la leur ravir? D'une part, le désir de la domination, si naturel à l'homme, et qui ne connaît aucune limite, lorsqu'il n'est pas contenu par des sentiments et des préceptes de vertu et de morale; de l'autre, l'ignorance et l'abrutissement dans lesquels le pouvoir a si longtemps maintenu les peuples, sont les causes de cette servitude, qui ne cesse un instant que pour reprendre son cours ordinaire. La liberté, comme une vierge pure et inexpérimentée, sans cesse exposée aux attaques des hommes dépravés, devient nécessairement leur proie.

Il est rare de voir la tyrannié succomber sous les efforts de la liberté, tandis que celle-ci résiste si difficilement à son adversaire, qui parvient presque toujours à la vaincre, soit par la ruse, soit par la force. Lord Chesterfield indique très bien la marche que suivent toujours les gouvernements, dans le but d'envahir les libertés publiques : « Il est à remarquer, dit-il, que le pouvoir arbitraire n'a jamais, ou du moins très rarement, été établi subitement dans un pays : il ne s'introduit que graduellement, pas à pas, afin que le peuple ne puisse s'en apercevoir. Les barrières qui servent de protection à la liberté doivent être enlevées une à une; et il faut, pour cela, trouver quelque prétexte, et employer quelque artifice, afin que les garanties que donne la constitution puissent être ravies, sans que le peuple puisse soupçonner le danger qui le menace. Après que ces premières usurpations ont été faites, le peuple s'aperçoit alors des progrès rapides du pouvoir arbitraire; mais ses regrets sont vains; car il est trop tard pour prévenir et empêcher la ruine qui le menace[1]. » Ce tableau de la marche du despotisme ne

[1] Lord Chesterfield's, Miscela. Works, v. 4.

semble-t-il pas tracé d'après ce qui s'est passé en France, sous l'empire, sous la restauration, et depuis la révolution de 1830?

On a observé, depuis longtemps, que, de tous les systèmes de gouvernements, la royauté était le plus hostile à la liberté: « Tous les rois, ainsi que les tyrans, a dit Démosthènes, sont les ennemis de la liberté et combattent les lois[1]. » Il est triste de penser que les lois ne furent jamais violées plus ouvertement, par des ministres, qu'à l'époque nous vivons. Il n'est pas moins humiliant, pour une grande nation, de voir un ministre braver l'opinion publique, ainsi que les mandataires de cette nation, et leur dire qu'il viole les lois, fort d'une responsabilité qu'il sait être illusoire, lorsqu'une chambre, formé d'éléments incomplets, lui assure l'impunité.

Il semblerait que cette haine pour la liberté, cette tendance innée à en effacer les moindres traces, soient inhérentes à l'occupation du pouvoir, qu'on y soit appelé par la naissance, ou qu'on y soit parvenu par adresse, par perfidie, par violence, ou par le hasard de la fortune et des circonstances. Le rôle qu'a joué la royauté dans l'histoire de tous les peuples, la puissance absolue dont elle a largement usé et abusé, semblent même, pour les nouveaux parvenus, un précédent qui rende leurs prétendus droits incontestables. Ils considèrent les prérogatives attachées ancien-

[1] Omnis enim rex et tyrannus hostes sunt libertatis, ac legibus adversantur. (Demost., *in Philipp. apud Stobe*, serm. 48.)

nement à cette suprême fonction, comme tellement inhérentes à sa nature, qu'ils se croient permis d'en user
aux mêmes conditions, sans qu'il soit licite aux peuples
de leur prescrire de justes et légitimes limites, oubliant que les peuples n'ont pas été faits pour les rois,
mais que les rois ont été institués dans l'intérêt des
peuples.

Le sacerdoce, parlant au nom de Dieu dans les religions révélées, a porté ses prétentions aussi loin que les
rois, et même plus haut, en voulant que ceux-ci lui
fussent soumis simultanément avec les peuples. Si
les prêtres de quelques-unes de ces religions se sont
crus autorisés, d'après la doctrine de leurs livres sacrés, à dominer temporellement les peuples, ceux
de la religion chrétienne ne purent en agir ainsi,
sans se rendre criminels en violant le précepte le plus
formel et le plus impératif de la loi évangélique. Jésus-Christ a dit, dans plus d'une occasion, à ses disciples, que son royaume n'était pas de ce monde. Il n'a
en conséquence prescrit aucune loi positive pour le
gouvernement des États, ainsi que cela a eu lieu dans
la loi mosaïque ; il n'a eu en vue que des devoirs particuliers. Ainsi, comme le religion n'a rien à faire
avec l'État, l'État n'a pas à s'occuper de la religion. Il
n'a ni ne doit avoir aucun pouvoir ni influence sur elle.
C'est une affaire qui n'a d'autre relation et d'autre
rapport qu'entre Dieu et l'individu que cela concerne.

S'il exista jamais une institution violatrice du droit
de conscience, et qui fut en même temps contradictoire et absurde, c'est certainement celle par laquelle

une religion devient légalement loi de l'État. En effet, cette loi, ainsi que toutes les lois, emporte avec elle la soumission de tous les citoyens. Car, que signifie une loi à l'observation de laquelle chacun peut se soustraire, selon sa volonté ou son caprice? Vous violez en effet le droit de conscience, si vous employez la contrainte, ou, dans le cas contraire, votre loi est ridicule. Si, par faveur ou par un motif quelconque, vous exemptez de son observation des sectes particulières, vous prouvez également votre impuissance et l'absurdité de votre loi.

Mais la contradiction avec vous-même est encore plus évidente; car, d'après le droit que vous supposez à chaque gouvernement de faire une loi d'État de sa religion, il ne vous sera plus permis de prêcher l'Évangile là où il se trouverait en opposition avec une autre religion, seule reconnue légalement. Vous vous présenterez donc chez des peuples qui ont une croyance différente de la vôtre, comme des hommes qui viennent violer audacieusement les lois. Ainsi cette violation vous rendra coupables, comme les chrétiens l'ont été en pratiquant et en substituant une autre religion à celle de l'État; et par suite ceux d'entre eux que vous considérez comme martyrs n'ont été que des perturbateurs du repos public, des coupables qui méritaient le châtiment qu'ils ont reçu. Le christianisme même, pour lequel vous vous montrez si zélés, n'eût jamais existé, si la loi de l'État eût été exclusive et obligatoire, ainsi que vous le prétendez. Toujours par suite du même système, les réformateurs hérétiques de tous les siècles, qui ont violé la religion de l'État, ont été conduits légalement sur les échafauds et sur les bûchers. Vous justifiez les crimes de l'inquisition d'Espagne et ceux des pontifes romains. Telles sont les erreurs, les inconséquences et les contradictions du principe faux et absurde qui admet une religion d'État.

Mais ce n'est pas encore tout ; vous serez tenus de maintenir par la force et les châtiments les préceptes de cette religion que vous avez introduite dans l'État; car, sans cette mesure, la protection que vous prétendez lui accorder serait nulle; vous punirez donc toute infraction aux commandements de Dieu et à ceux de l'Église, si vous êtes catholique; vous admettrez par nécessité dans votre code cet amas indigeste et contradictoire de lois, de prescriptions, de pratiques auxquelles vous soumet l'Église; vous incarcèrerez, exilerez, brûlerez les récalcitrants, ainsi que l'ordonnent les canons et les bulles des papes. Mais, je vous le demande, que deviendront alors les lois de charité, de douceur, de pardon des injures, de tolérance, instituées par Jésus-Christ ?

Il est donc évident que l'alliance de la puissance temporelle avec ce qu'on nomme la puissance spirituelle n'a été imaginée que pour favoriser, au détriment des peuples, les gouvernements despotiques et les corporations sacerdotales, et qu'elle est aussi injurieuse que funeste à la vraie religion, qui n'a pas besoin, pour se soutenir, de combinaisons violentes et machiavéliques. Cette alliance, que la France crut avoir détruite pour toujours, reparut cependant sous Napoléon, par la destruction de la loi constitutionelle

10.

de l'an III, d'après laquelle tous les cultes furent déclarés libres, quoique non reconnus, ni salariés par l'État. Cette loi fut remplacée par un concordat, où deux despotes se firent l'un à l'autre, sans en avoir le droit, des concessions favorables à leurs intérêts, mais funestes à ceux de la France.

L'Amérique septentrionale a su, seule, s'affranchir du joug sacerdotal. C'est ainsi quelle est parvenue à jouir de la plus entière liberté de conscience, et qu'elle a évité les haines et les dissensions dont est encore agitée, au dix-neuvième siècle, notre ancienne Europe. « Tous les Américains, dit M. de Tocqueville, attribuent principalement à la complète séparation de l'Église et de l'État l'empire paisible que la religion exerce dans leur pays. Je ne crains pas d'affirmer que, pendant mon séjour en Amérique, je n'ai pas rencontré un seul homme, prêtre ou laïque, qui ne soit tombé d'accord sur ce point[1]. » Le même auteur fait observer aussi que : «Les prêtres, quelle que soit la secte à laquelle ils appartiennent, ne remplissent aucun emploi public, et qu'ils ne sont pas admis dans les assemblées publiques,» la loi, dans plusieurs États, leur ayant fermé la carrière politique, et l'opinion dans tous les autres. Il cite un article de la constitution de New-York, conçu en ces termes : «Les ministres de l'Évangile étant, par leur profession, consacrés au service de Dieu, et livrés au soin de diriger les âmes, ne doivent point être troublés dans l'exercice

[1] *Voyage en Amérique.*

de ces importants devoirs ; en conséquence, aucun ministre de l'Évangile ou prêtre, à quelque secte qu'il appartienne, ne pourra être revêtu d'aucune fonction publique, civile ou militaire[1]. » Ces lois, d'accord avec l'esprit de l'Évangile, ont été dictées par la sagesse et dans les intérêts de la religion et dans ceux de l'État. En effet, les apôtres n'ont pas été institués par Jésus-Christ pour s'immiscer dans les affaires temporelles, pour gouverner les États, pour enseigner la littérature, les sciences et les arts, ainsi qu'ils se sont arrogé ce genre d'exploitation dans le reste du monde chrétien, afin d'accroître leur influence et leur domination. Ils manquent à leur destination, si, pour se livrer à une autre occupation, ils négligent ou abandonnent le soin des âmes. Ils renient, par ce fait, leur vocation.

Il devait en être autrement à des époques de servitude, lorsque le christianisme fut introduit parmi des peuples ignorants et superstitieux. Aussi Constantin, qui ne pouvait produire que des motifs et des raisons humaines pour soutenir un pouvoir dont il était plus facile de démontrer l'usurpation que d'établir la légalité, donna une nouvelle force à ce pouvoir, en confondant ses intérêts avec les siens, d'où il est résulté une assurance mutuelle entre le trône et l'autel ; pacte dont le paganisme n'offre aucun exemple, et qui a eu des suites aussi funestes à la liberté civile qu'à la liberté religieuse. Un sacre fait par une main

[1] *Voyage en Amérique.*

pontificale, une sainte ampoule descendue du ciel, ont été pour les peuples l'expression de la volonté du Tout-Puissant. La légitimité et le droit divin accordés selon les intérêts de l'Église, et soutenus ou combattus alternativement par les foudres du Vatican, ont été des arrêts auxquels il a fallu se soumettre.

La cour de Rome, après avoir perdu la domination acquise sur les rois, a formé, afin de maintenir celle qu'elle avait sur les peuples, une alliance d'autant plus resserrée de nos jours, qu'elle s'efforce de prévenir la ruine qui la menace. Moins audacieuse, mais plus souple, elle s'est rendue le centre d'action des intérêts du trône et de l'autel, et elle a su conserver une autorité et une influence qui, sans changer de nature, se sont continuées sous d'autres formes, même dans les États protestants. Elle a su profiter habilement de la terreur qui, depuis la première révolution française, s'est emparée de toutes les têtes couronnées, de sorte que le nouveau système d'intérêts mutuels, qui domine les cabinets, ainsi que les corporations sacerdotales, est devenu plus hostile aux peuples qu'il ne le fut jamais. C'est ce qu'a très bien observé M. de Lamennais, à l'occasion du contact et des relations qu'il a eus avec la cour de Rome dans son voyage en Italie. C'est avec beaucoup de justesse qu'il dit, en parlant de la papauté : « Elle a constaté l'alliance de Rome avec les princes, une étroite communauté d'intérêts entre elle et eux, ainsi que la volonté ferme d'employer tous les moyens dont elle dispose à la défense de ces intérêts. La papauté, enfin, a déclaré que sa cause propre était, de fait et de droit, inséparable de celle de l'absolutisme européen... Les rois et les peuples sont en guerre, nous l'avons dit ; c'est un simple fait. Si la victoire restait aux rois, qu'en résulterait-il ? Il en résulterait évidemment le triomphe matériel des principes que Rome et les rois sont unis pour défendre. Les rois domineraient par la force ; les nations courbées sous le sceptre vainqueur obéiraient par nécessité. Certes, rien de semblable n'arrivera [1]. »

Cette nouvelle combinaison gouvernementale, qui doublait l'autorité des princes superstitieux et ignorants, fut la cause principale qui les détermina à entrer dans le sein de l'Église. En effet, la conduite privée et publique de ces princes, les crimes qui souillèrent leur vie avant et après qu'ils eurent embrassé le christianisme, démontrent suffisamment que ce ne fut ni une conviction réelle, ni l'amour de la vérité et de la sagesse qui les firent agir. L'on voit dans l'histoire plusieurs princes qui prennent ou abandonnent cette religion, selon les circonstances, et toujours dans leurs intérêts mondains, et qui s'en servent, non pour moraliser les hommes, mais pour les gouverner plus facilement. La foi qu'ils embrassent devient pour eux un moyen de dominer les peuples. De là la protection qu'ils accordent ou qu'ils refusent, tantôt à une secte, tantôt à une autre, selon leurs opinions ou leurs intérêts. C'est ainsi que l'erreur

[1] Lamennais, *Affaires de Rome*, t. II, p. 100 et 115.

fut légalisée, que la foi du prince devint obligatoire pour les sujets, et que les proscriptions, les châtiments, les richesses et les faveurs furent distribués; système de servitude civile et religieuse, qui ne fut jamais connu chez les païens.

Si l'imitation de la conduite et l'adoption des opinions de ceux qui gouvernent, auxquelles les peuples sont portés par un stupide instinct, furent des motifs qui déterminèrent les sujets à embrasser le christianisme; la contrainte employée par les empereurs, et plus tard par les rois, de concert avec le clergé, fut la cause principale qui christianisa l'Europe et une partie de l'Asie et de l'Afrique. Il serait facile de prouver que la déception, la contrainte, la violence, le fanatisme et la politique des gouvernements n'ont pas moins contribué à l'établissement, à la propagation et au maintien de la religion chrétienne, que ne l'ont fait des moyens analogues employés dans la religion musulmane.

Il résulte, de tout ce qui vient d'être dit, que tout gouvernement et toute corporation sacerdotale sont, par leur nature et par celle de la constitution humaine, ennemis de toutes les libertés, et tendent sans cesse à les envahir.

Une vérité non moins évidente, et constatée par l'histoire des siècles, c'est que tout peuple qui veut conquérir ou conserver sa liberté peut considérer son gouvernement comme en hostilité permanente contre ses droits, et essentiellement opposé aux désirs et aux tentatives qui peuvent le porter vers l'acquisition de sa liberté. Il n'est pas moins évident que tout pouvoir civil et religieux emploie, afin d'usurper graduellement les droits dont jouit une nation, tous ses efforts et tout ce que la politique la plus raffinée peut imaginer. C'est ici le cas ou jamais de dire que la méfiance est la mère de la sûreté. C'est là le sentiment de Hume, qui donne à ce sujet le conseil suivant :

« Il est à craindre qu'un pouvoir arbitraire ne soit envahissant, si l'on n'arrête pas à temps ses progrès, et si l'on ne trouve pas un moyen de jeter l'alarme d'une extrémité du pays à l'autre. Il faut de temps à autre réveiller l'esprit du peuple, afin de comprimer l'ambition de la cour, et de l'arrêter en employant la crainte de l'indignation populaire. Rien n'est plus convenable, à cet effet, que la liberté de la presse, au moyen de laquelle tout le savoir et l'esprit de la nation peuvent être employés en faveur de la liberté. Chacun peut être ainsi enflammé pour sa défense [1].» Aussi longtemps que le parti démocratique du gouvernement pourra s'opposer au parti royaliste, il maintiendra soigneusement la liberté de la presse, comme indispensable pour sa propre conservation.

[1] Hume, *Essai,* vol. I.

CHAPITRE IX.

DE L'INTERVENTION DES GOUVERNEMENTS EN MATIÈRE DE RELIGION.

L'intervention de la puissance civile en matière de religion, ou en fait de culte, est une question qui n'a cessé d'être agitée depuis que la philosophie et la réforme religieuse ont appris aux nations à connaître leurs droits, et les limites dans lesquelles doivent se contenir les gouvernements. L'Église catholique romaine, ennemie de toute liberté, s'étant arrogé une suprématie universelle, n'a admis la participation des gouvernements que dans le cas où, après s'être soumis à ses décisions, ils lui prêteraient main-forte pour les faire observer, et maintiendraient ce qu'elle nomme ses droits, ses priviléges, ses lois et sa discipline. Mais quoique des prétentions aussi exagérées aient été repoussées à différentes époques, et dans différentes circonstances, le clergé n'a cessé et ne cesse de les maintenir et de les faire valoir, avec d'autant plus de ténacité, qu'il s'aperçoit que la politique des gouvernements tend à se faire appuyer par celle de la cour de Rome.

D'une autre part, les princes, après avoir brisé les

chaînes que leur avaient imposées les papes, se sont attri-
bus eux-mêmes une partie de la juridiction religieuse
usurpée par les évêques de Rome, afin de conserver
l'influence et la force que la religion donne au pouvoir
sur les peuples. De là sont résultées des lois toujours
exclusives, injustes et oppressives. C'est là le cas où
s'est trouvée une grande partie de l'Europe et surtout
l'Angleterre ; de là les troubles religieux qui ont
couvert le sol d'échafauds, de massacres, et suscité
des proscriptions et de sanglantes guerres entre les sectateurs d'une religion de paix. Ainsi se reproduisirent
les mêmes résultats qu'avait produits depuis longtemps
l'intolérance du catholicisme romain.

Les théologiens des différentes sectes du christianisme prétendent qu'une autorité humaine ne peut
empêcher la prédication de l'Évangile ; et que Dieu
ayant établi des apôtres et des prêtres pour ce ministère, aucun gouvernement n'a le droit de s'interférer
dans cette mission. Ils admettent en même temps, par
une contradiction manifeste, un pouvoir civil qui a
droit de contraindre par la force, de choisir les ministres du culte, d'infliger des peines afin de donner autorité à une religion qui ne peut être méritoire et efficace pour le salut que par une libre adoption.

Faire entrer la religion dans les lois et dans l'administration d'un État, c'est faire violence plus ou
moins directement aux opinions qu'il n'appartient
qu'à Dieu d'approuver ou de condamner, de récom-
penser ou de punir. C'est, de la part des législateurs,
se regarder comme ayant reçu de Dieu le don de l'in-

11

faillibilité, et l'ordre de prescrire aux hommes le culte qui seul peut lui être agréable. C'est une présomption impie, une monstrueuse tyrannie; c'est faire servir les choses saintes aux iniquités gouvernementales. « Il faut, comme l'a dit M. de Lamartine, croire ce que croit l'Église nationale, ou ne rien croire..... Va prier ailleurs ou ne prie pas du tout; cela m'est égal. Tant pis pour la vérité si je la froisse, tant pis pour ton Dieu si je le gêne. Je n'ai point de concordat avec la vérité, je n'ai point de concordat avec ton Dieu. J'en ai un avec l'Église et je l'exécute[1] !» Quel meurtre d'idées! quel interdit de conscience! quel blasphème contre Dieu !

Toute doctrine deviendra criminelle, lorsqu'on pourra lui opposer une doctrine légale. Si la nécessité du moment oblige de tolérer une religion dissidente, aucune religion nouvelle, fût-il prouvé qu'elle est la seule vraie et divine, ne pourra s'établir, ainsi qu'il est arrivé à l'origine du christianisme, ou que cela a eu lieu chez les mahométans. Différents peuples, tels que les Indiens, les Chinois, les Japonais, ont des religions d'État ; pourquoi donc permettraient-ils aux diverses sectes chrétiennes de leur apporter de nouvelles religions? Le christianisme doit donc, d'après ce principe, être inaccessible aux neuf dixièmes des habitants du globe ? Nos missionnaires doivent donc être chassés de tous les lieux où ils se présentent ? L'erreur se propagera donc éternellement de siècle en siècle?

[1] Lamartine, *l'État, l'Église,* p. 35.

Si la religion était considérée telle qu'elle est réellement, c'est à-dire comme l'obligation d'un devoir et
d'un hommage envers Dieu, à laquelle l'esprit, d'après
une conviction libre et sincère, se croit tenu, les législateurs reconnaîtraient que leurs attributions ne
peuvent s'étendre au delà de la protection due à chacun pour le libre exercice du culte qu'il croit devoir
rendre à Dieu, sans être troublé et sans troubler les
autres. D'après cette liberté de conscience, nul, si ce
n'est Dieu, n'a ni droit, ni autorité : il est donc évident qu'un gouvernement ne peut être compétent en
matière de religion. « il n'y a rien de plus hideux
sous le soleil, dit M. Lamartine, que nous nous plai-
sons à citer, qu'un pouvoir politique qui se place entre Dieu et l'âme de ce peuple ; qui veut administrer à
sa manière, à sa mesure et à son profit, la pensée, la foi,
la conscience d'une nation, et qui affecte, avec l'hypocrisie de la politique, une foi qui ment dans sa bouche aux hommes, et un culte qui grimace à Dieu [1].»

Si des législateurs, ainsi qu'il est arrivé chez presque
toutes les nations, émettent des lois et décernent des
peines ou des récompenses d'après la croyance du prince,
toutes les consciences devront se soumettre à celle de ce
prince, professât-il une religion absurde, fût-il im-
bécile ou fanatique ; les lois seront dictées par l'autorité et l'influence de prêtres ambitieux et intéressés.
Ainsi la formule de foi du prince et de son clergé sera
obligatoire pour tous, quelque contraire qu'elle puisse

[1] Lamartine, *l'État, l'Église*, p. 57.

être à la vraie religion, qui se trouvera ainsi proscrite.
D'ailleurs, si le prince ou son successeur vient à changer d'opinion, tous ses sujets seront également tenus
d'en changer. C'est cependant là le système qui a
prévalu chez presque toutes les nations, quoiqu'il viole
ouvertement les droits les plus sacrés, et qu'il ad-
mette la plus insupportable de toutes les tyrannies.

Si la liberté religieuse n'était pas une déception chez
les gouvernements qui la proclament en théorie, le
culte ne serait considéré que sous le rapport de l'ordre social, et jamais sous celui du degré de probabi-
lité plus ou moins grand de la vérité ou de la fausseté d'une religion. Car un gouvernement n'est pas
institué pour faire prévaloir son opinion particulière,
ou celle d'un nombre plus ou moins considérable de
personnes, mais pour les protéger toutes et pour régler leur action dans les limites de la liberté des
consciences et de l'ordre public. Quoi de plus absurde
et de plus décevant, après avoir établi constitution-
nellement l'égalité de tous les cultes, que de proclamer une religion d'État ou du plus grand nombre,
des cultes salariés, favorisés par l'obtention de droits
civils ou politiques, d'emplois, de faveurs dont les
autres sont exclus? Comment établit-on la liberté
des cultes, lorsque, pour les uns, on élève à grands
frais des basiliques, des palais, et qu'on ne permet
pas aux autres de se réunir même dans une grange
ou sous un hangar? lorsqu'il est prohibé à une secte
de choisir, de salarier, d'écouter celui dont elle a fait
choix pour lui enseigner ses devoirs envers Dieu, en-

vers ses semblables, tandis que, pour d'autres, on autorise des legs, des donations, on établit des sinécures sous le nom de chapitres ou de monastères, et l'on incorpore, à grands frais, dans l'État, les dignitaires d'une cour étrangère, hostile à nos institutions.

Ce n'était pas ainsi que les premiers chrétiens considéraient la liberté de conscience et de culte. « Abandonnez à elle-même l'œuvre de Dieu (disait Tertullien). Les lois de notre Église ne sont pas les lois de l'empire, ni les lois de l'empire les lois de notre Église. Punissez-nous, s'il nous arrive jamais d'enfreindre celles-là; mais n'imposez à nos consciences aucun joug. Mettez-vous à la place de vos sujets, et supposez à votre place un prince chrétien : que penseriez-vous de lui s'il employait toutes les ressources de sa politique pour vous attirer dans nos temples? »

Jésus-Christ n'exerça jamais un pouvoir temporel et ne le conféra à personne. Loin de là, il déclara formellement que son royaume n'était pas de ce monde. Il dit à ses disciples : « Allez dans tout le monde, et prêchez l'Evangile à toute créature. » Mais on ne trouve nulle part qu'il leur ait dit, vous prescrirez en mon nom aux puissances d'ordonner à ceux qui leur sont soumis d'observer les préceptes de ma loi et de tourmenter, d'incarcérer, et même d'infliger la peine de mort à ceux qui seront assez audacieux pour refuser de se soumettre.

La religion chrétienne n'est pas, comme celle des juifs, une théocratie, où des corporations sacerdotales commandaient au nom de Dieu dans les affaires spirituelles et temporelles. Jésus-Christ a distingué, a séparé et a rendu les deux pouvoirs entièrement indépendants l'un de l'autre. Loin d'ordonnner à ses disciples de commander, il leur interdisait toute domination, lorsqu'il leur disait : « Les rois des nations ont autorité sur elles, mais il n'en doit pas être ainsi parmi vous. Que celui qui gouverne soit comme celui qui sert [1]. » Si les princes avaient le droit d'intervenir en matière de religion, à la manière des magistrats chez les juifs, il s'ensuivrait qu'ils seraient autorisés à infliger des peines corporelles, et même la mort, pour toute infraction aux préceptes de l'Évangile. Qui ne voit où conduirait cet excès de puissance? Ils auraient même le droit de faire la guerre et d'exterminer les adorateurs des faux dieux, les incrédules et jusqu'aux philosophes. C'est l'admission de cette exécrable maxime qui a produit les persécutions, les troubles, les guerres, dont le monde chrétien a été si fréquemment tourmenté. C'est ce qui a fait considérer, dans un parti, comme criminels, des hommes honorés et sanctifiés dans le parti adverse.

Peley, célèbre théologien anglais, d'ailleurs assez libéral, dit : « Qu'il est permis aux magistrats de s'interférer en matière de religion, toutes les fois que cette interférence leur paraît avoir une tendance pour le bien général. » Mais quelle serait la conséquence de ce principe, s'il était appliqué par les magistrats dans les différentes religions. Ce serait mettre un

---

[1] Reges gentium dominantur eorum.... vos autem non sic.

glaive à deux tranchants dans la main des tyrans, et autoriser les fureurs du fanatisme, qui ne manquerait pas de donner, sous le prétexte du bien général, une libre carrière au cours de ses passions. Ce qui ne doit pas moins nous surprendre, c'est qu'un célèbre prélat, Bossuet, avance une opinion encore plus anti-chrétienne, lorsqu'il dit que « l'exercice de la puissance du glaive, dans les matières de la religion et de la conscience, est chose qui ne peut être révoquée en doute : le droit est certain [1]. » Ceci prouve jusqu'à quel point le fanatisme, ou, si l'on veut, le zèle religieux peut entraîner les hommes les plus distingués par leur savoir et leur esprit.

Les Américains ont reconnu des principes bien plus conformes à la raison et à l'Évangile, lorsqu'ils ont donné, dans leurs constitutions et par leurs lois, une latitude sans bornes à la liberté de conscience. Leurs législateurs ont compris que leur devoir était de proclamer les droits naturels, de les garantir de toute atteinte, et non de les entraver et de les restreindre, comme cela a lieu dans tous les codes de l'Europe. La nature ne donne à aucun homme le droit d'empiéter sur les droits d'un autre homme.

Si les rois et les magistrats veulent intervenir en fait de religion, et donner des ordres aux consciences, qu'ils nous prouvent les droits sur lesquels ils se fondent? Ils ne sauraient en avoir de valables qu'autant qu'ils les auraient reçus de l'auteur de la religion

[1] Bossuet, *Histoire des variat.*, l. X.

dont ils prennent si vivement les intérêts. Mais cette religion, loin de recourir à leur puissance matérielle, rejette leur patronage et leurs secours. D'ailleurs, ces hommes ont-ils reçu du Saint-Esprit les lumières qui seules peuvent leur faire connaître quels sont les dogmes, les préceptes et le culte auquel toute créature doit se soumettre? Prendront-ils pour la règle de leurs actes les conseils des théologiens, toujours animés des préjugés et des passions de la secte à laquelle ils appartiennent, et qui ne considèrent que leurs intérêts ou ceux de la puissance qui les favorise?

Quels droits d'ailleurs peut avoir un gouvernement dans une chose immatérielle, insaisissable, reposant sur le libre arbitre, qui n'a de responsabilité qu'envers Dieu? On ne viole pas les droits et les jouissances de son prochain en professant une religion quelconque. On n'est donc justiciable d'aucun juge, d'aucun tribunal. Or celui-là commet une injustice manifeste, qui viole mes droits naturels et civils, et qui me punit pour cela seul que j'ai voulu jouir de ces droits en adoptant telle ou telle croyance.

On n'abandonne pas aisément une opinion, de sa propre volonté, et bien moins encore par l'effet d'une volonté étrangère. Les principes ne sont pas toujours détruits par d'autres principes. Ce n'est pas l'autorité du pouvoir qui peut nous faire changer, mais bien la lumière qui éclaire notre esprit. L'intervention d'une autorité quelconque en matière d'opinion est donc tyrannique et absurde.

Quelle est, en fait de symbole, la science de ceux

qui prescrivent des articles de foi, ou celle des magistrats qui jugent des croyances? Souvent elle est
inférieure à la science de ceux sur qui ils prononcent.
Vous étiez hier mon égal, et, promu à une magistra-
ture, vous croyez, le lendemain, être plus habile, et
avoir le droit de m'imposer vos croyances! vous jouez
le rôle de casuiste! vous vous croyez infaillible! Mais
pensez donc qu'aux yeux d'hommes aussi habiles que
vous, vous méritez souvent la peine que vous infligez
aux autres! Cessez donc de vous reposer sur cette infaillibilité illusoire, et laissez chacun penser et agir selon
ses lumières et les sentiments de sa conscience. Quoi
de plus odieux que d'emprisonner un homme à cause
de sa croyance? Le condamner à l'amende, ou confis-
quer son bien, c'est un vol. Le mettre à mort, parce
qu'il veut suivre l'impulsion de sa conscience, et qu'il
ne veut mentir ni à Dieu, ni aux hommes, c'est un
assassinat.

Il est bon de considérer que l'autorité des législateurs et des magistrats tire son origine de l'élection
ou de l'assentiment du peuple, origine toute temporelle, qui, par conséquent, n'a aucune inspection,
aucun droit sur les choses spirituelles. Ces fabricateurs
de symboles, ces régulateurs de consciences, ces inquisiteurs qui se plaisent à tourmenter les hommes,
assument une grande responsabilité envers Dieu, en
usurpant des droits qui n'appartiennent qu'à lui.

« Les formes de la religion, dit un auteur anglais,
ont éprouvé, dans presque tous les âges, quelques
changements notables; et l'on a vu souvent, dans l'es-

11.

pace de peu d'années, le même système religieux naître et disparaître alternativement, et les gouvernements prononcer, à chaque variation, des peines contre les non-conformistes. Mais comme il ne pouvait se faire qu'ils eussent tous également raison, il est certain que ceux qui, étant dans l'erreur, infligèrent des châtiments aux dissidents, auraient été eux-mêmes sujets à une peine, s'ils eussent été soumis au jugement d'un juge infaillible. Ceux donc qui, dans tous les temps, ont pris sur eux de commander aux consciences, ont assumé une effrayante responsabilité; empereurs, rois, papes, etc., tous se sont tacitement constitués responsables devant Dieu de la nature et des conséquences des croyances qu'ils ont imposées à leurs sujets, en se rendant ainsi médiateurs entre eux et Dieu même.

« Il serait sage de la part des princes et des législateurs d'examiner et de considérer l'étendue de cette responsabilité, dont ils se chargent volontairement, avant de prendre une décision si importante..... Si la valeur d'une âme humaine ne peut s'estimer, qui osera en répondre, lorsqu'il est impossible de payer le prix de sa valeur? Si le crime d'une âme est trop grand pour qu'il puisse être expié par une créature humaine, quel acte de présomption égal à celui par lequel on prescrit un symbole national, ou une forme de culte national? Si Dieu n'approuve pas la forme de croyance prescrite, elle ne pourra procurer à l'homme son salut. Ainsi, ceux qui veulent qu'on se soumette à cette croyance font retomber indirectement sur leur tête le crime de tous ceux qu'ils soumettent à leur volonté. Mais si l'iniquité d'une seule âme surpasse tout ce qu'on peut imaginer, que sera-ce du crime de plusieurs millions d'âmes, si, d'après l'ordre de la pénalité prononcée par l'autorité législative, elles sont forcées de recevoir cette foi et d'y rester? Combien plus effrayante deviendra la chose, si l'on porte ce calcul sur les générations futures [1].»

Locke, en faisant la distinction entre les matières civiles et religieuses, a mieux fixé que personne les limites dans lesquelles chacunes doivent se contenir, et en quoi consistent sous ce rapport les devoirs des gouvernements.

Après avoir établi en principe que la juridiction des magistrats ne s'étend que sur les matières civiles, propres à assurer le bien-être et le bonheur des hommes réunis en société, et qu'elle ne peut en aucune manière s'étendre sur ce qui concerne le salut des âmes, il démontre ces vérités par les arguments suivants :
1° Le salut des âmes n'est confié ni aux magistrats, ni à quelque autre homme que ce soit. Dieu n'a pas donné cette autorité à l'homme sur l'homme, ni le pouvoir de forcer qui que ce soit en matière de religion. Un tel pouvoir ne peut être donné au magistrat même avec le consentement du peuple ; car nul individu ne peut être aveugle au point d'abandonner le soin de son salut, et de le livrer au choix de toute autre personne, soit prince soit particulier, en le laissant maitre de lui

[1] Hints of toleration. *Sec. edit.*, p. 29 et seq.

prescrire la croyance et le culte qu'il doit suivre.

2° Le soin des âmes ne peut appartenir au magistrat, par la raison que son pouvoir consiste dans une force extérieure, tandis qu'une religion vraie et sincère consiste dans la persuasion intime de l'esprit, sans laquelle rien n'est agréable à Dieu ; et telle est la nature de l'esprit, qu'il ne peut être contraint de croire quoi que ce soit par une force extérieure.

3° Le salut des âmes ne peut appartenir au magistrat; car lors même que les lois et la rigueur des peines pourraient produire la conversion et changer les opinions des hommes, elles seraient incapables de produire le salut des âmes. En présence de la variété et de la contradiction des opinions religieuses qui divisent les princes de la terre, les chances de salut seraient très-problématiques : il n'y aurait donc de sûreté que pour les habitants d'un seul pays, tandis que tous les autres, étant obligés de suivre la foi d'un prince qui commanderait l'erreur, seraient privés de salut.

Locke conclut finalement par définir ce qu'on doit entendre par une Église. « Je considère, dit-il, une Église comme l'association volontaire d'hommes se réunissant par un accord commun, dans le but de rendre à Dieu le culte public qu'ils pensent lui être le plus agréable, et en même temps celui qui les conduira le plus sûrement au salut éternel. Je dis que c'est une association libre et volontaire. En effet, on n'est pas, en naissant, membre d'une corporation relegieuse; car, s'il en était ainsi, la religion des parents descendrait aux enfants par voie d'héritage, par le même droit que se transmettent les biens temporels, et chacun entrerait en possession d'une religion comme dans une propriété territoriale, ce qui est d'une absurdité évidente.»

C'est une chose déplorable de voir cette quantité de lois, de décrets, de canons, de bulles faites pour enchaîner les consciences et la liberté des peuples : elles doivent toutes leur origine à l'ignorance, à la crédulité, à la superstition, et plus encore à l'ambition et à l'avarice de quelques hommes. Aussi longtemps que les peuples reconnaîtront ces lois, émises sous prétexte de religion, et qu'ils permettront qu'on intervienne dans les choses qui ne regardent que la conscience, il leur sera impossible de jouir, dans toute sa plénitude, du droit qu'ils ont d'adopter et de pratiquer la religion qui leur paraît la plus conforme à la volonté de Dieu.

Ne voit-on pas, en effet, que nulle part cette liberté n'existe, si ce n'est aux États-Unis d'Amérique, où les législateurs, considérant ces lois comme aussi contraires à la vraie religion qu'à la liberté humaine, les ont sagement rejetées? Le décret par lequel cette liberté a été solennellement proclamée est un acte qui, en attendant qu'il puisse être imité par les autres peuples, mérite la gratitude et la reconnaissance des vrais amis de la religion et de la liberté. Ce sont ces motifs qui nous portent à en donner ici la traduction, dans l'espérance qu'il pourra servir de guide à nos futurs législateurs, comme il avait été imité, quoique infructueusement, par les auteurs de notre première constitution.

ACTE DE L'ÉTABLISSEMENT DE LA LIBERTÉ RELIGIEUSE, PASSÉ DANS L'ASSEMBLÉE DE VIRGINIE, EN 1786.

« Convaincus que le Tout-Puissant a donné la liberté à l'esprit en le créant, que toute tentative pour l'influencer par des peines temporelles, par des charges ou par la privation des droits civils, n'a pour résultat que l'hypocrisie et la dépravation des habitudes, et qu'elle est contraire aux intentions de l'auteur de notre sainte religion, qui, étant maître de l'esprit et du corps, n'a pas voulu le propager par coërcition ou par d'autres moyens de cette nature. Convaincus que les législateurs et ceux qui dirigent les hommes, n'étant eux-mêmes que des êtres faillibles, et n'ayant reçu aucune inspiration divine, ont cependant, par une présomption impie, pris une domination sur la croyance des autres ; ont présenté leur opinion personnelle et leur manière de penser, comme la seule vraie et infaillible, et ont voulu l'imposer aux autres comme telle ; et que c'est ainsi qu'ils ont établi et maintenu, dans tous les temps, de fausses religions parmi la plus grande partie des peuples. Convaincus que c'est un acte criminel et tyrannique que de forcer un individu à payer des contributions pour la propagation d'opinions qu'il rejette, et que même forcer un homme de payer pour l'entretien d'un ministre de la même croyance que lui, c'est le priver de la liberté qu'il a de secourir lui-même une personne qui a acquis toute son estime, et qu'il considère comme le plus propre à remplir les fonctions de son ministère. Considérant que nos droits civils sont aussi indépendants de nos opinions religieuses que de nos opinions en physique et en géométrie, et que par conséquent c'est faire injure à un citoyen que de le priver des priviléges et des avantages auxquels il a un droit commun avec ses concitoyens, c'est le proscrire comme indigne de la confiance publique, en le rendant incapable d'occuper un emploi de confiance ou une charge salariée, s'il ne professe telle opinion religieuse, ou s'il ne renonce à telle autre. Ce système tend aussi à renverser les fondements de toute

religion, en encourageant, par le monopole des honneurs et des
émoluments, la corruption des personnes qui s'y soumettent
extérieurement. Car, quoique les personnes qui s'y soumettent
se rendent coupables, néanmoins les législateurs qui donnent
aux magistrats civils le pouvoir d'influencer l'opinion publique,
et de s'opposer à l'exercice et à la propagation d'une profession
de foi quelconque, en lui supposant une mauvaise tendance, ne
sont pas moins coupables. Ce système de déception est d'autant
plus funeste, qu'il détruit toute liberté; car le magistrat, juge
de la tendance, prendra son opinion pour règle de ses jugements, et approuvera les sentiments des autres, selon qu'ils seront conformes aux siens, ou qu'ils en différeront. Considérant
qu'il suffit, afin que le gouvernement ait une une action suf-
fisante, que ses agents puissent intervenir lorsque les principes religieux portent atteinte à la paix et au bon ordre; enfin
que la vérité est assez puissante pour prévaloir, si elle est
abandonnée à ses propres forces; qu'elle est l'antagoniste
le plus redoutable, et même le seul qu'on puisse opposer à l'erreur, et qu'elle n'a rien à craindre de l'opposition, à moins que
l'intervention des hommes ne la prive de ses armes naturelles.
L'erreur cesse d'être dangereuse lorsqu'on a la liberté entière
de la combatte!!

« C'est pourquoi l'assemblée générale arrête : qu'aucun individu ne sera contraint de soutenir un culte quelconque, de
contribuer aux dépenses des édifices qui y sont consacrés, ou
à celle de l'entretien de ses ministres; qu'il ne sera ni forcé,
ni empêché, ni corporellement, ni par des amendes, et qu'il
n'aura rien à souffrir relativement à ses opinions religieuses,
ou à ses croyances; mais que chaque personne est libre de
professer et de maintenir par le raisonnement ses opinions en
matière de religion, et que ses droits civils ne seront sous ce
rapport ni restreints, ni augmentés, ni affectés en aucune
manière.

«Toutefois, comme nous sommes convaincus que cette assemblée, élue par le peuple pour les affaires ordinaires attribuées à
la législature, n'a pas le pouvoir de limiter les actes des assem-

blées futures constituées avec des pouvoirs égaux à ceux qu'elle
a elle-même, il serait illégal de prétendre que cet acte est
irrévocable. Cependant il nous est permis de déclarer, et
nous déclarons, que les droits qui y sont spécifiés sont les
droits naturels du genre humain, et que, si l'on portait par la
suite une loi qui les révocât ou qui les restreignît, cette loi
serait une infraction au droit naturel. »

Quel contraste frappant entre ces principes et ceux
qui ont été mis en pratique par les ministres qui gouvernent la France depuis la révolution de juillet ! On
pose, d'une part, avec loyauté, les principes de la vraie
liberté, de l'égalité et de la justice pour tous ; on manifeste un respect consciencieux pour les lois. De l'autre, on ne trouve que déceptions, immoralité, corruption, violation patente d'une constitution par ceux qui
ont juré de la maintenir ; enfin, une action qui tend
à la destruction successive de nos libertés civiles et
religieuses.

CHAPITRE X.

L'EMPLOI DE LA CONTRAINTE ET DES CHATIMENTS, EN MATIÈRE
DE RELIGION, PROUVE, OU LA FAUSSETÉ D'UNE RELIGION,
OU LE BUT D'UNE POLITIQUE RÉPROUVÉE PAR LA MORALE.

La proposition énoncée dans le titre de ce chapitre
nous paraît tellement évidente, que tout homme dénué de préjugés, et qui apporte de la bonne foi dans
ses jugements, doit en conclure qu'une religion pro-
pagée et soutenue par la contrainte, la déception ou
la violence, doit être l'œuvre des hommes, et par conséquent fausse et mensongère, ou que, dans le cas
contraire, elle est devenue, entre les mains des fourbes, des ambitieux et des despotes, un moyen d'asser-
vir les hommes, de les dominer, enfin un instrument
de puissance réprouvé par les lois divines et morales:
car, employer les choses saintes dans des vues purement mondaines, c'est une profanation qui devient d'autant plus criminelle, que les résultats qu'on se propose
sont plus contraires à la justice et aux intérêts de l'humanité. Ce système d'iniquités a cependant été mis en
usage, chez presque tous les peuples, par les législateurs, les chefs de gouvernement et les prêtres,
ainsi que le démontre l'histoire de tous les temps.

La vérité, pour se faire jour et pour convaincre, n'a

pas besoin d'avoir recours à la fraude, à la déception, et moins encore à la violence, aux échafauds et aux bûchers. Les hommes qui ont employé ou qui emploient de tels moyens, sous prétexte de protéger et de maintenir une religion, et de servir la cause de Dieu, sont, surtout lorsqu'il s'agit d'une religion de paix, de douceur et de charité, d'autant plus coupables, qu'ils en violent évidemment les préceptes les plus impératifs. Ils sont, d'ailleurs, d'autant plus inconséquents avec eux-mêmes, que l'auteur de cette religion leur dit : « Les portes de l'enfer ne prévaudront jamais contre elle, » ou, en d'autres termes, qu'aucune puissance humaine ne peut l'ébranler. Ce ne sont pas ici des paroles de roi qui peuvent être violées, ce sont des promesses aussi immuables que celui qui les a faites. Un zèle si ardent à venir au secours d'un Dieu qui n'a pas besoin de quelques chétives créatures pour conserver son ouvrage ne semble-t-il pas démontrer que ses zélateurs n'ont pas une grande confiance dans ses paroles, ou que leurs intérêts ne sont pas les mêmes que les siens ?

Les premiers chrétiens, ainsi que nous l'avons fait observer, n'en agissaient pas ainsi : ils avaient une tolérance sans bornes pour les juifs et pour les païens, quoique ceux-ci fussent leurs ennemis et leurs persécuteurs, et qu'ils eussent leur culte en horreur; ils cherchaient à les retirer de l'erreur par la douceur et la persuasion. « On n'a pas besoin d'employer la force et les mauvais traitements (dit Lactance), car la religion ne peut être inspirée par la contrainte. Il est plus

convenable d'employer les exhortations que les coups,
afin de déterminer la volonté..... Pourquoi donc fait-
on usage des châtiments?.... Ce sont deux choses bien
différentes que la piété et les bourreaux. La vérité ne
peut s'allier avec la force, ni l'injustice avec la foi.....
Rien n'est aussi dépendant de la volonté que la religion; car, si elle est repoussée par le sentiment de
celui qui l'adopte, elle disparaît, et ne peut même
exister [1]. »

Il est à propos, avant de rapporter le sentiment de
quelques autres Pères de l'Église qui ont considéré
l'intolérance et la persécution comme criminelles, de
citer le discours de Libanius, qui nous démontre qu'à
l'époque où vivait cet écrivain, c'est-à-dire vers la fin
du IVe siècle, où le christianisme était devenu tout-
puissant, la violence avait remplacé la douceur évangélique. Libanius se plaint que les païens étaient tourmentés, exilés, incarcérés; qu'on les livrait à la torture et aux flammes.

«Ceux qui haranguent contre les dieux, dit-il, sont
traités avec respect, tandis que les prêtres essuient
d'injustes recherches, eux qui ne sont coupables que
d'avoir servi les dieux. Ce qu'ils ont employé au culte

[1] Non est opus vi et injuria, quia religio cogi non potest.
Verbis potius quam verberibus, res agenda est, ut sit voluntas...
Quid ergo sæviunt ?.... Longe diversa sunt carnificia et pietas :
nec potest, aut veritas cum vi, aut injustitia cum credulitate
conjungi... Nihil enim est tam voluntarium quam religio, in
qua si animus sacrificantis aversus est, jam sublata, jam nulla
est. (Lactent., l. V, *de Divin. instit.*, c. XIX.)

divin, ce que la flamme a consumé sur les autels, on les force de le rendre..... Sont-ils hors d'état de payer? ils languissent dans les fers. Les temples ont été renversés, ou demeurent à demi bâtis pour servir de risée aux chrétiens. On met les philosophes à la torture. Avoir reçu quelque chose de l'empereur, c'est avoir contracté une dette; que dis-je? c'est avoir commis un larcin. Dans le fort de l'été, en plein midi, un homme est exposé tout nu aux ardeurs du soleil. Outre ce qu'il a reçu, on lui demande ce que tout le monde voit qu'il n'a point reçu. On sait bien que c'est exiger l'impossible, mais on prend plaisir à le brûler : on veut qu'il expire dans cet horrible tourment. Les professeurs d'éloquence, accoutumés à vivre avec les grands, sont chassés de leur poste, comme d'infâmes meurtriers. Ce nombreux essaim de jeunes disciples, qui les accompagnait toujours, voyant ces maîtres ainsi traités, comprend que la science n'est bonne à rien, et va chercher une meilleure protection. Dans chaque ville, les membres du conseil public se sont dispensés injustement du service que la patrie a droit d'attendre d'eux; et personne n'arrête un désordre si criant! On ne voit partout qu'exactions, que ventes forcées, que confiscations, qu'indigence, que pauvreté, que larmes. Le laboureur aime mieux mendier que de cultiver la terre. Tel qui demande aujourd'hui l'aumône sera condamné demain à la demander. Les Scythes, les Sarmates, les Celtes, en un mot, tous les barbares recommencèrent à nous insulter de toutes parts [1].»

---

[1] Libanius, *Orat. parent.*, n. 148 et seq.

L'un des plus anciens Pères de l'Église, Tertullien, admettait la tolérance la plus étendue, même pour les religions les plus absurdes et pour celles qu'on traita plus tard d'abominables et d'impies. Voici comment il s'exprime, après avoir reproché aux païens d'employer la violence et les tourments pour contraindre les chrétiens à abandonner leur croyance : « Laissez l'un adorer le vrai Dieu, et l'autre adorer Jupiter; l'un lever les mains au ciel, l'autre les mettre sur l'autel de la foi; l'un compter les nuages de l'air, comme vous croyez que nous le faisons, l'autre les panneaux d'un plafond; l'un offrir son âme à son Dieu, et l'autre lui offrir celle d'un bouc; et prenez garde de vous rendre vraiment coupables d'irréligion en ôtant aux hommes la liberté de choisir un Dieu; de manière qu'au lieu de me permettre d'adorer le Dieu que je veux, on me contraigne d'adorer celui que je ne veux pas. Il n'y a pas de Dieu qui aime les hommages secrets : un homme ne les aimerait pas : c'est pour cela qu'on a laissé les Égyptiens porter l'extravagance de leur superstition jusqu'à mettre au rang des dieux des oiseaux et des bêtes, et à condamner à mort celui qui tuait quelques-unes de ces divinités [1]. » — « Ce n'est pas un acte religieux, disait le même Père de l'Église, que de forcer à embrasser une religion qui ne doit être adoptée que par un libre consentement, et non par la violence [2]. »

---

[1] Tertullien, *Apolog.*, § 24.

[2] Non est religionis religionem cogere velle, cum sponte suscipi debeat, non vi. (*Id., ibid.*)

Lactance n'est pas moins précis à ce sujet, quoiqu'il vécût à une époque où la religion, favorisée par
Constantin, fut toute-puissante. Voici comment il s'exprime :

« Il ne faut employer ni la force ni l'injure, parce
que la religion ne peut être inculquée par violence.
C'est par le raisonnement, et non par le fouet, qu'il faut
engager la volonté. Que nos adversaires nous fassent
la guerre avec leurs talents. Si la raison est de leur
côté, qu'ils nous la montrent : nous sommes prêts à
les écouter; mais nous ne croyons pas à ceux qui se
taisent, ni ne cédons pas à ceux qui persécutent. Ils
doivent nous imiter ou nous faire voir le fondement
de leurs contradictions. Nous n'attirons pas par adresse,
quoi qu'en disent nos adversaires; nous nous con-
tentons d'enseigner, de prouver, de démontrer. Ainsi
nous ne retenons personne contre sa volonté; car celui qui n'a ni foi ni piété est inutile à Dieu!.... l'effusion du sang et la pitié sont des choses extrêmement
opposées l'une à l'autre; et la vérité est aussi incompatible avec la force que la justice avec la cruauté.....
La religion doit être défendue, non en tuant, mais
en mourant; non par la cruauté, mais par la pa-
tience ; non par l'iniquité, mais par la foi. De ces
choses les unes sont des biens, les autres des maux;
or, il faut trouver dans la religion des biens et non
des maux. Si on veut la défendre par le sang, les
tourments et les peines, elle ne sera pas défendue,
mais souillée et violée; car il n'y a pas de chose
plus volontaire que la religion : elle cesse tout

à fait lorsque le sacrificateur n'a pas de volonté [1]. »

Nous pourrions aussi produire l'opinion de plusieurs autres Pères; il suffira de citer celle de saint Augustin, qui néanmoins ne fut pas toujours conséquent avec lui-même; il reconnaît cependant que l'opinion ne pouvant être commandée, elle ne peut être soumise à aucune peine. « Celui-là, dit-il, ne mérite ni blâme ni punition qui veut ce que l'équité ne défend pas, et qui ne fait pas ce qu'il ne peut faire [2]. »

Croire suppose des motifs de croyance, la force n'en est point un. Or, sans motifs, on ne croit pas réelle-

---

[1] Non est opus vi et injuria, quia religio cogi non potest. Verbis potius quam verberibus res agenda est, ut sit voluntas. Distingant aciem ingeniorum suorum; si ratio eorum vera est afferatur; parati sumus audire si doceant. Tacentibus certe nihil credimus. Imitentur nos, aut rationem totius rei exponant. Nos enim non illicimus ut ipsi objectant, sed docemus, probamus, ostendemus. Itaque nemo a nobis retinetur invitus. Inutilis enim est Deo qui devotione ac fide caret : et tamen nemo discedit ipsa veritate retinente..... Longe diversa sunt carnificina et pietas; necnon potest aut veritas cum vi, aut justitia cum crudelitate conjungi..... Defendenda enim religio est, non occidendo, sed moriendo; non sævitia, sed patientia; non scelere, sed fide; illa enim malorum sunt, hæc bonorum : et necesse est bonum in religione versari, non malum; nam si sanguine, si tormentis, si malo, religionem defendere velis, jam non defendetur illa, sed polluetur ac violatur. Nil enim est tam voluntarium quam religio, in qua si animus sacrificantis aversus est, jam sublata, jam nulla est. (Lactentius, *Instit. divin.*, l. V. ch. **xx.**)

[2] Neminem vituperatione suppliciisve dignum, qui aut id velit quod justitia velle non prohibet, aut id non faciat, quod facere non potuit. (*St. August., de duab. Animab.*, ch. **xi.**)

ment; on peut au plus croire qu'on croit, ce qui n'est point avoir une religion. Cassiodore se montre l'ennemi de la contrainte en disant : « On ne saurait commander la religion, car personne ne peut être forcé à croire[1]; » et saint Bernard s'exprimait ainsi, à une autre époque : « La foi se persuade, mais ne se commande pas[2]. » Saint Hilaire avait déjà dit : « Si l'on usait de violence pour la défense de la foi, les évêques s'y opposeraient[3].» Selon saint Justin : « Rien n'est plus contraire à la religion que la contrainte[4];» et d'après saint Athanase : «C'est une exécrable hérésie que de vouloir vaincre par la force, par les coups, par les emprisonnements, ceux qu'on n'a pu convaincre par la raison[5]. »

Il est évident, d'après ce qui vient d'être dit, que le principe de la liberté entière de conscience formait l'essence du christianisme primitif, principe qu'on a méconnu plus tard et violé audacieusement. Qui oserait avancer que si les premiers chrétiens n'imposaient aucune contrainte et n'infligeaient aucune peine, c'est qu'ils étaient dénués de toute puissance? C'est-à-dire que, dans le cas contraire, ils se seraient conduits comme leurs successeurs, ils auraient employé la violence et même la peine de mort contre les païens récalcitrants, ils auraient dégagé du serment de fidélité

---

[1] Religio imperari non potest, quia nemo cogitur ut credat. (*Cassiod.*)

[2] Fides suadenda, non imperanda. (*St Bernard.*)

[3] St *Hilaire*, l. Ier.

[4] St *Justin*, martyr, l. V.

[5] St *Athanase*, l. Ier.

prêté aux empereurs, ils auraient proscrit et brûlé les hérétiques, etc., etc.? Des théologiens cependant n'ont pas craint d'avancer que l'intolérance est permise, sous prétexte qu'on ne peut citer aucun passage de l'Évangile où elle soit défendue. Il s'ensuit donc qu'il est permis d'incendier les propriétés d'autrui, puisque Jésus-Christ n'a point fait de loi contre les incendiaires.

Les champions du christianisme font des lois pour venger une religion à laquelle souvent ils ne croient pas, ou à laquelle ils croient machinalement, sans conviction, par habitude et sans examen. Mais quel sens ont des lois qui sont regardées tantôt comme justes, tantôt comme iniques, selon les temps, les lieux, les circonstances, et d'après l'intérêt de ceux qui ont de l'influence ou qui occupent le pouvoir? Ainsi une opinion pour laquelle un père a été loué et honoré, servira d'accusation contre son fils, et le conduira à l'échafaud. Tel article de foi reçu et approuvé en Angleterre sera puni en Espagne par les feux de l'inquisition. Voici cependant le rôle versatile et passionné qu'on fait jouer à la religion. A qui profitent ces lois? A des fourbes, des hypocrites, des ambitieux, jamais à une religion fondée sur la vérité. Au détriment de qui sont-elles faites? Au détriment des hommes pieux, consciencieux et sincères dans leur croyance.

Mais par qui est faite l'application de ces lois? Par des hommes juges et parties, convaincus ou paraissant l'être que toute opinion qui diffère de celles qu'ils professent, ou qui est établie par une loi, est

12

criminelle et doit être punie : ainsi tel tribunal vous
condamne ou vous absout, selon le temps et selon les
lieux. L'équité exigerait qu'il fût permis à l'accusé de
prouver publiquement quels sont les raisons et les
motifs sur lesquels s'appuient sa croyance et ses actes
mais les despotismes sacerdotal et gouvernemental n'ont
pas permis l'exercice de ce droit naturel, parce qu'il se
trouve en opposition à leurs intérêts particuliers.

Quoi de plus insensé que de prévenir les jugements
de Dieu, de se porter, en sa place, scrutateur des cœurs
et des intentions, de juger et de condamner les hommes? Vous qui vous dites chrétiens, avez-vous oublié
qu'il est dit dans l'Évangile que ceux qui jugent ainsi seront un jour jugés eux-mêmes? Quoi de plus irreligieux
que de croire que Dieu confie à des mortels bornés et
passionnés son droit inaliénable de juger les consciences. C'est égaler l'ignorance et l'aveuglement humains à
la science et à la justice divines; c'est rendre celle-ci complice de la perversité et de la méchanceté des hommes !
A qui Dieu a-t-il révélé ses jugements? quels sont ceux
qu'il a rendus dépositaires de sa justice et de ses vengeances? quelle est la mission et les pouvoirs qu'ont
reçus ces juges vengeurs pour tourmenter les hommes
et faire couler leur sang? d'où leur vient cette lumière
pénétrante qui seule peut parvenir jusqu'au fond des
consciences, et juger les intentions et la culpabilité?
Jésus-Christ en a-t-il ainsi agi lui-même, lorsqu'il ha-
bitait parmi les hommes? Quoi! vous soutenez par des
bourreaux la religion d'un Dieu que les bourreaux ont
crucifié !!

Les chrétiens admettent qu'on ne peut croire qu'avec le secours de la grâce, et que cette grâce n'est pas accordée à tous les hommes. Quoi donc de plus impie et de plus cruel que de vouloir obtenir par la contrainte et par les échafauds une conviction et une foi que tous les efforts du genre humain sont incapables de donner? Quelle présomption de vouloir produire un effet auquel se refuse la volonté divine? C'est assimiler l'action destructive du glaive et du feu à la grâce bienfaisante de Dieu! L'intolérance est tout à la fois absurde, inique, injuste et cruelle; d'ailleurs elle n'aboutit qu'à faire des hypocrites, des profanateurs et des esclaves: ceux qui l'exercent ne sont donc que des insensés ou des méchants, qui ne cherchent souvent, sous le voile de la religion, qu'à assouvir leurs intérêts et leurs passions.

Il est à remarquer que, dans le système d'intolérance qui n'a été mis en pratique que trop souvent contre les incrédules et les hérétiques, les uns et les autres doivent subir deux jugements et deux punitions redoutables: l'une temporelle, et l'autre éternelle, plus terrible encore; la première, d'être brûlé vif; la seconde, de brûler éternellement dans les feux de l'enfer. Ainsi, d'après la religion catholique romaine, deux autorités, dont l'une émane de l'autre, ou n'est que la même, vous font subir pour le même crime, c'est-à-dire pour ne pas croire ce qui répugne à votre conscience, deux châtiments, dont le premier vous prive même de la faculté du repentir et d'une réparation possible, et vous soumet en même temps à un second jugement qui entraîne nécessairement une peine et des tourments éternels. Quel renversement de toute justice, de toute humanité! quel pervertissement de la clémence et de la bonté divine! Ce fut là, et c'est encore la doctrine des papes, des évêques, des moines. C'est ce genre de tyrannie qui a dominé si longtemps dans la pratique, et qui renaîtrait de nouveau, si des circonstances favorables venaient à se présenter encore; car l'inquisition existe toujours, et se conserve dans le silence, dans la pensée et l'espérance qu'elle pourra être utile un jour. Rome ne se relâche jamais de ses anciennes maximes et des droits qu'elle s'est faits à elle-même. Elle ressaisit, lorsque le moment est propice, les armes qu'elle avait été contrainte de déposer; elle a recours aux auxiliaires qui soutiennent son pouvoir. C'est ainsi que nous voyons reparaître ses cohortes monacales, et surtout les jésuites, quoiqu'ils aient été proscrites par tous les princes de la chrétienté, et par les papes eux-mêmes.

Les gouvernements, faisant cause commune avec le clergé, ont employé non-seulement des châtiments très rigoureux et même jusqu'à la mort, mais aussi des moyens moins sévères quoique aussi efficaces, pour soumettre les esprits aux doctrines et à la discipline de ce qu'on nomme vulgairement orthodoxie, selon l'époque ou selon le pays. Ainsi, on exigeait, sous les empereurs chrétiens, des signatures pour tel symbole ou pour telle formule de foi, tantôt nestorienne, tantôt arrienne, etc., selon que telle ou telle opinion prévalait, ou qu'elle était soutenue par l'au-

torité civile. Cet usage s'est transmis de siècle en siècle
et a pris plus d'activité à l'époque de la réforme, dans
l'intérêt de chaque secte et dans celui des gouvernements qui les protégeaient, chacun croyant, par cette
mesure, s'attacher par un lien plus indissoluble ceux
mêmes qui chancelleraient dans leur foi. Le refus était
puni par une exclusion des emplois et des fonctions
civiles et ecclésiastiques : c'est ce qui a eu lieu chez
les hétérodoxes comme chez les orthodoxes; on a imposé à des enfants, ou à des jeunes personnes sans
expérience, des promesses et des serments dont le
rejet à un âge plus avancé leur a été imputé à crime.
On fait jurer sur la Bible, ou d'après tel symbole, des
hommes qui n'y croient point : ainsi, le désir de se
procurer un état, un emploi civil ou religieux, ou la
crainte du blâme en se soustrayant aux pratiques reçues, donnent naissance au parjure, tandis que les
personnes dont la conscience est probe et timorée se
trouvent privées des avantages qui leur sont dus. S'il
résulte de ces pratiques quelque avantage pour la politique, ce ne peut être ni pour la religion, ni pour la
morale. Mais peu importe l'hypocrisie et le parjure,
pourvu que les apparences soient conservées, et que
ce système de déception soit utile à ceux qui le soutiennent. Est-ce ainsi qu'on démontre la vérité d'une
religion ?

Les catholiques ont porté encore plus loin la violation du serment. Tout serment, d'après eux, est nul
dans tous les cas où il est contraire aux intérêts de
l'Église; et on sait quelle latitude est donnée à ces

12.

intérêts. Ainsi, on n'est pas tenu d'observer une promesse faite à des hérétiques, ainsi que l'a décidé le
concile de Constance, par ces paroles qui doivent
être un article de foi pour tout catholique : « Il n'est dû
aucune foi aux hérétiques, au préjudice de la religion
catholique, d'après le droit naturel, divin et humain [1]. »
Le pape ne permet à son clergé de prêter serment au
pouvoir séculier qu'à condition d'une réserve dont la
formule est : « Je jure d'être soumis et obéissant en
tout ce qui ne sera pas contraire aux lois de Dieu et
de l'Église. » On voit que l'Église et la cour de Rome
confondent toujours leurs lois avec les préceptes de
l'Évangile, et la soumission qu'ils exigent envers eux-
mêmes avec celle qui n'est due qu'à Dieu. Cela n'a
pas suffi : les papes, qui se sont attribué la nomination
ou l'approbation des prêtres à un siége épiscopal, ont
exigé des évêques, lors de leur consécration, le serment suivant : « Je poursuivrai de tout mon pouvoir,
et je combattrai les hérétiques, les schismatiques
et les rebelles envers notre maître le pape, ainsi qu'envers leurs successeurs [2]. » C'est d'après ce serment et
d'après les ordres de la papauté que les prêtres et
les moines se sont crus obligés de *poursuivre* à outrance ceux qui étaient signalés comme hérétiques,

---

[1] Nec aliqua sit fides, aut promissio, de jure naturali, divino
et humano, fuerit in præjudicium catholicæ fidei observanda.

[2] Hæreticos, schismaticos aut rebelles eidem domino nostro
vel successoribus prædictis, pro posse persequar et impu-
gnabo. (*Pontif. Rom.*, 1re ed., Antverp., 1627, p. 59.)

et de *susciter ces guerres* qui ont armé si souvent les chrétiens les uns contre les autres.

Si l'on considère le but dans lequel les serments ont été institués, et les résultats qui en sont provenus, on trouve qu'ils ont été ordonnés pour enchaîner les peuples aux intérêts des gouvernements et du sacerdoce, contradictoirement à l'institution évangélique; qu'ils ont rarement produit des avantages pour la société; qu'ils ont été inutiles pour retenir les personnes honnêtes, tandis qu'ils ont favorisé les hommes pervers; qu'ils ont corrompu la morale publique, en couvrant la figure des fourbes et des hypocrites du masque de la vérité et de la vertu.

Les billets de confession et de communion sont un autre expédient imaginé par le catholicisme en Italie et en Espagne, pour surveiller les ouailles et empêcher qu'elles ne s'écartent du bercail. Cet usage est établi depuis longtemps dans ces deux pays. Chaque curé se présente une fois l'an dans les maisons de la paroisse, afin de recueillir les billets et de s'assurer que chacun a rempli ses devoirs de bon catholique; mais on trouve le moyen de se soustraire à cette inquisition, on achetent des billets de confession dont les femmes prostituées font le commerce : c'est un fait dont j'ai acquis la certitude, d'après les renseignements les plus exacts pris à ce sujet, pendant mon séjour à Madrid ; je me suis même, afin de mieux constater cette pratique, procuré de ces billets, que je possède encore. Comment ces femmes en obtiennent-elles? Elles en sont redevables, m'a-t-on dit, à la générosité des

moines. Voilà les résultats de toutes ces contraintes :
immoralité, parjure, mépris de tout sentiment religieux.

Les billets de confession ont été aussi exigés en
France par les prêtres, de concert avec le gouvernement. Il parut une ordonnance, en 1750, ayant pour
but d'extirper le jansénisme, et d'après laquelle l'extrê-
me-onction était refusée aux malades qui n'étaient pas
munis d'un billet de confession, donné par un prêtre
conformiste. Ainsi, comme sans confession, d'après
les auteurs de l'ordonnance, il n'est point de salut,
on envoyait impitoyablement en enfer les jansénistes,
par cela seul qu'ils n'étaient pas molinistes. Cette contrainte qui, cent ans plus tôt, aurait produit la guerre
civile, occasiona de violentes dissidences entre le
clergé et le parlement, et porta le trouble dans
tout le royaume. Le clergé fit exiler le parlement ;
l'opinion publique ne put être apaisée que par l'exil
de l'archevêque de Paris. Eh bien! chose étonnante, de
pareilles dissensions sont sur le point de se renouveler
aujourd'hui entre l'université et un clergé jésuitique.
Nous sommes déjà sur la voie des billets de confession ;
car un moribond, même incrédule, ne peut rendre
l'âme sans le secours d'un prêtre orthodoxe.

Nous demanderons au lecteur la permission de terminer ce chapitre par l'extrait d'un auteur anglais,
Thomas Gordon, dont les opinions coïncident parfaitement avec celles que nous venons d'émettre.

« Ceux qui se mêlent de la conduite des âmes, dit-il,
s'ils tendent à les convaincre, doivent éviter d'user de la

force, qui ne peut apprendre qu'à mentir. Il est certain que l'usage de l'autorité dans les matières de conscience a causé de si tragiques effets en tous temps et en tous lieux, que tous les pays et tous les âges doivent en prendre exemple pour ne pas allumer un feu capable de consumer tout. Lorsqu'une fois les ecclésiastiques ont gagné ce point, ils cessent d'enseigner et se mettent à commander ; au lieu de raisonner, ils mettent les gens en prison, et imposent silence aux contredisants, par la corde ou par le fagot.

« Il est surprenant qu'un homme animé de cet esprit puisse avoir le front d'entreprendre la conversion de quelque personne ou de quelque nation que ce soit. Comment peut-il prétendre de me faire embrasser son opinion par la raison, puisque, si je l'embrasse, je ne puis plus la quitter, ni suivre ma raison dans la suite, quoiqu'elle me dise que je me suis trompé, et que la croyance dont je fais actuellement profession est impie et absurde ? Ne serait-ce pas une folie d'embrasser l'opinion d'un homme qui fait profession de vous persécuter ou de vous faire mourir, s'il vous arrive dans la suite de changer de sentiment, quelle que soit votre conviction et de quelques remords que votre conscience soit déchirée ? Je voudrais bien savoir comment ces gens-là peuvent procéder aux conversions, à moins qu'ils ne fassent les hypocrites, et qu'ils ne cachent leurs menaces, leurs poignards et leurs bûchers, jusqu'à ce qu'ils se soient une fois assurés d'une personne. Ce serait là une imposture, et je ne saurais voir comment de telles gens pourraient éviter de la commettre. Ils sont obligés, ou de s'abstenir de faire des conversions, ou de tromper leurs convertis. Leur principe les conduit nécessairement à une pratique anti-chrétienne. Quiconque veut prêcher au nom du Christ doit renoncer à toute persécution et à toute rigueur.

« Ceux qui s'attribuent un pouvoir sur l'esprit de l'homme peuvent naturellement s'attribuer toute autre autorité, et la servitude civile est le résultat infaillible de l'esclavage spirituel.

« Cette considération devrait être un motif d'exhorter les hommes à examiner avant que de donner leur consentement. Exiger qu'ils croient ce qu'ils ne peuvent concevoir, c'est une exigence et une impiété si outrées, une si grande marque de malice contre la vérité et le bons sens, une attaque si violente contre la candeur naturelle et la vérité, un moyen si assuré pour endurcir les hommes au mensonge et à l'hypocrisie, une ouverture si visible à toute imposture et à une domination impie, que tout le monde devrait se soulever contre les auteurs de cet attentat. Ils peuvent commencer par les peines négatives ; mais, si on leur laisse faire leur chemin, ils en viendront à une inquisition; car une punition légère conclut la nécessité d'une plus grande, lorsque la première ne répond pas au but qu'on s'est proposé, et ensuite à une plus grande encore, lorsqu'il n'y a que la plus grande qui puisse en venir à bout.

« Combien peu de gens font réflexion sur cela, et voient à quoi doit aboutir le châtiment ordonné pour les opinions! Tel homme est bien aise de voir donner le fouet à un homme qui a des opinions différentes des siennes, qui serait fâché de le voir brûler. Cependant les mêmes raisons qui justifient le fouet justifient le bûcher; et si cet homme persécuté avait autant de pouvoir que ses persécuteurs, il aurait autant de droit qu'eux de les condamner au fouet ou au feu; de sorte que si on lâche la bride à cet esprit de persécution, le genre humain finira avant qu'elle finisse.

« S'il fallait faire mourir tout homme qui diffère d'un autre sur les articles de religion, spécialement sur des points qu'on reconnaît être non-seulement de pure curiosité, mais même inexplicables, nul homme sur la terre ne serait sûr de sa vie, leurs sentiments différant les uns des autres du plus au moins. Il n'y a pas de gens qui soient plus divisés que les gens d'Église, et qui contestent avec plus d'aigreur; ils ont du penchant à se partager sur ce qu'il y a de plus ou de moins important, et leurs disputes sont fort échauffées, quelque grand ou trivial que soit le sujet de leur contestation. Il est surprenant que ces messieurs, dont les sentiments sont si différents et même si opposés, dont les disputes se multiplient sans qu'ils en terminent aucune; il est étonnant, dis-je, qu'ils exigent si hardiment des autres hommes une exacte conformité; qu'ils prétendent que tout le monde s'accorde avec les théologiens, tandis que ceux-ci ne peuvent s'accorder entre eux-mêmes [1]. »

En résultat, à quoi servent la persécution et les châ-

___
[1] Thom. Gordon. *Discours hist.*, 11ᵉ disc.

timents? A rendre la religion odieuse, à pervertir les
lois divines et humaines. L'unité et la conformité religieuses étant une chimère, vouloir les réaliser c'est
faire des hypocrites, des incrédules, et, par suite, des
hommes sans principes, sans probité et sans mœurs.
Car il est dans la nature des choses que les individus
qui se voient forcés de pratiquer une religion qu'ils
repoussent, en eussent adopté une qu'ils auraient considérée comme vraie, et se seraient conformés aux préceptes de morale qu'elle commande. Lorsque la liberté
des cultes est entière, chacun adore Dieu d'après l'impulsion de sa conscience, et conserve ordinairement
la religion dans laquelle il a été élevée, et il est alors
sincèrement pénétré des devoirs qu'elle impose; car,
s'il ne l'était pas, il l'abandonnerait là où serait
une entière tolérance, puisque rien ne s'y oppose-
rait.

D'ailleurs la différence de croyance ou de symbole
apporte très peu de différence dans la moralité des individus, ainsi que le prouve la grande diversité des
religions ou des sectes chez lesquelles la morale
se trouve la même, sauf quelques exceptions qui
tiennent à d'autres causes. La religion naturelle im-
prime dans l'esprit humain des sentiments de moralité
tellement profonds, que même l'oubli de la divinité ne
peut les effacer. C'est ce qui fait qu'on trouve souvent
des athées par opinion, qui se conforment à tous les
devoirs prescrits par la saine morale. Ainsi la secte des
anciens sceptiques, qui doutait de tout, avait pour principe « que c'était bien agir que de se conduire conformé-

ment aux règles de la piété, et un mal que de les violer [1].»

Enfin, si la paix, la concorde, l'union et la charité constituent le bonheur des sociétés humaines, on ne peut trouver ces précieux avantages que là où chacun peut penser en religion selon l'inspiration de sa conscience, et pratiquer le culte qu'il croit être le plus agréable à Dieu, sans éprouver, de la part de son gouvernement ou de ses concitoyens, ni haine, ni répression, ni obstacles, ni châtiments. Tels sont les résultats d'une tolérance mieux entendue que partout ailleurs, en Hollande et aux États-Unis d'Amérique.

[1] Ut pie agere in vita communi bonum cenceamus: impie agere, malum. (*Sext. imp. Hyp.*, l. I, ch. IV, § 11.)

CHAPITRE XI.

DE L'EMPLOI DE LA CONTRAINTE ET DES CHATIMENTS EN MATIÈRE
DE RELIGION. — SUITE DU CHAPITRE PRÉCÉDENT.

La conscience est un fort inexpugnable, lorsque celui
qui le défend ne veut pas se rendre. Les canons de la puissance ecclésiastique ou civile n'ont ni assez de portée,
ni assez d'énergie pour le battre en brèche; il brave également les foudres de guerre et les foudres du Vatican.
C'est donc en vain qu'on s'efforce d'employer la violence
contre ce qui est à l'abri de toutes les forces humaines.
Mettre en prison pour cause d'opinion, c'est une violation inique de l'indépendance personnelle; condamner à
une amende, à une confiscation, c'est un vol; mettre
à mort celui qui ne veut ni croire, ni parler, ni agir
contre sa conscience, c'est un assassinat; vouloir faire
ployer à son opinion celle des autres, c'est une or-
gueilleuse et stupide présomption; enfin, prétendre
ramener tous les hommes à la même manière de voir
et de penser, c'est de la démence. Tous vos efforts ne
peuvent aboutir qu'à faire des parjures ou des hypocrites, et par conséquent à détruire les sentiments moraux et religieux. Vous agissez ainsi, dites-vous, pour
sauver les âmes; mais vous les perdez en les rendant

criminelles aux yeux de Dieu! Vous voulez inspirer aux hommes la vertu, et vous les pervertissez! vous n'avez en vue que leur bonheur, et vous les tourmentez, ou vous les tuez! « Mais, dit-on, il est faux, en général, que la crainte ne produise aucune conversion sincère; l'histoire fournit mille preuves du contraire, et, sans sortir du royaume, on en a vu un grand nombre: dès qu'on est venu à bout de forcer les sectaires à se laisser instruire, les conversions s'en sont suivies [1]. »

Cette manière de procéder ne fut pas celle de Jésus-Christ. Elle ressemble plutôt à celle de ces hommes qui domptent par la faim et par les coups des animaux récalcitrants, et qui parviennent, par ce genre d'instruction, à les rendre dociles et à leur faire exécuter certains actes où l'intelligence et le raisonnement n'ont aucune part. Ce n'était pas ainsi, en effet, que Jésus et ses premiers disciples faisaient des conversions. Mais les préceptes de tolérance, de charité et de douceur, qui formaient l'essence de la religion chrétienne primitive, furent bientôt méconnus. Les sectes qui s'élevèrent dès l'origine, voulant toutes dominer, proscrivirent celles qui refusaient de se soumettre à leurs opinions. On reconnut que la charité n'était pas assez puissante pour les ramener toutes à un système identique. On avait employé d'abord les anathèmes, ne pouvant employer des mesures plus coërcitives, aussi longtemps que l'Église fut opprimée et persécutée; mais, dès qu'elle fut devenue triomphante, elle parvint,

[1] Bergier, *Encyclop. méthod.,* mot Tolérance.

avec l'appui du glaive temporel, à commander impérieusement aux opinions. L'intolérance, la persécution et la pénalité furent établies, à cette époque, comme un dogme; elles se sont propagées de siècle en siècle jusqu'à nos jours, et ne cesseront qu'avec le catholicisme, qui les considère comme la condition indispensable de son existence.

Jésus sanctifiait les hommes par la persuasion, la douceur et la grâce ; quant à vous, il vous suffit de leur imposer de force le masque de l'hypocrisie, en les contraignant de mentir publiquement. Vous agissez comme un tyran qui serait assez insensé pour vouloir, par la terreur, vous faire convenir que le nombre cinq multiplié par lui-même ne donne que dix ? Avez-vous persuadé Galilée, lorsque, jeté dans vos prisons, il s'écriait : « *Et cependant elle tourne !* » Pendant plus de quatorze cents ans, vous avez vexé, pillé, et brûlé les juifs ; êtes-vous parvenu à extirper cette secte qui vous a en exécration, ainsi que votre religion ? Jésus-Christ a dit à ses disciples : « Allez dans le monde et prêchez l'Évangile à toute créature; » mais où trouvez-vous qu'il leur ait dit de se faire accompagner par des soldats, par des geôliers et des bourreaux ? Il ne leur a pas commandé de former une alliance avec les puissances de la terre, comme moyen de propager sa doctrine : sa religion eût été fausse, s'il l'eût destinée à servir d'instrument à l'ambition et à la cupidité de quelques hommes. Ses disciples ont affronté le glaive des tyrans, mais ils ne l'ont jamais employé contre leurs propres ennemis. Il ne vous a pas ordonné de faire

fructifier la foi par le sang des martyrs de l'incrédulité,
mais bien de souffrir vous-mêmes le martyre, s'il était
nécessaire, pour la défendre? Si vous êtes réellement
chrétiens, agissez comme tels! Quels sont donc les motifs qui vous portent à violenter les consciences? Ne
donnez-vous pas ainsi à penser que votre religion n'est
qu'une institution humaine, puisque vous ne pouvez la soutenir que par un pouvoir et des moyens humains? Ceux qui ne partagent pas vos opinions pourraient vous adresser les paroles de Jésus à ses persécuteurs : « Si j'ai mal dit, rendez témoignage du
mal; et si j'ai bien dit, pourquoi me frappez-vous? »
Au lieu d'exciter les magistrats à les poursuivre et à
les persécuter, votre devoir serait de leur tenir le discours de Gamache, qui, voulant détourner les chefs d'entre les juifs de faire violence aux apôtres, leur disait:
« Laissez ces gens-là, et cessez de les tourmenter ; car,
si leurs desseins et leurs ouvrages sont des hommes,
ils seront détruits; mais, s'ils sont de Dieu, vous ne
sauriez les détruire, et vous devez prendre garde que
vous ayez aussi combattu contre Dieu. »

On a dit depuis longtemps : « S'il est un moyen de
rendre suspecte la vérité la plus sacrée, c'est de la
soutenir avec des menaces et de l'imposer par la terreur [1]. » Ne donnez-vous pas à entendre qu'en agissant
de la sorte, vous n'agissez que dans votre propre intérêt

---

[1] If there be on earth a way to render the most sacred truth
suspected, it is supporting it with threats, and pretending to
terrify men into the belief of it. (*Sheftesbury's Char.*, vol. III,
p. 107.)

ou dans celui du pouvoir qui vous soutient, et que votre religion n'est qu'un moyen d'en imposer au peuple. La contrainte et la persécution seront toujours, aux yeux de la religion et de la vraie piété, des actes criminels que rien ne saurait justifier.

Les théologiens ont cependant, pour justifier leur intolérance, imaginé une distinction qui les rend juges des intentions et des consciences, et, par conséquent, de la criminalité de ceux qui refusent de se soumettre à leur symbole de foi. « Il y a dans le doute, dit un de nos plus habiles docteurs en fait de religion, des erreurs innocentes ; mais, lorsqu'elles ont pour cause l'orgueil, la jalousie, l'ambition, la haine et les autres passions qui se connaissent aisément par leurs symptômes, elles sont criminelles et punissables. Il n'est donc pas vrai, quoi qu'en disent les mécréants, que les droits de la conscience erronée sont les mêmes que ceux de la conscience droite ; cela n'est vrai que quand l'erreur est innocente et involontaire [1].

Les prêtres, même ceux du christianisme, voyant que leurs preuves, leurs arguments ne suffisaient pas pour ranger toutes les consciences sous leur domination, ont eu, ainsi que les rois, une *ultima ratio*, la force matérielle, sous laquelle ont succombé tant de victimes. Mais le corps sacerdotal, ne pouvant former un gouvernement théocratique comme celui des Juifs, et s'emparer de la puissance temporelle dans toute sa plénitude, fit avec elle un accord de concessions mu-

---

[1] Bernier, *Dict. encyclop. méth.*, mot Persécuteur.

tuelles, aussi avantageux aux deux parties que funeste aux peuples. Ainsi l'on parvint à une domination réelle, quoique indirecte, plus redoutable et plus efficace que la puissance des anathèmes.

Ce serait une longue histoire, s'il fallait produire ici les faits qui prouvent que des populations ont été décimées, condamnées à la ruine, à l'exil, à la mort, dans toutes les parties du globe, et faire apparaître les victimes de ceux qu'on a désignés par les mots de *genus irritabile vatum*. Le lecteur nous dispensera de lui mettre sous les yeux un tableau si hideux. Il est déplorable qu'il se soit trouvé des écrivains, et même dans les temps modernes, qui aient approuvé ces iniquités. Ainsi, les croisades contre les infidèles, les hérétiques, les guerres de secte à secte, la Saint-Barthélemy elle-même, ont trouvé des apologistes. Ainsi, le pape, non content de féliciter Charles IX sur ce dernier évènement, de lui en rendre des actions de grâces, de l'exhorter à continuer l'extirpation des hérétiques, fit frapper une médaille en commémoration de cet horrible attentat.

Bossuet lui-même n'a-t-il pas été complice de la persécution, lorsqu'après avoir prodigué des louanges à Louis XIV pour la guerre qu'il fit à l'hérésie, il ajoute en s'adressant au dauphin : « Imitez, Monseigneur, un si bel exemple, et laissez-le à vos descendants. Recommandez-leur l'Église plus encore que le grand empire que vos ancêtres gouvernent depuis tant de siècles. Que votre auguste maison, la première qui soit au monde, soit la première à défendre les droits de Dieu, et à étendre partout l'univers le règne de Jésus-Christ, qui la fait régner avec tant de gloire [1]. »

N'a-t-on pas loué et approuvé en Angleterre la *sanglante Marie*, sa chambre étoilée, ses proscriptions et ses arrêts de mort. Cette femme exécrable, après avoir fait brûler deux cent soixante-dix-sept laïques ou prêtres, sans compter un nombre double de femmes et d'enfants, parvint à faire recevoir la religion catholique au clergé, qui avait été protestant sous le règne précédent. C'est ainsi qu'elle poursuivit le cours de ses crimes durant un long règne, et ne mourut qu'après avoir fait périr neuf cents personnes. Ne vit-on pas, dans le même pays, les évêques s'opposer, en 1677, à l'abrogation de la loi qui condamnait les hérétiques au feu. Les scènes d'horreur dont l'Irlande a été le théâtre, pendant plusieurs siècles, offrent un spectacle non moins effroyable. Tous ces actes trouvent encore des approbateurs parmi des fanatiques prêts à recommencer, si les circonstances le leur permettaient. Quelques parties de l'Allemagne offrent des évènements où la fureur religieuse a produit d'aussi graves désastres. Enfin un gouvernement et des moines fanatiques, rapaces et cruels ne se sont-ils pas cru autorisés par la religion à piller, à massacrer et à exterminer les races faibles et inoffensantes de l'Amérique du sud? Nous ne parlerons pas des évènements qui ont eu lieu en Orient, et dont les causes et les suites ont été les mêmes que dans les autres parties du monde.

[1] Bossuet, *Discours sur l'Hist. univ.*, 2e part.

Si l'on pouvait calculer le nombre des personnes qui, depuis Constantin jusqu'au XIXe siècle, ont été victimes de l'intolérance de la persécution, et ont perdu la vie par des condamnations juridiques ou dans des dissensions et des guerres de religion, on trouverait que le sol de la chrétienté a été jonché de cadavres, de familles et d'individus ruinés, proscrits et réduits à la dernière misère ; celui qui n'a pas renoncé aux sentiments les plus communs d'humanité se sentirait pénétré d'horreur. L'histoire nous a conservé bien assez de faits pour nous faire connaître jusqu'à quels excès peuvent se porter l'alliance du trône et de l'autel ; elle fut toujours funeste à la liberté, au bonheur privé et public, à un degré plus ou moins désastreux, selon les temps et les circonstances. Il nous suffira d'en donner comme preuve l'inquisition d'Espagne, sur les actes de laquelle on a des documents exacts ; ce tribunal de sang, qui a porté ses ravages sur plusieurs autres contrées de l'Europe, fut établi dans l'année 1203, par Innocent III, d'abord contre les albigeois. Les atrocités commises sur ces malheureux Français furent le présage de celles qui devaient avoir lieu en Espagne, et se prolonger pendant la durée de plus de six siècles. Il n'entre pas dans notre plan de présenter au lecteur l'histoire des crimes, des assassinats, des rapines et des persécutions dont s'est rendu coupable l'exécrable tribunal de l'inquisition en Espagne. Un ecclésiastique aussi recommandable par sa piété que par la douceur de son caractère, avec qui nous avons été lié pendant son séjour à

13.

Paris [1], et qui avait été secrétaire de ce tribunal,
en a donné, avec la véracité, on peut même dire,
l'indulgence dont il faisait profession, une histoire
très détaillée. Nous nous bornerons à rapporter le
résultat de ce qui a eu lieu sous l'administration du
grand-inquisiteur Torquemado, moine dominicain qui
a exercé ses fureurs sanguinaires en Espagne pendant l'espace de dix-huit ans, et sous celle des quatre premiers inquisiteurs qui ont dirigé, pendant
l'espace de quarante années, ce monstrueux tribunal. Parlant d'abord des actes du grand-inquisiteur
Torquemado, « il s'ensuit, dit Llorente, que, pendant les dix-huit années qu'a duré son ministère inquisitorial, il a fait dix mille deux cent vingt victimes qui
ont péri dans les flammes, six mille trois cent soixante
huit qui ont été brûlées en effigie après leur mort ou en
leur absence, et quatre-vingt-dix-sept mille trois cent
vingt-une qui ont subi la peine de l'infamie, de la confiscation des biens, de la prison perpétuelle et de l'exclusion des emplois publics et honorifiques. Le tableau
général de ces barbares exécutions porte à cent quatorze mille quatre cent un le nombre des familles à ja-

---

[1] La cour de Rome, toujours soigneuse de tirer vengeance de
ceux qui combattent ses usurpations et ses iniquités, parvint,
sous la restauration, avec les intrigues de son clergé jésuitique,
à faire bannir de France ce vieillard octogénaire et infirme,
dans la saison la plus rigoureuse de l'année. Il succomba, à
peine arrivé en Espagne, par suite du froid rigoureux qu'il avait
éprouvé au passage des Pyrénées, et des fatigues de ce long
voyage.

mais perdues. On ne comprend pas dans cet état les personnes qui, par leurs liaisons avec les condamnés, partageaient plus ou moins leur malheur, et gémissaient, comme amis ou parents, des rigueurs dont ils étaient les victimes [1]. »

Llorente présente le calcul précédent comme bien au-dessous du nombre auquel on pourrait l'élever, d'après des données assez certaines. Ne pouvant rapporter ici les détails et les preuves donnés par l'auteur que nous citons, nous nous bornerons à faire connaître la conclusion qu'il tire, après avoir parlé des quatre premiers inquisiteurs qui ont souillé l'Espagne de leurs crimes. « Pendant les quarante-trois années du ministère des quatre premiers inquisiteurs-généraux, l'inquisition immola deux cent trente-quatre mille cinq cent vingt-six victimes, dont dix-huit mille trois cent vingt furent brûlées en personnes, neuf mille six cent soixante en effigies, et deux cent six mille cinq cent quarante-six condamnées à des pénitences. Nombre monstrueux, quoique réduit et bien au-dessous du véritable [2]. »

On devait s'attendre que l'inquisition, après avoir décimé les chrétiens d'Espagne, n'épargnerait ni les juifs ni les maures. Encouragée par les rois d'Espagne, qui violaient les promesses et les serments faits aux uns et aux autres, elle entreprit une nouvelle persé-

[1] Llorente, *Hist. critique de l'inquisition d'Espagne,* t. Ier, ch. VIII, art. 21.

[2] *Id.,* ch. XI, art. 5.

cution contre des hommes inoffensifs, mais qui of-
fraient une nouvelle proie à son insatiable cupidité,
ainsi qu'à celle des rois et de la cour de Rome. Llorente, après avoir tracé le tableau des persécutions
inouïes qu'on fit souffrir à ces malheureux, et l'histoire
de leur extinction totale, s'exprime ainsi : « Ces exemples d'une si affreuse cruauté augmentaient l'horreur
des mauresques pour le tribunal de sang qui procédait
ainsi ; et au lieu de s'attacher au christianisme, comme
ils l'auraient fait, si on les eût traités avec humanité,
ils abhorraient de plus en plus une religion que la contrainte seule leur avait fait embrasser. Telle fut la
cause des mouvements séditieux qui amenèrent en 1709
l'expulsion entière de ces peuples au nombre d'un
million d'âmes ; perte énorme pour l'Espagne, outre
celle qu'elle avait déjà faite ; en sorte que, dans l'espace de 139 ans, l'inquisition enleva à la monarchie
espagnole trois millions d'habitants juifs, maures ou
mauresques, dont la postérité formerait aujourd'hui un
surcroît de neuf millions d'âmes dans sa population [1]. »

Je le demande à tout lecteur de sang froid, dont le
cœur n'est pas étranger au plus léger sentiment d'humanité, et dont l'esprit n'a pas été aveuglé par les suggestions du fanatisme le plus infernal, ne doit-on pas
avoir en horreur les papes, les moines et les rois qui
se sont concertés pour immoler un si grand nombre de
victimes innocentes à leur fureur religieuse, à leur
avarice et à leur domination tyrannique ? Ces princes

[1] Llorente, *Hist. critique de l'inquisit. d'Espag.*, ch. XII, art. 20.

ne se sont-ils pas rendus plus coupables que Néron,
que Caligula et que les autres exécrables tyrans du paganisme? Sont-ils plus innocents que ce roi de Perse
qui, voulant contraindre les juifs à adorer ses faux
dieux, disait, selon l'Ecriture, en parlant de cette nation : « Un peuple qui méprise le commandement des
rois, et qui viole la concorde de toutes les nations par
la diversité de ses sentiments en matière de religion,
ce peuple se dirige par des lois contraires à nos ordres,
trouble la paix et la concorde des provinces qui nous
sont soumises : nous avons ordonné que tous ceux
qu'Aman, le second après le roi, découvrira, soient détruits avec leurs femmes et leurs enfants? »

Approuver des crimes aussi énormes, n'est-ce pas
s'en rendre complice? Mais cependant ces crimes ont
trouvé et trouvent encore aujourd'hui des défenseurs,
car tout se pardonne lorsqu'il s'agit de ce qu'on qualifie d'intérêts de la religion. Il semblerait que nos fanatiques, aient puisé leur doctrine chez cette fameuse
secte des Indes, les Assassins ou *Thugs*, qui croient accomplir un devoir, rendre un hommage religieux à la
déesse *Devi*, objet de leur culte, et obéir à ses ordres,
en assassinant des hommes inoffensifs, et en disant,
comme nos inquisiteurs, qu'ils n'agissent ainsi que
pour le plus grand bien de leurs victimes.

Quelques auteurs ont porté à neuf millions le nombre de personnes qui ont péri dans les dissensions, les
persécutions et les guerres de religion entre les chrétiens, depuis leur établissement. Ce nombre, fût-il
réduit à moitié, au centième, il n'en serait pas moins

prouvé combien est funeste à l'humanité et à la religion le système de contrainte et de violence qui a régné,
et qui règne encore, à un plus ou moins haut degré, entre
les différentes sectes chrétiennes. Ne serait-ce donc que
depuis que le christianisme existe qu'on peut éclairer les
esprits par la lumière qui brille dans les donjons, ou à
la lueur de la flamme qui dévore les bûchers?

Les chrétiens sont-ils exempts des reproches d'intolérance et de violence adressés par eux aux païens? Que
signifie le petit nombre de victimes sacrifiées pour le
soutien du paganisme, comparativement au nombre
immense immolé pour défendre la cause du christianisme? Cette différence provient de l'esprit de tolérance
généralement admis dans la première de ces religions,
et de ce qu'il n'existait entre elle et les gouvernements
aucun pacte, aucune garantie mutuelle, tandis que le
contraire a eu lieu dans le christianisme dès l'époque
de sa corruption.

Mais sur qui porte principalement le blâme et la responsabilité de l'intolérance religieuse? C'est, dans toute
religion sacerdotale, sur le sacerdoce lui-même. Car,
malgré la propension et l'intérêt des gouvernements à
chercher l'accroissement de leur pouvoir par le prestige religieux, ils n'obtiendraient pas l'approbation et
le secours des prêtres, si ceux-ci, exempts de tout intérêt temporel, n'envisageaient que le bien et l'honneur
de la religion. Mais il en est autrement. Alors il faut
faire des concessions pour acquérir du pouvoir, des
richesses, des honneurs, des priviléges... Quels sont
donc les vrais coupables des crimes dont la religion a

été souillée? Ce sont les mauvais prêtres. « Le sang ré-
pandu pour leur cause par les tyrans qu'ils ont imbus
de leurs doctrine, dit un auteur estimable, ne retombe-
t-il point sur eux seuls? N'en doivent-ils aucun compte
au ciel et à la terre? A côté du prince qui punit, je vois
toujours le prêtre qui ordonne. Depuis Constantin jusqu'à Lous XIV, c'est d'après les sollicitations du clergé
que les crimes religieux prirent un caractère civil. Par
qui furent demandés la note d'infamie, la privation des
emplois et des honneurs, la confiscation des biens, la
défense de textes, l'exil ou la déportation qui souillent
tant de pages des codes de Théodose et de Justinien?
Par des évêques réunis en concile. Par qui la déla-
tion en matière de religion, la peine de mort et les
supplices les plus atroces, furent-ils introduits dans
les lois civiles des deux empires? Par des évêques réunis en concile. Quels hommes ont imaginé, pour punir
l'hérésie, de priver les juifs de leurs enfants, d'exiler
les nobles, de déchirer les vassaux sous le fouet, de les
réduire en esclavage? Des évêques réunis en concile.
Quels hommes forcèrent la loi civile de noter d'infamie,
non-seulement ceux qui étaient l'objet d'anathèmes
spirituels, mais encore ceux qui oseraient communiquer avec ces proscrits? Des évêques réunis en concile.
Quels hommes firent jurer aux princes de livrer à la
justice tous ceux qui seraient déclarés hérétiques, sous
peine d'être excommuniés et de perdre leur royaume?
Des évêques réunis en concile. Quels hommes jetèrent
les fondements de l'inquisition, en firent un tribunal
permanent, et prononcèrent l'excommunication contre

les souverains qui diffèreraient ou qui se refuseraient
à exécuter ses jugements? Des papes et des évêques
réunis en concile. Quels hommes ont fatigué les rois
d'hypocrites remontrances, et citent avec orgueil les
édits qu'ils ont obtenus presque sans interruption depuis François Ier jusqu'à nos jours, pour priver la
France de ses sujets paisibles et industrieux, pour faire
égorger tant de victimes aux pieds du fantôme de l'u-
nité religieuse? Des évêques réunis en assemblée générale de l'Église gallicane [1]. »

---

[1] Benoît, *De la liberté religieuse,* ch. IX, p. 373.

CHAPITRE XII.

DE LA LIBERTÉ DE LA PRESSE.

La proscription des écrits favorables à la liberté civile ou religieuse a eu lieu de tout temps là où dominaient un pouvoir despotique ou des prêtres intolérants. La même proscription fut continuée, même avec plus d'activité et de surveillance, à l'époque de la découverte de l'imprimerie. Les amis de la liberté civile, politique et religieuse ont soutenu, par leurs discours et dans leurs écrits, la liberté de la presse, comme le palladium de toutes les autres libertés ; tandis que les partisans du despotisme l'ont combattue par leurs sophismes, et l'ont entravée par la censure ou par des lois répressives de tout genre. Les nombreux écrits publiés pour soutenir l'indépendance de la presse nous dispensent d'entrer dans de longs détails à ce sujet, d'autant plus que nous avons déjà publié, il y a quelques années, un traité à ce sujet [1]. Les personnes qui voudraient le consulter y trouveront des idées

[1] De la liberté de la presse illimitée, considérée sous le rapport de la responsabilité légale des écrits après leur publication, et sous celui de la non-responsabilité dans certains cas, etc. Paris, chez Firmin-Didot, 1830.

et un système tels que, s'ils étaient mis à exécution,
ils pourraient, à notre avis, prévenir ou arrêter les
attaques funestes qu'on ne cesse de porter à la liberté de la presse. Mais les moyens que nous avons
proposés, fussent-ils assez bien combinés pour en assurer le succès dans la pratique, nous vivons à une
époque où la corruption, l'égoïsme et l'intérêt matériels dominent trop puissamment ceux qui gouvernent
et ceux qui se laissent gouverner pour qu'on puisse
adopter un système qui serait de nature à assurer
à jamais toutes nos libertés.

Ce que nous avons dit des gouvernements, et généralement des prêtres que l'histoire représente comme
hostiles à la liberté civile et religieuse, s'applique également à ce qui concerne la liberté de la presse. Il n'est
pas dans notre nature d'aimer ce qui contrarie nos
vues et nos intérêts, ce qui dévoile des actes qui peuvent nous déconsidérer. « Les grands, dit Mabillon,
haïssent la vérité, parce que, d'ordinaire, elle les
rend haïssables [1]. » Les mêmes motifs se retrouvent
parmi l'aristocratie nobiliaire et surtout parmi l'aristocratie financière et bourgeoise, qui ont une disposition peu favorable à la liberté de tout ce qui n'est pas
classé dans leurs rangs.

La presse a été poursuivie par les rois et par le
clergé, d'une manière d'autant plus active et plus
despotique, qu'ils avaient affaire à des peuples plus
éclairés et plus amis de la liberté. Ainsi le parle-

[1] Mabil, *Panég. de St Jean-Baptiste.*

ment de Paris fit le procès à des imprimeurs qui
avaient publié un écrit de Mélancton. Son arrêt, daté
de 1521, est le premier acte de répression contre la
presse qui ait eu lieu en France. François Ier, que
les flatteurs ont décoré du titre honorable de restaura-
teur des lettres, agit comme s'il eût voulu les anéantir
dans son royaume, en publiant, en 1554, une loi qui
défendit l'usage de la typographie. Mais, revenant sur
cet acte de vandalisme, il la rétablit peu de temps
après, en réduisant à douze le nombre des imprimeurs,
qui s'élevait auparavant à vingt-cinq. C'est d'après le
même principe de despotisme, la même frayeur et la
même haine pour la presse, que Napoléon, la Restauration et le gouvernement de juillet, se sont attribué
le droit de fixer le nombre des imprimeurs, de les
nommer, de les interdire, de les ruiner selon leur bon
plaisir. Mais ce qui surpasse toute croyance, c'est l'édit
de janvier 1562, rendu dans l'assemblée de tous les
députés des parlements réunis à Saint-Germain. On y
trouve le passage suivant qui semble avoir été dicté
par Tibère : « Voulons que tout imprimeur, semeur et
vendeur de placards et libelles diffamatoires soient
punis pour la première fois du fouet, et pour la seconde, de la vie. » L'édit de Nantes, de 1598, permet
cependant de vendre les livres protestants dans les
lieux où l'exercice de cette religion est toléré. Plus
tard, la peine de mort fut remplacée par les galères et
la confiscation des biens. Les États-Généraux de 1614
demandèrent que nul marchand, libraire, imprimeur
et colporteur, ne pussent mettre en vente aucun li-

vre ni écrit, sans que le nom de l'imprimeur, le lieu de l'impression et le privilége ou la permission ne fussent mentionnés au commencement de l'écrit, à peine, pour la première fois, du fouet et de l'amende, pour la seconde, des galères et de la confiscation des biens, moitié au profit du dénonciateur, moitié au profit des hôpitaux ; que tous les livres fussent vus et examinés par des personnes nommées par les évêques, etc. Le clergé, toujours hostile à la liberté des cultes, ainsi qu'à l'indépendance de la presse, demanda dans ses cahiers, en 1789, une loi qui, en rappelant les anciennes lois, arrêtât d'une manière plus efficace les débordements de la presse.

Les ennemis des deux libertés dont nous parlons, au nombre desquels on trouve toujours les gouverments, les prêtres et l'aristocratie, se signalèrent en Angleterre comme en France. Le parlement d'Angleterre qui, dit-on, avait rendu, en 1414, à l'instigation du clergé catholique, un acte par lequel il fut défendu, sous peine de mort, de lire l'Écriture, se contenta plus tard de légaliser la censure. Mais, avant cette dernière époque, le roi Henri VII l'avait déjà établie, et en avait donné la surveillance à sa chambre étoilée. Il condamna à la déportation et à la confiscation des biens tout laïque qui manifesterait son opinion contre les changements qu'il avait introduits dans la religion et dans l'État, et à la peine de mort les ecclésiastiques coupables du même délit. Guillaume III arrêta, par un statut de la dixième année de son règne : « Que tout homme élevé dans la religion chrétienne, qui,

dans des écrits ou dans des imprimés, nierait la vérité
de cette religion, ou que les Saintes Écritures ne
soient d'autorité divine, serait pour la première fois
déclaré incapable d'occuper aucun emploi public, et,
en cas de récidive, perdrait le droit de poursuivre
aucune action en justice, d'être légataire ou acquéreur
de terre, et garderait prison pendant trois années [1]. »
La censure préalable fut abolie en 1694; mais néanmoins la liberté de la presse fut suspendue plusieurs
fois. Car les gouvernements, comme de bons pilotes,
savent ployer les voiles, lorsque l'orage, qu'ils n'ont
su prévoir, vient les assaillir.

Les écrits produits dans les deux pays dont nous venons de parler, ainsi que les démêlés et les discussions religieuses, et, par suite, les idées philosophiques répandues en Europe, apprirent aux peuples à
connaître, à soutenir leurs droits et à réclamer la liberté civile et religieuse. Mais on est tombé dans une
grande erreur, au commencement de notre première
révolution, lorsqu'on a cru avoir conquis pour toujours la liberté. Des ennemis puissants lui sont res-
tés, et ne cesseront jamais de l'attaquer par tous
les moyens que suggère le machiavélisme, ou
par l'emploi de la force ouverte, selon les circonstances.

Les abus qui peuvent résulter de la liberté de la
presse ne sont pas un motif suffisant de suppression,
lorsqu'on considère, d'une autre part, les avantages im-

[1] *Commentaire des lois anglaises*, t. V, p. 257.

menses qu'elle procure. « Dans le cas où les incrédules
attaqueraient la vérité de la révélation, dit un auteur
anglais, ce crime, dont on n'est responsable qu'envers
Dieu, ne saurait être puni que par lui seul ; d'ailleurs,
comme il ne trouble pas la tranquillité publique, il ne
peut être soumis à la juridiction du magistrat, dont la
seule fonction est de maintenir la paix publique. » Ce serait pareillement une grave atteinte portée à la liberté
de conscience et à celle de la presse, que de prohiber
les écrits des personnes qui, considérant les Écritures
comme authentiques, les interprèteraient d'après le
sens qu'ils y attachent, et donneraient leur adhésion au
symbole d'une association religieuse dissidente. Permettez aux juifs de défendre la loi de Moïse, et de rejeter celle du Christ, il en résultera une controverse favorable à la vérité. Que les catholiques soutiennent leurs
sentiments par des sentiments, par des sophismes, on
n'a rien à redouter, lorsque ce sera publiquement et par
la voie de la presse. L'État n'a d'autres précautions à
prendre contre le clergé catholique que celles que commande la grande influence de ce corps qui, par des
suggestions et des pratiques secrètes, peut inculquer
dans les esprits des maximes contraires aux lois et à la
tranquillité publique. Permettez l'usage de la presse à
toutes les sectes, quelle que soit leur dénomination,
excepté à celles dont la doctrine et les maximes sont
exclusives et intolérantes. L'impiété, la superstition,
la cruauté et l'ignorance qui ont prévalu dans les siècles passés, sous la domination de l'Église, prouvent
que la prohibition d'une libre discussion est plus fu-

neste à la rectitude morale que ne l'est même la licence effrénée de la presse.

L'auteur anglais que nous avons cité fait le raisonnement suivant sur ses écrits relatifs à la politique : « On peut abuser de la presse par la publicité de principes faux et corrompus. Mais il est plus facile de remédier à cet inconvénient, en le combattant par de bonnes raisons qu'en employant la persécution, les amendes, la prison, et autres punitions de ce genre. Si un auteur venait à publier un ouvrage dans lequel il défendît la démocratie par des raisons spécieuses, et qu'un autre ventât les nombreux avantages d'une monarchie absolue, il se trouverait sans doute des écrivains d'un égal talent qui prendraient la défense de notre système actuel de gouvernement, et il résulterait de cette discussion la preuve que notre constitution est préférable à la monarchie ordinaire, à l'aristocratie et à la république.

Ceux qui gouvernent et qui jouissent des fonctions publiques, des honneurs, des priviléges et de tous les avantages sociaux, souvent avec des talents médiocres et sans beaucoup de fatigues, demandent que les choses restent *in statu quo*, et s'inquiètent peu de l'oppression à l'abri de laquelle ils sont placés, ou des vices d'administration qui maintiennent le peuple dans la misère. Aussi toute réforme sollicitée par la presse les inquiète et leur paraît dangereuse; ils la taxent même de criminelle. Lorsqu'une amélioration ou une loi utile est réclamée par l'opinion publique, ne pouvant la refuser ouvertement, ils cherchent à l'éluder en temporisant, ils emploient les prétextes et les moyens que peut suggérer la ruse et la déception; ils ne cessent que lorsqu'ils jugent l'occasion favorable pour obtenir une loi qui laisse les choses à peu près dans la situation où elles se trouvent.

Voici encore quelle est leur tactique décevante dans les questions où il s'agit de faire au peuple ce qu'on nomme des concessions : lorsque le peuple est tranquille et assoupi dans l'indifférence, il est inutile de lui accorder la moindre chose, et avantageux de le laisser dans cet état de torpeur. Mais si le peuple s'irrite et cherche à secouer le joug qui l'opprime, il ne faut rien accorder dans ces moments de fermentation, car ce serait affaiblir et dégrader le pouvoir. Si l'on jouit de la paix, si le peuple trouve du travail, si l'industrie et le commerce sont dans un état de prospérité, il est hors de propos de penser à des améliorations dans de pareilles circonstances. Mais si, au contraire, la guerre survient, si les finances sont embarrassées, si les fortunes particulières souffrent, non-seulement il est impossible, mais même il y a du danger à faire des réformes ou des concessions en faveur du peuple. Ainsi, comme une nation se trouve toujours dans l'une de ces situations, il s'ensuit nécessairement que le moment des concessions n'arrive jamais. Où en serions-nous donc, si la presse, qui, avec tous ses efforts, obtient si peu, n'avait la faculté d'élever sa voix pour combattre des hommes et des abus sans cesse envahissants, des pouvoirs sans cesse portés à violer les lois favorables à la liberté ou à en provoquer contre elle ?

Ce serait une tyrannie que de refuser à chacun le droit de proposer ses vues et ses idées sur les changements et les modifications à apporter dans les lois et les institutions du pays. C'est un principe qu'on ne saurait nier, à moins de prétendre que les lois anciennes ou modernes ont été établies par des hommes infaillibles et au-dessus de la nature humaine, ou à moins d'imiter ces despotes qui, dans leur stupide orgueil, décrètent des lois pour eux et leurs successeurs à perpétuité. Comment donc parviendrait-on à reconnaître les erreurs que nous ont léguées l'ignorance, les préjugés, et souvent le crime de ceux qui nous ont précédés, si l'on n'accorde à la presse une libre indépendance, et s'il n'est pas permis de dévoiler les abus et la perturbation qui règnent dans nos systèmes politiques et religieux? Toute loi et tout acte dont on défend l'examen et la critique ne peuvent être qu'injustes et iniques. Un gouvernement qui fonde sa puissance sur la vérité et la justice n'est-il pas intéressé à ce que cette vérité élève la voix, afin qu'il puisse faire régner la justice? Celui-là seul qui veut opprimer les peuples redoute la liberté de la presse.

Un prince ami de la liberté de ses sujets, loin de chercher à la restreindre, s'efforce de lui donner de l'extension par des lois et des institutions propres à l'en rendre digne. Loin de substituer aux principes démocratiques ceux de l'absolutisme, comme fit Napoléon, il les maintient; car il comprend que c'est un crime de faire rétrograder un peuple. « Dans un État établi en république, dit Pascal, ce serait un très grand

14

mal de contribuer à y mettre un roi, et à opprimer la liberté des peuples, à qui Dieu l'a donnée. » Le philosophe chrétien pense, probablement sans le savoir, comme un philosophe païen qui disait : « Le roi ou le tyran qui, d'une monarchie, formera une démocratie, me paraît devoir être un très honnête homme[1]. » L'antiquité nous offre un exemple qu'on ne trouve pas dans les temps modernes, et qui aurait dû être très fréquent parmi les chrétiens, si certains préceptes de l'Évangile étaient observés. Les vertus civiques de Pittacus lui concilièrent tellement l'estime et la considération de ses concitoyens, qu'ils lui conférèrent la tyrannie. Mais il ne l'accepta et ne la conserva que pendant la durée de la guerre qu'eurent les Mitylésiens contre les Athéniens. Il refusa même de prendre la moitié des terres conquises dans cette guerre, que le peuple voulait lui donner d'un consentement unanime[2].

Les exemples que nous venons de citer sont des exceptions qui ne se reproduisent qu'après le laps d'un grand nombre de siècles, tandis qu'il n'y a pas de prince qui, à l'exemple de certain roi de Danemarck, n'acceptât volontiers le pouvoir absolu, s'il lui était offert, et qui n'en fît probablement un plus mauvais usage. Quant au refus d'argent, c'est un phénomène qui ne se

---

[1] Is mihi videtur honoratissimus futurus, sive rex sive tyrannus, qui civibus ex monarchia democratiam constituerit. (*Anton. Meliss. Sermo.*)

[2] Deforme judicam, virtutis gloriam magnitudine prædæ minuere. (*Val. Max.*, l. VI, ch. v.)

voit plus, tandis que les moyens d'en puiser à toutes
les sources sont mis en œuvre de toutes parts. Comme
on n'obtient plus, de nos jours, de dons gratuits, et
qu'il faut avoir de l'argent, comme le grand mobile de
toute chose, on a très bien compris que si la corruption n'était pas le moyen le plus licite, elle était du
moins le plus sûr. Ainsi, l'on a vu Charles X déclarer très franchement, ou, si l'on veut, très niaise-
ment, qu'il soldait ses députés. Croira-t-on, d'après
ce qui s'est passé, qu'il n'eût d'autre intention que de
provoquer des lois favorables à la liberté et au maintien de la constitution qu'il avait jurée?

Au reste, Charles X ne fut pas le premier roi, et ne
sera pas le dernier, selon toute apparence, qui ait cherché à corrompre les représentants du peuple français,
dans le but de donner de la force et de l'autorité au
despotisme. Louis XI est celui à qui la royauté est surtout redevable de cette heureuse pratique : il la mit en
usage dans les états-généraux qui se tinrent sous son
règne. D'après ces exemples, les ministres qui nous gouvernent ont pensé que la corruption était, de tous les
moyens, le plus facile, le plus assuré et le plus prompt
pour faire mouvoir les rouages qu'ils emploient; dans
leur système gouvernemental, corrompre pour avoir du
pouvoir et de l'argent, avoir de l'argent pour corrompre, tels sont les grands moyens qui caractérisent
l'habileté de nos hommes d'État. Que manque-t-il à
nos ministres pour qu'ils ne soient pas troublés dans la
possession du pouvoir, sinon que la presse ne vienne
pas produire au grand jour leur conduite et leurs ac-

tes, et réclamer contre la violation des lois dont ils se rendent coupables, sous le bénéfice d'une responsabilité illusoire? Mais quel pouvoir peut avoir une presse, à laquelle il n'est permis de prononcer que de vaines paroles, tandis que les intérêts matériels et la rapacité *plutonique*, réduits en système, viennent dominer la morale publique? Corrompre et être corrompu, telle est l'histoire du siècle.

De tous les maux qui peuvent affliger une nation, tels que les haines, les dissensions entre les citoyens, le désordre et la ruine des finances, le plus funeste est la corruption, qui, systématisée, attaque les premières classes, et, se répandant de là parmi les classes inférieures, finirait par corrompre la masse entière du peuple, si sa durée répondait à son intensité; mal d'autant plus grand que le remède est difficile, et que la guérison ne peut s'opérer qu'après qu'une génération a succédé à une autre, tandis que des maux physiques se réparent promptement sous un gouvernemens probe et habile.

Au reste, nous avons trop bonne opinion du sens moral qui règne parmi les Français, pour croire qu'un système fondé sur l'immoralité puisse pervertir toutes les âmes et avoir une longue durée. Le sentiment de la liberté peut sommeiller dans les esprits, mais il n'est pas éteint; il se réveillera tôt ou tard, et revendiquera ses droits; car il n'est pas donné à une génération d'enchaîner la volonté de celle qui la suit, et de la priver de ses droits et de sa liberté, soit que l'abandon en ait été volontaire, ou que la servitude soit

le résultat de la déception, de la fraude ou de la violence. Un peuple a toujours le droit de récupérer ses
droits : tous les moyens autorisés par la morale et la
prudence sont licites, lorsque le despotisme est devenu intolérable.

La liberté de la presse peut être considérée sous un
rapport qui concerne plus spécialement les intérêts
des particuliers que ceux du peuple en général; ce
sont les attaques personnelles, livrées à tort ou à
raison, soit aux hommes publics soit aux hommes
privés. C'est ce qu'on comprend ordinairement sous
le nom de libelles, dénomination à laquelle on donne
généralement une acception odieuse; mais qui, cependant, ne devrait être telle que lorsque les inculpations
sont fausses, mensongères, et intentées dans un esprit de malveillance ou de haine. Ces écrits, lors même
qu'ils exposent fidèlement la vérité, sont prohibés par
les gouvernements despotiques et arisocratiques ou
théocratiques. Ceux qui dominent par le fait de la
force, par la puissance des richesses, des priviléges, ou
par la superstition, redoutant tout contrôle qui pourrait dévoiler leurs vices et leurs méfaits, et apporter
un obstacle au libre cours de leurs passions, ont établi
la criminalité contre tout écrit de ce genre. Les dé-
cemvirs prononcèrent contre les libellistes la peine de
mort, qui fut abolie un moment par Néron et remise
en vigueur par l'empereur Valentinien, qui, quoique
chrétien, méprisait le précepte de l'Évangile, qui dit
Beati estis cum maledicerent vobis. Les libelles furent
cependant tolérés chez différentes nations, selon le

14.

degré de liberté dont elles jouissaient , ainsi que cela
eut lieu dans les républiques de Grèce et de Rome,
ou sous des princes dont les actes, toujours diri-
gés dans l'intérêt public, n'avaient à craindre ni la
médisance ni la calomnie. Il existait une loi, sous la
république romaine, qui permettait d'accuser tout individu qui s'était rendu coupable envers le public ou
envers les particuliers. « Il n'est ni juste ni opportun ,
dit la loi, de condamner celui qui accuse un coupable,
car il est profitable et utile que les méfaits des coupables soient connus [1]. » Un orateur romain profita de
cette loi dans son plaidoyer pour Publius Sextius. On
voit dans son oraison *pro Milone* que la loi décernait
des récompenses aux citoyens qui avaient accusé un
magistrat prévaricateur. L'empereur Théodose, qui,
sans doute, n'avait pas les mêmes raisons de craindre
la calomnie ou la médisance que les rois de nos jours,
porta, en 393, une loi dans laquelle il dit : « Si quelqu'un se laisse aller jusqu'à diffamer notre nom, notre
gouvernement et notre conduite, nous ne voulons pas
qu'il soit sujet à la peine ordinaire portée par les lois,
ou que nos officiers lui fassent subir une peine rigoureuse ; car si c'est par légèreté qu'il ait mal parlé de
nous, il faut le mépriser ; si c'est par une aveugle folie,
il est digne de compassion ; si c'est par malice , il faut
lui pardonner [2]. » Cette noble manière de penser n'a
pas, que je sache, trouvé d'imitateur parmi les princes

[1] *Digeste*, l. XXIV.
[2] *Cod. justin.*, l. IX. tit. VII.

qui, depuis, ont eu l'honneur de porter une couronne
sur leur tête. On la retrouve cependant chez un roi
barbare et anti-chrétien. « En Perse, dit Chardin, on
peut, jusque dans les cafés, parler hautement et censurer le visir. Voulant être averti du mal que fait son
ministre, il sait que ce ne peut être que par le cri
public [1]. »

Un prince qui n'a dans son gouvernement d'autre
but que le bien et le bonheur de ses sujets, et dont les
actes prouvent la rectitude de ses intentions, ne redoute point les propos de gens méprisables dont l'opinion publique fait toujours justice, et il peut dire
avec Ovide : « Une conscience pure se rit des men
songes du vulgaire [2]. »

Jefferson est le seul chef de gouvernement, dans
ces temps modernes, qui, ayant le sentiment de la
pureté et de la droiture de ses intentions et de ses
actes, ait, pendant tout le temps qu'il a présidé les
États-Unis d'Amérique, supporté avec dignité les
attaques calomnieuses que la presse dirigeait chaque
jour contre lui; il a toujours dédaigné d'en tirer vengeance, en ayant recours aux tribunaux, ainsi qu'il
y était autorisé par les lois. Pourtant lui eût été facile
de faire condamner les journaux par la justice du
pays. Mais voici comment il s'exprime à ce sujet
dans une de ses lettres : « Le patriote, comme le chré-

[1] Chardin, *Voyage en Perse.*
[2] Conscia mens recti, famæ mendacia ridet. (Ovid.*Arsamand.*,
v. 307.)

tien, doit se dire qu'il est de son devoir de supporter les persécutions, les injures ; et plus l'épreuve sera sévère, plus il y aura de courage et de mérite à la supporter. » Il dit encore dans une autre lettre : « J'aurais pu remplir les cours de l'Union d'actions dirigées contre les auteurs de ces diffamations, et ruiner peut-être beaucoup d'hommes qui, certes, ne sont pas innocents ; mais ce n'est pas là un équivalent aux atteintes portées à la réputation. J'abandonne les calomniateurs aux reproches de leur conscience [1]. »

Nous terminerons ce chapitre par un passage qui appartient à un homme dont la littérature et la philosophie déplorent la perte, et qui laisse après lui un bien petit nombre d'hommes qui puissent lui être comparés.

« Qui suivra, dit Daunou, l'histoire des entraves données à la presse depuis 1501, reconnaîtra qu'elle n'ont été imaginées que pour soutenir le caduque empire du mensonge et pour enchaîner la raison humaine. C'est un but honteux ; mais un autre opprobre est de n'avoir pu l'atteindre en sacrifiant tant de victimes ; toutes les vérités, hormis celles qui seraient des injures personnelles, sont bonnes à dire. La maxime triviale qui dit le contraire est vide de sens, ou, ce qui revient au même, elle signifie qu'il y a des ténèbres lumineuses et des sottises raisonnables. N'est-ce point à la sagesse, au bien-être, au bon-

---

[1] Mélanges politiques et correspondance de Jefferson, t. II, p. 356.

heur, que nous devons tendre? **Et pourrons-nous y** être conduits autrement que par la vérité, éclairant, autant qu'il se peut, tous les pas de notre route, tous les détails de notre vie, les éléments de toutes nos connaissances, et surtout celles dont l'ordre social est l'objet? Hélas! il n'y a que trop de vérités qui échappent encore, et qui échapperont longtemps à nos regards : nous n'en sommes assurément pas assez riches pour renoncer de gaîté de cœur à aucune de celles que nous aurions découvertes ou que nous pourrions découvrir [1]. »

---

[1] Daunou, *Garanties individuelles*, ch. III.

CHAPITRE XIII.

DES DROITS DE L'HOMME PROCLAMÉS PAR L'ASSEMBLÉE CONSTITUANTE EN 1791.

Nous avons pensé que la déclaration des droits de l'homme, faite par l'assemblée d'une manière solennelle, ne devait pas être omise dans un écrit dont l'objet est de rappeler aux Français les droits que non-seulement ils ont conquis par suite de deux révolutions, mais qui leur appartiennent de droit naturel, ainsi qu'aux individus de toute nation, comme membres d'une société politique. Il en est des droits ainsi que des devoirs; les hommes dominés par l'ignorance et les passions oublient promptement les uns et les autres. Il devient donc nécessaire, tant sous les rapports politiques, que sous les rapports moraux, et même sous celui de leur vrai intérêt, de les leur rappeler souvent, afin qu'ils n'en perdent ni le souvenir ni la tradition.

DÉCLARATION
DES DROITS DE L'HOMME ET DU CITOYEN.

Les représentants du peuple français, constitués en Assemblée nationale, considérant que l'ignorance, l'oubli ou le mépris des droits de l'homme sont les seules causes des malheurs publics et de la corruption des gouvernements, ont résolu d'exposer, dans une déclaration solennelle, les droits naturels, inaliénables et sacrés de l'homme, afin que cette déclaration, constamment présente à tous les membres du corps social, leur rappelle sans cesse leurs droits et leurs devoirs ; afin que les actes du pouvoir législatif et ceux du pouvoir exécutif, pouvant être à chaque instant comparés avec le but de toute institution politique, en soient plus respectés ; afin que les réclamations des citoyens, fondées désormais sur des principes simples et incontestables, tournent toujours au maintien de la constitution et au bonheur de tous.

En conséquence, l'Assemblée nationale reconnaît et déclare, en présence et sous les auspices de l'Être suprême, les droits suivants de l'homme et du citoyen.

Art. Ier. Les hommes naissent et demeurent libres et égaux en droits. Les distinctions sociales ne peuvent être fondées que sur l'utilité commune.

Art. II. Le but de toute association politique est la conservation des droits naturels et imprescriptibles de l'homme. Ces droits sont : la liberté, la propriété, la sûreté, et la résistance à l'oppression.

Art. III. Le principe de toute souveraineté réside essentiellement dans la nation. Nul corps, nul individu ne peut exercer d'autorité qui n'en émane expressément.

Art. IV. La liberté consiste à pouvoir faire tout ce qui ne nuit pas à autrui : ainsi l'exercice des droits naturels de chaque homme n'a de bornes que celles qui assurent aux autres membres de la société la jouissance de ces mêmes droits. Ces bornes ne peuvent être déterminées que par la loi.

Art. V. La loi n'a le droit de défendre que les actions nuisibles à la société. Tout ce qui n'est pas défendu par la loi ne peut être empêché, et nul ne peut être contraint à faire ce qu'elle n'ordonne pas.

Art. VI. La loi est l'expression de la volonté général. Tous les citoyens ont droit de concourir personnellement, ou par leurs représentants, à sa formation. Elle doit être la même pour tous, soit qu'elle protége, soit qu'elle punisse. Tous les citoyens étant égaux à ses yeux, sont également admissibles à toutes dignités, places et emplois publics, selon leur capacité, et sans autres distinctions que celles de leurs vertus et de leurs talents.

Art. VII. Nul homme ne peut être accusé, arrêté, ni détenu que dans les cas déterminés par la loi, et selon les formes qu'elle a prescrites. Ceux qui sollicitent, exécutent ou font exécuter des ordres arbitraires, doivent être punis ; mais tout citoyen appelé ou saisi en vertu de la loi doit obéir à l'instant : il se rend coupable par la résistance.

Art. VIII. La loi ne doit établir que des peines strictement et évidemment nécessaires, et nul ne peut être puni, qu'en vertu d'une loi établie et promulguée antérieurement au délit, et légalement appliquée.

Art. IX. Tout homme étant présumé innocent jusqu'à ce qu'il ait été déclaré coupable, s'il est jugé indispensable de l'arrêter, toute rigueur qui ne serait pas nécessaire pour s'assurer de sa personne doit être sévèrement réprimée par la loi.

Art. X. Nul ne doit être inquiété pour ses opinions, même religieuses, pourvu que leur manifestation ne trouble pas l'ordre établi par la loi.

Art. XI. La libre communication des pensées et des opinions est un des droits les plus précieux de l'homme : tout citoyen peut donc parler, écrire, imprimer librement, sauf à répondre de l'abus de cette liberté, dans les cas déterminés par la loi.

Art. XII. La garantie des droits de l'homme et du citoyen nécessite une force publique : cette force est donc instituée pour l'avantage de tous, et non pour l'utilité particulière de ceux auxquels elle est confiée.

Art. XIII. Pour l'entretien de la force publique, et pour les dépenses d'administration, une contribution commune est in-

dispensable : elle doit être également répartie entre tous les citoyens , en raison de leurs facultés.

ART. XIV. Tous les citoyens ont le droit de constater par
eux-mêmes, ou par leurs représentants, la nécessité de la contribution publique, de la consentir librement, d'en suivre
l'emploi, et d'en déterminer la quotité , l'assiette, le recouvre-
ment et la durée.

ART. XV. La société a le droit de demander compte à tout
agent public de son administration.

ART. XVI. Toute société dans laquelle la garantie des droits
n'est pas assurée ni la séparation des pouvoirs déterminée n'a
point de constitution.

ART. XVII. La propriété étant inviolable et sacrée, nul ne
peut en être privé, si ce n'est lorsque la nécessité publique, légalement constatée , l'exige évidemment , et sous la condition
d'une juste et préalable indemnité.

L'assemblée constituante avait formulé la déclaration
des droits de l'homme pour qu'elle fût constamment
présente à tous les membres du corps social et leur
rappelât sans cesse leurs droits et leurs devoirs, afin
qu'ils pussent reconnaître, en comparant ceux-ci avec
les lois ainsi qu'avec les actes du pouvoir, s'ils étaient
respectés, et pour qu'on pût réclamer hautement lorsqu'ils seraient violés. Des vues aussi sages, des avis
aussi prudents , eussent dû servir de guide au peuple
français; mais malheureusement ils ont été promptement méconnus , et cet oubli a porté de graves atteintes à nos droits et à nos libertés. Combien en effet existe-t-il d'individus en France qui aient lu cette déclaration? Je doute qu'on puisse en trouver deux ou trois
mille sur une population de trente-trois millions. L'i-
gnorance des hommes, leur défaut de réflexion, d'é-
nergie et de caractère, un intérêt mal compris, sont
autant de causes qui ont permis aux gouvernements de

15

violer impunément les droits dont ils devaient être les conservateurs.

Il suffit de comparer les principes de cette déclaration avec la politique machiavélique qui a dominé en France, depuis plus de quarante années, pour reconnaître les atteintes nombreuses portées à nos droits et à nos libertés. Passons à cet effet en revue les articles de cette déclaration.

ART. 1er. Il déclare l'*égalité parmi les hommes*. Mais on a ressuscité une noblesse héréditaire, une chambre des pairs aristocratique, faisant des lois qui lui accordent des priviléges. On a créé des distinctions arbitraires, des ordres de chevalerie, des monopoles et autres institutions du moyen âge, qui portent de graves atteintes à l'égalité.

ART. 2. Il prescrit *la conservation des droits naturels*. Nous avons prouvé, dans le cours de cet ouvrage, qu'il n'est aucun de ces droits qui n'ait été violé.

ART. 3. Il établit le principe que *toute autorité doit émaner de la nation* ? Mais qu'est-il arrivé. Des factieux se sont emparés du pouvoir sous le nom de république, un soldat, habile à profiter des circonstances, d'abord républicain, s'est élevé ensuite sur un trône despotique ; enfin une famille justement et légalement proscrite, et hostile à tout genre de liberté, a été imposée à la France par ses ennemis. Ajoutez à toutes ces violations de nos droits une représentation incomplète, nommée par l'aristocratie des richesses, soumise à l'influence du gouvernement, et corrompue par l'appât des emplois et des faveurs, ou à denier comptant, ainsi que l'a déclaré si naïvement Charles X ; une chambre des pairs nommée par le pouvoir exécutif ; enfin, un conseil d'État illégalement établi, jugeant et prononçant sans appel sur les droits et sur les intérêts privés et publics, sous l'influence impérative des ministres.

Art. 4. Cet article porte que *chacun est libre de faire ce qui ne nuit pas aux autres*, en se conformant à la loi. Nous trouvons que ce principe a été violé, soit dans la confection des lois, soit dans l'exercice du pouvoir, de la manière la plus formelle et dans une foule de circonstances; il suffit de citer la loi sur les réunions de plus de vingt personnes et les mesures arbitraires contre les réunions du culte.

Art. 5. D'après cet article, *la loi ne doit défendre que ce qui est nuisible, et ce qu'elle ne défend pas ne peut être empêché*. Il ne s'agit que de compulser cette foule de lois discordantes émises depuis quarante ans, pour reconnaître combien le principe a été souvent violé, et non moins fréquemment par des actes arbitraires.

Art. 6. *La loi est l'expression de la volonté générale.* Comment peut-elle l'être, lorsque sur une population de trente-trois millions d'individus, deux cent mille seulement sont admis à prendre part aux élections?

Art. 7. *Nul homme ne peut être accusé, arrêté, détenu que dans le cas déterminée par la loi et selon les formes prescrites.* Ce droit individuel a souffert, sous tous les régimes par lesquels nous sommes passés, des atteintes plus ou moins graves selon les intérêts du pouvoir.

Art. 8. Cet article porte que *la loi ne doit établir que des peines strictement nécessaires.* Il suffit de citer les lois relatives aux délits politiques, et principalement celles qui concernent la presse. On concevra à quel excès de despotisme le pouvoir est parvenu, en établissant des incarcérations prolongées à l'excès, des amendes excessives et ruineuses, dans le dessein d'anéantir la plus précieuse de nos libertés fondamentales.

Art. 9. D'après cet article qui concerne les arrestations, *toute rigueur qui ne serait pas nécessaire pour s'assurer de la personne* d'un individu, *doit être sévèrement réprimée par la loi.* L'histoire des quarante dernières années prouve de quelle manière a été observé ce principe d'humanité.

Art. 10. *Nul ne doit être inquiété pour ses opinions même religieuses.* A-t-on reconnu ce droit lorsque, sous la terreur, les opinions monarchiques conduisaient à l'échafaud ; sous l'empire, lorsqu'il n'était permis d'avoir d'autre opinion que celle d'un maître absolu ; sous la restauration et depuis, lorsque les opinions républicaines sont devenues un crime et les religions dissidentes l'objet d'une réprobation tacite ; enfin lorsque sous le régime de la souveraineté du peuple, la force armée a dissipé des réunions d'individus voulant rendre à Dieu le culte qu'ils croyaient lui être le plus agréable?

Art. 11. *La libre communication des pensées et des opinions est l'un des droits les plus précieux de l'homme.* Ce que nous avons dit à ce sujet, dans plusieurs chapitres de cet ouvrage, prouve évidemment que le droit proclamé par cet article n'a cessé d'être violé depuis quarante ans.

Art. 12. Cet article, qui concerne la force armée, pourrait donner lieu à plusieurs observations relatives au sujet que nous traitons, et portant sur l'état numérique de l'armée, sa destination en temps de paix, son organisation, son entretien, la conscription, la garde nationale, etc. Mais il nous suffit d'avoir donné ces indications.

Art. 13. Cet article dit que *les contributions doivent*

être réparties entre les citoyens à raison de leurs facultés.
Interrogez la majorité des contribuables, et ils vous
diront ce qui en est.

Art. 14. Il s'agit dans cet article de *la nécessité, de
l'emploi et de la perception de l'impôt.* Ici le principe et
le fait sont contradictoires. Il suffit, pour s'en convaincre, d'examiner l'énormité du budget, la somme des em-
prunts, l'emploi des fonds mis à la disposition de ministres trop souvent corrompus et corrupteurs, enfin
l'accroissement prodigieux de la dette publique et le
délabrement des finances pendant une longue paix.

Art. 15. *La société à le droit de demander compte à
tout agent public de son administration.* Quelle responsabilité a jamais existé dans nos systèmes politiques. Demandez aux ministres compte de leurs actes?
Ils vous répondent au nom d'une responsabilité qui
n'existe pas même sur le papier. Plaignez-vous d'un
fonctionnaire public quelconque, le conseil d'État
est là pour le soutenir et le justifier? Pétitionnez les
chambres? Ordre du jour, ou renvoi aux ministres;
ceux-ci à leurs chefs de bureau, qui ensevelissent dans
leurs cartons votre pétition dont la chambre ni personne n'entend plus parler.

Art. 16. Cet article porte que *toute société dans laquelle la garantie des droits n'est pas assurée n'a point
de constitution.* Les personnes qui se seront donné la
peine de lire les chapitres précédents de cet ouvrage,
et ceux qui suivent, pourront se convaincre que,
dans notre organisation politique actuelle, il n'est
peut-être pas un seul droit qui soit positivement et in-
tégralement assuré. Le peuple français croit cependant
avoir une constitution; mais, s'il réfléchissait, il reconnaîtrait qu'il n'en possède que le nom sans la réalité.

Art. 17. Le *droit de propriété* est établi dans cet article, et l'on peut avancer que c'est le seul dont nous jouissons, cependant à quelques exceptions près, qui sont une conséquence du vice fondamental de notre prétendue constitution.

Voilà ce qu'est devenue la déclaration des droits, que des hommes inspirés par l'amour de la liberté laissèrent en héritage à leur patrie, et l'on peut même dire à l'Europe. Ceux qui vivaient à l'époque où elle fut proclamée ne s'imaginaient pas sans doute que tous ces droits seraient constamment violés par tous les pouvoirs qui se sont sucédé, de révolutions en révolutions, depuis plus de quarante années. Ce fait serait une grande leçon pour les peuples, s'ils voulaient et savaient en profiter.

SECONDE PARTIE.

DES DROITS DE LA PATERNITÉ RELATIVEMENT
A L'ÉDUCATION DES ENFANTS.

CHAPITRE I.

VIOLATION DE CES DROITS DANS L'ORGANISATION
DE L'UNIVERSITÉ.

Nous ne devons pas omettre, parmi les droits qui appartiennent à chaque individu faisant partie d'une association politique fondée sur les principes de justice, d'égalité et de liberté, un des plus sacrés, des plus imprescriptibles le droit inhérent à la paternité ; d'élever ou de faire élever ses enfants conformément à ses opinions religieuses, philosophiques et politiques. Devenu père, on est tenu, d'après la loi naturelle, de pourvoir à l'existence physique de celui à qui on a donné le jour ; mais c'est un devoir non moins obligatoire que celui de former son esprit, son cœur, de lui inspirer les sentiments, les opinions qui doivent lui servir de règle de conduite durant le cours de sa vie. Un père doit aussi, autant qu'il dépend de lui, procurer à son fils l'instruction qui le met à même de pourvoir à son existence, et de devenir un membre utile du corps social. Mais ces devoirs lui donnent des droits auxquels on ne peut attenter sans l'injustice la plus criante et sans la plus révoltante des tyrannies ; et quoique ces droits aient été constamment violés par la force brutale ou par l'effet des préjugés, ils n'en sont pas moins réels et moins sacrés.

Mais, dira-t-on, il existe un bien petit nombre d'hommes en état d'élever leurs enfants, et de leur imprimer les sentiments moraux et religieux qu'ils doivent avoir. On peut répondre qu'aucune raison, aucun prétexte, n'autorisent les gouvernements à ravir à qui que ce soit les droits que la nature lui a donnés, avant comme après l'existence de ce gouvernement. D'ailleurs, les inconvénients qu'on prétexte n'existeraient pas, si l'on eût mis le peuple à même de recevoir une éducation qu'il eût pu transmettre à ses enfants ; si on lui eût ouvert des écoles où il eût trouvé un enseignement proportionné à ses besoins et à ses facultés. Mais, en outre, combien n'existe-t-il pas de pères de famille en France qui savent, aussi bien et mieux que le gouvernement et que son Université, donner à leurs enfants l'éducation qui peut en faire des hommes vertueux et utiles à leur patrie.

Il est à remarquer que l'Angleterre est le seul pays en Europe où les droits paternels soient respectés. Aussi il n'est pas un Anglais qui ne regarde comme une tyrannie inouïe celle qui interdit aux parents de faire élever sans autorisation leurs enfants par un individu d'une moralité, d'une capacité reconnue. Il s'élèverait un cri d'indignation et un soulèvement général dans toute la Grande-Bretagne, si un ministre osait se permettre de présenter au parlement un projet de loi si audacieux.

Mais le sabre impérial, qui voulait façonner les hommes à ses vues de despotisme, nous a fait courber la tête, en substituant, au beau système d'enseignement projeté par l'assemblée constituante et aux écoles centrales, une vieille Univeristé renforcée par un monopole plus étendu et plus odieux que celui qui existait avant 1789; système qui a été soigneusement conservé par la restauration et par un gouvernement qui a su faire disparaître dans la pratique des principes et des droits qu'il avait formellement reconnus.

La Charte dit : « Chacun professe sa religion avec une égale liberté, et obtient pour son culte une égale protection. » Mais n'avez-vous pas employé la force pour empêcher les citoyens de pratiquer le culte qu'ils croyaient être le plus agréable à Dieu? N'avez-vous pas forcé leurs enfants, qu'ils envoyaient par nécessité dans vos colléges, à se soumettre à une instruction dogmatique, à des pratiques sacramentelles qu'eux et leurs parents considéraient comme fausses et superstitieuses? Ainsi, d'une part, vous êtes les auteurs d'un acte par lequel les choses saintes sont profanées, et, de l'autre, au lieu d'inspirer aux jeunes gens, par une prudente liberté, des sentiments de religion et de vertu, vous formez des fourbes et des hypocrites, en violant les droits de la concience qu'on ne peut attaquer sans se rendre coupable?

Voulez-vous éviter de si funestes désordres, ne faites pas entrer dans vos lois des choses divines, car, ainsi que l'a dit sensément un de vos oracles, M. Royer-Colard : « Reléguée à jamais aux choses de la terre, la loi humaine ne participe point aux croyances religieuses. Dans sa capacité temporelle elle ne les connaît ni ne les comprend [1]. » C'est cependant la confusion que vous avez faite pour ménager le

---

[1] Discours contre la loi du sacrilège.

clergé, instrument que vous redoutez, mais dont votre politique jésuitique ne saurait se passer.

Il eût été facile, par une sage combinaison législative, de ne point confondre les attributions, et de respecter les droits que la nature et la raison ont assignés à chacun. Au père de famille appartient le droit d'élever ses enfants, ou de choisir des instituteurs et des maîtres dont la moralité, la religion et la science soient en harmonie avec ses principes et ses opinions. Le but d'une institution universitaire doit être d'offrir à la jeunesse une série de connaissances scientifiques propres à remplir les besoins de l'époque, et non pas un enseignement purement littéraire, long et fastidieux, qui absorbe presque inutilement les années les plus précieuses de la jeunesse; enfin, appartient au prêtre de catéchiser, de prêcher et d'offrir dans les temples l'instruction que demande la croyance de chaque secte. Ce n'est qu'en fondant la loi sur ces principes qu'on sortira du labyrinthe inextricable dans lequel on s'est engagé, qu'on apaisera les justes réclamations qui se sont élevées de toutes parts, et qu'on remplira les prescriptions de la Charte.

En comparant les principes de cette Charte avec le système suivi pendant treize à quatorze années consécutives, on trouve que ce système en a violé les textes les plus formels, y a substitué des ordonnances réprouvées, et enfin qu'il a maintenu et renforcé le monopole universitaire, sans même y être autorisé par aucune loi précédente. Il serait difficile de citer une violation plus formelle de l'acte constitutionnel, et, ce qui n'est pas moins odieux, des droits sacrés de la paternité.

On a lieu de s'étonner qu'après les révolutions de

1789 et de 1830, l'éducation soit moins libre qu'elle n'était avant la première de ces époques. On a même fait disparaître une concurrence qui existait sous le despotisme monarchique. C'est un fait dont conviennent les membres du conseil de l'instruction publique. Ainsi, M. Saint-Marc Girardin, dans un rapport fait à la chambre des députés sur le projet de loi de 1836, relatif à l'instruction secondaire, s'exprime ainsi : « Nous osons dire qu'avant la Charte elle-même, l'éxpérience et l'intérêt même des études avaient réclamé la liberté de l'enseignement; il y a plus, ils l'avaient obtenue, et là comme ailleurs il est vrai de dire que c'est la liberté qui est ancienne et l'arbitraire qui est nouveau.

« Nous ne voulons point prouver le principe de la liberté de l'enseignement, puisqu'il est reconnu par la Charte; nous voulons seulement montrer que cette liberté, nécessaire aux progrès des études, a toujours existé sous une forme ou sous une autre. Les études ont besoin d'émulation; cela est vrai pour les élèves entre eux, cela est vrai aussi pour les écoles entre elles. Il faut toujours une concurrence, une rivalité qui réveille le zèle et qui fasse faire effort. Autrefois la concurrence était entre l'Université de Paris et les divers congrégations qui s'étaient consacrées à l'étude de la jeunesse. Émanées de principes différents, émanées d'un esprit différent, l'Université de Paris et les congrégations luttaient l'une contre les autres, et cette lutte tournait au profit des études. Aussi, quand, en 1763, les jésuites furent dispersés, un homme qu'on n'accusera pas de préjugés de dévotion, Voltaire, avec son bon sens et sa sagacité ordinaires, regrettait l'utile concurrence qu'ils faisaient à l'Université : « Ils élevaient, dit-il, la jeunesse en concurrence avec les Universités, et l'émulation est une belle chose. » Pour entretenir cette émulation salutaire, nous n'avons pas besoin, grâce à Dieu, de ressusciter les congrégations. Ce n'est pas à des établissements opposés aux principes de notre siècle que nous irons demander le bienfait de la concurrence ; c'est le principe même de notre gouvernement, c'est la liberté de l'enseignement et de l'industrie qui se chargera aujourd'hui d'entretenir l'émulation. Ce n'est plus entre corps privilégiés que s'établira l'émulation, c'est entre les écoles publiques et les écoles privées, entre les efforts de l'administration et les efforts des particuliers...

« Qu'on ne s'effraie donc pas de la liberté de l'enseignement ; elle est utile aux progrès des études. Si nous regardons dans les temps anciens, nous voyons qu'il y a toujours eu des écoles émanées de principes divers, toujours concurrence, toujours émulation. »

Avant 1789, plusieurs universités, des établissements sous la direction des corporations religieuses et quelques institutions particulières indépendantes les unes des autres, produisaient un concours aussi favorable à la liberté qu'aux progrès de l'enseignement. Cet ordre de choses, il est vrai, maintenait la liberté dans des limites très étroites, puisque tout était subordonné au caprice et à la volonté d'un gouvernement despotique. Ce ne fut qu'à la révolution de 1789 que l'on proclama solennellement les vrais principes de la liberté d'enseignement, dans l'assemblée constituante, et plus spécialement par un décret du 29 frimaire an II, qui porte :

« L'enseignement est libre, et sera fait publiquement, sous la condition de déclarer à la municipalité ou section de la commune l'intention d'avoir une école, en désignant l'espèce de science ou d'art qu'on se propose d'enseigner, et en produisant un certificat de civisme et de bonnes mœurs signé par la moitié des membres du conseil-général de la commune ou de la section du lieu de sa résidence, et par deux membres au moins du comité de surveillance. »

Un autre décret du 27 brumaire an III fait aussi mention du droit qu'ont les citoyens d'ouvrir des écoles particulières et libres sous la surveillance des autorités constituées ; ce même droit est encore reconnu par la constitution de l'an III dans l'art. 299, qui est ainsi conçu : « Les citoyens ont le droit de former des établissements particuliers d'éducation et d'instruction, ainsi que des société libres, pour concourir aux progrès des sciences, des lettres et des arts. » Enfin, le décret du 3 brumaire an IV organisa définitivement l'instruction publique sous la dénomination d'écoles centrales.

Jusqu'à ce moment, les droits de la paternité avaient été respectés et proclamés par tous les actes de l'autorité législative. Mais cette liberté, en désaccord avec le génie despotique d'un soldat parvenu au suprème pouvoir, fut promptement remplacée par le monopole universitaire, en vertu d'un décret illégal qui fit disparaître de nos codes une des conquêtes les plus précieuses de la révolution de 89.

Quant aux écoles centrales, elles furent représentées et le sont encore dans le rapport fait au roi en 1844, sur l'instruction secondaire, comme une institution incapable de relever les études ; « Elle n'offrait, est-il dit dans ce rapport, que la partie supérieure de l'enseignement de langues anciennes et des mathémati-

ques, sans cours préparatoires pour y conduire; elle
n'avait ni pension, ni discipline intérieure..... cette
organisation laissait beaucoup à désirer pour le réta-
blissement effectif de l'instruction publique : ce fut le
génie civil de Napoléon qui pourvut à ce besoin. »
On critique ces écoles, par la raison qu'enseignant
les langues mortes dans l'espace de deux années,
elles accusent l'Université, qui en emploie sept à huit,
et fait perdre aux jeunes gens un temps précieux que
les écoles centrales employaient à donner des connaissances utiles dans les diverses professions de la vie;
on les blâme parce qu'elles se bornaient à l'instruction, laissant aux pères de famille et aux institutions privées le soin de diriger l'éducation que l'Université n'a jamais donnée, et qu'elle est dans l'impossibilité de donner. Enfin, le ministre attribue la con-
ception qui a donné naissance à l'Université au *génie
civil de Napoléon*, et regarde, ainsi qu'il est dit dans
un autre passage du rapport, sa création comme une
des *plus belles organisations de l'empire*.

Il ne sagit pas, d'après les projets ministériels, de
nous donner une loi qui nous garantisse les droits de
la paternité, conformément aux prescriptions de la
Charte : il suffit d'apporter de légères modifications à
ce que nous a légué le despotisme impérial, ce qui
explique le retard qu'a éprouvé le présentation de la
loi sur l'instrution secondaire. « La sagesse de la chambre, a dit M. le ministre de l'instruction publique, se
pressera toujours peu, quand il n'y aura pas un grand
besoin social à satisfaire, quand il s'agit seulement de
modifier, dans uu système nouveau, une création
existante, affermie par le temps et par la grandeur des
services qu'elle a rendus et qu'elle ne cesse de rendre. »

On a lieu de s'étonner lorsqu'on entend dire à un ministre de l'instruction publique que la loi promise *dans le plus court délai*, et qui intéresse plus de cent mille pères de famille, n'est pas un *besoin social fort important*, et lorsqu'au lieu de proposer une loi conçue dans l'esprit de la Charte, on s'obstine à conserver l'œuvre de Napoléon, sous le prétexte décevant qu'elle est affermie par le temps et par la grandeur des services qu'elle a rendus et qu'elle ne cesse de rendre. Ces paroles démontrent évidemment la volonté de conserver ce que le système universitaire renferme de plus odieux et de plus contraire à la liberté de l'enseignement. C'est ce que M de Lamartine a parfaitement compris lorsqu'il s'exprime ainsi : « Napoléon, ce grand destructeur de toutes les œuvres de la philosophie, s'est hâté de renverser cette liberté, fondement et âme de toutes les autres. Il a fondu de nouveau l'Église dans l'État, l'État dans l'Église; il a fait subir un sacre au pouvoir civil; il a fait un concordat; il a déclaré une religion nationale, et par la même un enseignement aussi *instrumentum regni?* Il a vendu à faux poids son peuple à l'Église, et l'Église ensuite à son peuple. Cette simonie a édifié les simples et scandalisé les vrais fidèles. Toute la contre-révolution de l'esprit humain était dans cet acte. La vraie philosophie et la vraie religion ne doivent jamais le lui pardonner : cet acte a reculé d'un siècle peut-être le règne de la liberté des âmes, qui approchait [1]. »

Il convient d'exposer ici la politique astucieuse et décevante de Napoléon. Le 11 prairial an X, Fourcroy est envoyé au tribunat, où il dit, en présentant le

---

[1] De Lamartine, *État de l'Église*, p. 9.

nouveau projet de loi : « C'est un règlement de famille, où il (Napoléon) les appelle toutes pour pourvoir à leurs besoins et à leurs intérêts ; il ne se réserve que la surveillance et les encouragements. » Ainsi, on soumet d'abord ce projet comme une amélioration dans l'intérêt de la paternité, ne se réservant modestement d'autre prérogative que celle de surveiller et d'encourager. C'est de la sorte que fut joué le premier acte de cette comédie. Mais le moment était venu où l'on était assez puissant pour n'avoir pas besoin de recourir à la dissimulation ; le même orateur parut de nouveau au corps législatif, et s'exprima en ces termes dans un nouveau rapport : « Il est de la plus grande importance qu'il y ait des maisons publiques (c'est-à-dire des casernes scolastiques) où l'on s'attache scrupuleusement à la méthode consacrée par l'expérience, et qui serve de modèle et de type aux établissements particuliers. Le projet présent (ajoutait Fourcroy) n'est que le prélude d'une loi plus complète qui vous sera ultérieurement soumise dans la session de 1810. » Mais la promesse de cette loi, qui n'était qu'une déception, ne reçut jamais d'effet ; l'organisation de l'université fut élaborée de pièces et de morceaux, d'abord par un décret du 17 mars 1808, en 144 articles, et successivement par d'autres décrets, ou ordonnances jusqu'à nos jours ; ce qui a produit ce chef-d'œuvre de tous les gouvernements qui se sont succédé depuis notre première révolution.

Les héritiers de Napoléon, aussi habiles que lui dans l'art de faire rétrograder la liberté civile, marchèrent sur ses traces. La restauration organisa l'absolutisme en parlant de liberté. Louis XVIII, l'homme le plus faux de son royaume, publia, le 17 janvier 1815, une ordonnance dans laquelle il reconnaît que l'instruction publique de l'empire « repose sur des institutions destinées à favoriser les vues politiques du gouvernement dont elles furent l'ouvrage, plutôt qu'à répandre sur ses sujets les bienfaits d'une éducation morale et conforme aux besoins du siècle. » L'ordonnance ajoute : « Il nous a paru que le régime d'une autorité unique et absolue était incompatible avec nos institutions paternelles et avec l'esprit libéral de notre gouvernement. » Toutes ses belles promesses, dictées par l'astuce, se sont évanouies, et l'Université a conservé son monopole dictatorial.

Ainsi, nous trouvons, sous la restauration, le même but et les mêmes vues que sous l'empire; enfin, après la révolution de 1830, le même système et la même politique ont été maintenus jusqu'à ce jour.

Nous ne devons pas oublier, afin de prouver que ce système avait été préconçu depuis longtemps, le projet de loi en date du 1er février 1836, présenté par M. Guizot, ministre de l'instruction publique. On voit dans l'exposé des motifs, sous l'apparence d'une certaine liberté, le but de conserver intact le monopole universitaire. Plus tard, dans les paroles de M. Villemain, on retrouve le même but, la même intention et le même sens. « Messieurs, dit le ministre, nul motif à nos yeux, nulle possibilité raisonnable de proposer sur l'instruction secondaire une loi générale complète : d'abord parce que nous avons un système d'instruction secondaire organisé par la loi, éprouvé par le fait, approprié au temps, et qu'il ne faut pas détruire pour faire place à un système tout nouveau; ensuite parce qu'il serait inutile, dangereux même de décréter une fois de plus ce qui existe légalement, et ce qui ne doit pas être changé. »

N'a-t-on pas lieu de s'étonner de voir un ministre venir, en présence des chambres et de la France, avancer des faits et des propositions si évidemment contraires à la vérité, à la logique et au bon sens? Comment, en effet, est-il impossible de faire une loi lorsqu'on a eu un grand nombre d'années pour la méditer, et qu'on en trouve tous les éléments dans les travaux de nos premières assemblées et dans une foule d'excellents écrits? Comment ose-t-on dire qu'un système constamment réprouvé pendant quarante années a reçu l'assentiment général; qu'il est inutile et dangereux de remplacer une loi qui n'a jamais été faite, mais bien remplacée par des ordonnances oppressives; qu'il est nécessaire de conserver un système éprouvé par le fait, et qu'il serait dangereux de changer ce qui est établi légalement? En effet, à quoi bon abroger les lois absurdes, gothiques et tyranniques, lorsqu'on est entré dans un système opposé à toute liberté, et qu'on a des intérêts plus importants à maintenir que ceux de la paternité.

Ainsi, ce serait se livrer à une étrange illusion de croire qu'il sortira du travail du gouvernement, ou de celui des chambres, nous ne dirons pas une bonne loi, mais même une loi médiocre, car on n'a ni la volonté, ni le courage, ni l'intérêt d'en faire une bonne. Les vices radicaux qui caractérisent la loi de l'enseignement primaire seront encore plus nombreux et plus funestes dans celle qu'on médite depuis quatorze ans. Il arrivera pour l'enseignement secondaire ce qui a eu lieu pour l'enseignement primaire, qui se trouve aujourd'hui directement ou indirectement entre les mains des congrégations religieuses, ou sous l'influence dominatrice d'un clergé ultramontain [1].

Il est important de démontrer qu'en dehors même de son monopole, l'université, qui trouve tant de prôneurs, excepté parmi ceux qui veulent prendre sa place, est une déplorable et funeste institution. Peu de personnes, même les pères de famille, pour qui un bon système d'instruction devrait être d'un si haut intérêt, portent leur attention sur le genre de connaissances qui seraient les plus utiles et les plus importantes pour leurs enfants ; ils se laissent entraîner au torrent de

[1] Il n'existait, dans le principe, qu'une seule école des frères de la doctrine chrétienne, dans la ville de Paris, et à peine cinq à six dans toute la France. Le nombre s'est accru progressivement sous la restauration, et surtout sous le gouvernement de la présente dynastie. Ainsi, ce nombre, d'après les comptes rendus par ces mêmes frères, s'élevait dans le mois de février à 2,209 écoles, qui donnaient l'instruction à 183,800 élèves, soit enfants, soit adultes ; et ce qui indique l'envahissement toujours croissant de ces écoles, c'est que, suivant ces mêmes frères, 148 villes leur ont fait des demandes auxquelles il leur est impossible de satisfaire pour le moment ; car ils auraient besoin, à cet effet, d'un accroissement de 850 frères. C'est pour se procurer ce nombre qu'ils ont formé un *conseil de l'œuvre pour le soutien du noviciat des écoles chrétiennes*, qui agit sur tous les points de la France, de concert avec les évêques, les jésuites, le parti religieux, et les adversaires, quels qu'ils soient, de nos institutions.

On dit des messes, on expose le Saint-Sacrement, les évêques officient avec pompe, les prédicateurs à la mode font du philanthropisme religieux, la fine aristocratie nobiliaire ou financière ouvre ses bourses, les duchesses, comtesses et marquises, tiennent à honneur de quêter pour l'œuvre ; l'argent, qui abonde de toutes parts, est employé à faire disparaître les écoles particulières, surtout celles d'enseignement mutuel, au point que les écoles primaires, fondées par la *société élémentaire* en nombre très considérable, se trouvent, dans ce moment, réduites à 300, ayant été supplantées, même contre la teneur des lois, par les frères ignorantins ou les sœurs de toute catégorie.

l'habitude, d'autant plus facilement qu'ils s'imaginent qu'un mode d'instruction adopté depuis tant de siècles, et maintenu à si grands frais par le gouvernement, au centre même des lumières, doit avoir toute la perfection possible, sans laisser rien à désirer. On ne voit pas que rien n'est si contraire aux besoins et aux intérêts de l'époque, aux progrès de la civilisation et à la splendeur nationale qu'une instruction qui fait perdre fastidieusment à la jeunesse un temps qui devrait être employé à acquérir soigneusement une masse de connaissances très utiles, au lieu de la connaissance très bornée, et presque habituellement sans aucun usage, des langues grecque et latine.

L'opinion que nous nous sommes formée à ce sujet, après avoir porté notre examen et nos recherches sur un objet d'une si haute importance, nous paraît devoir être d'une évidence irrécusable pour toute personne qui, dénuée de préjugés et d'intérêts, se sera livrée à la même investigation. Cependant, comme nous n'avons occupé ni professorat, ni direction dans les écoles universitaires, nous appuierons notre opinion de celle d'un écrivain qui, après avoir professé pendant seize années dans des colléges de Paris, et avoir étudié d'une manière spéciale le système universitaire, en fait ressortir dans son ouvrage, avec autant d'habileté que d'impartialité, la fausseté et les nombreux inconvénients. Cet écrit est d'autant plus remarquable que les faits et les assertions produits sont fondés, non-seulement sur des recherches et des observations spéciales, mais aussi sur des documents puisés dans les actes et les archives de l'université. Nous allons donner un extrait de ce petit écrit [1] devenu très rare. Les notions pré-

---

[1] Observations sur les inconvénients du système actuel d'in-

cieuses qu'il renferme ne sauraient se rencontrer
ailleurs, si ce n'est dans l'ouvrage de M. Gasc, intitulé :
Le livre des pères de famille et des instituteurs, ou de l'É-
ducation publique au XIXe siècle, 1843. Non-seulement
cet habile instituteur a démontré quel pourrait être le
système d'enseignement qui, dans l'intérêt public, devrait être substitué à celui de l'université, mais il en a
aussi prouvé les avantages éminents, par l'application
qu'il en a faite, avec un grand succès, dans l'établissement qu'il dirige depuis longtemps.

Voici les renseignements dignes de remarque que
nous donne M. Pottier, sur le système d'enseignement
universitaire.

« Peut-être seize ans d'expérience dans l'enseignement, dit-il, dix ans d'une étude approfondie dans
la langue latine, de longues méditations sur divers
modes d'instruction, me donnent-ils quelques droits à
remplir cet honorable et important ministère. Puisse
la vérité me prêter un langage digne d'elle, un langage
capable de la montrer dans tout son jour ! La vérité, chère
à toutes les âmes nobles, n'a besoin que de se faire connaître pour trouver des défenseurs et des appuis.

« Le système actuel d'instruction publique , considéré uniquement sous le rapport des lettres, s'empare
assez généralement des enfants dès l'âge de huit ans
et les conduit jusqu'à celui de dix-huit. Jetons un
coup d'œil rapide sur la marche que suit l'enseignement pendant ce long espace de temps.... A peine l'enfant sait-il lire , qu'on arme ses mains encore novices
d'un rudiment. Lorsqu'on l'a tenu pendant cinq ou

struction publique en Europe, et surtout en France, et sur les
moyens d'y remédier, par F.-G. Pottier. Paris, 1821.

six mois dans cette espèce de vestibule de la grammaire, on l'introduit dans le sanctuaire de la syntaxe, on lui en fait faire une application journalière à des thèmes latins et français. Ces exercices préalables se prolongent quelquefois pendant trois ou quatre ans, et ne se continuent jamais moins de deux ans. L'élève d'abord en dix-huitième, franchit tout à coup un intervalle considérable, et arrive du premier saut en neuvième, d'où il passe succesivement en huitième et en septième. Au bout de trois ou quatre ans, l'enfant paraît assez ferme sur ses principes, il est admis au collége et entre dans une nouvelle classe préparatoire appelée la sixième, qui n'est qu'une répétition des exercices dont on l'a occupé jusque-là.

« Après avoir erré ainsi cinq ou six ans dans les déserts de la grammaire, sans autre nourriture que la manne du rudiment, où le conduit-on ? Sur le territoire des humanités, territoire aussi ingrat, aussi aride que celui qu'il vient de quitter ; il parcourt la troisième et la seconde ; les mêmes occupations recommencent pour lui leur cours accoutumé. Les thèmes et les versions se partagent tout son temps ; seulement, pour faire une légère diversion, on cherche à le former à la poésie latine.

« Les humanités emploient communément deux ans. Les thèmes sont remplacés par des amplifications latines et françaises. La science appelée *grammaticale* présente une multitude de problèmes très subtils et très compliqués, qui ont occupé la sagacité des esprits les plus lumineux, et cependant n'ont point encore été résolus. Est-il bien conforme aux principes de la raison de faire, d'une matière aussi abstraite et aussi abstruse, les premiers éléments des connaissances à donner aux enfants...... Le système d'instruction actuel force les enfants à ramper péniblement sur les bras de la mémoire. Pour les instruire à comprendre, il commence par présenter uniquement à leur esprit des objets incompréhensibles.

« Les enfants consacrent quatre ou cinq ans à l'étude des règles de la grammaire. Combien en existe-t-il à Paris, combien en existe-t-il en France, combien en existe-t-il en Europe, et même dans le monde civilisé qui, à la fin de leurs cours de grammaire, soient en état de traduire en latin sans pécher contre les règles de la grammaire? Pas un seul; je dis pas un seul, sans aucune espèce de restriction. Dans toute l'université, il n'est pas un jeune homme qui, à l'âge de quatorze ans, après cinq ou six ans d'exercice, à une époque où son intelligence doit être développée, puisse exprimer et rendre correctement les idées que l'homme veut lui communiquer. Ce fait seul ne prouve-t-il pas d'une manière incontestable le vice radical du système actuel?

« Aussi qu'arrive-t-il? L'élève sort de ses humanités : qu'a-t-il appris? que sait-il? Un jeune homme a-t-il étudié la géométrie, l'arithmétique, les mathématiques, l'algèbre, il peut rendre compte des différents problèmes qu'il est en état de résoudre. A-t-il suivi un cours de physique, de chimie, de botanique, il sait donner le détail des faits que ses études lui auront appris. Enfin, un artisan lui-même a-t-il fait son apprentissage chez un maître, il vous indique les différentes parties de son art qu'il connaît, les pièces qu'il peut exécuter. Interrogez un humaniste sur l'état de ses connaissances acquises, il sera fort embarrassé de vous répondre. Au défaut de l'élève, dont nous ne pouvons obtenir aucune satisfaction, interrogeons les faits eux-mêmes.

« La fin de chaque année scolaire amène un concours général des colléges de Paris, auquel le collége de Versailles est également admis. Le concours de la classe d'humanités se compose d'environ soixante élèves les plus forts. Combien croit-on que ce nombre d'élèves fournisse à l'examen de bons thèmes, ou du moins que l'on juge tels ? J'en atteste les archives de l'université, j'invoque le carton dépositaire des compositions depuis seize ans. L'ensemble de ces concours présenterait tout au plus un, rarement deux bons thèmes par an. Tous le reste est ordinairement d'une médiocrité désespérante, et telle que le choix des dernières nominations donne quelquefois lieu à des embarras extrêmes, à des discussions interminables.

« Les études en province sont infiniment plus faibles qu'à Paris : c'est un fait constant et reconnu [1].

« Ainsi, même en réunissant à ce concours annuel les plus forts élèves de tous les colléges de provinces, tout ce qu'on pourrait espérer de plus favorable, ce serait tout au plus de doubler le nombre des bons thèmes. Mais pour que l'on ne puisse pas m'accuser d'agir avec trop de rigueur, je porte ce nombre au maximum le plus élevé où il puisse jamais parvenir, et je suppose que de la réunion de tous les bons élèves d'humanités en France l'on obtienne dix bons thèmes. La totalité des jeunes gens qui participent à l'instruction est d'environ quarante-huit mille. La durée des études littéraires est à peu près de huit ans. Quarante huit divisés par huit donnent six pour résultat. Ainsi

[1] En général, un bon élève de rhétorique de province est à peine un médiocre troisième à Paris.

l'on peut évaluer à six mille le nombre des élèves qui, tous les ans, terminent leurs humanités.

« Sur ce total de six mille, il en existe dix qui savent faire passablement un thème. Le surplus présenterait à peine deux cents élèves en état d'appliquer tant bien que mal les règles de leur rudiment sur des mots latins. Les cinq mille huit cents qui restent ne se doutent nullement, je ne dis pas de l'élégance du style, mais de la propriété des termes qu'on leur a enseignés pendant quatre ans; ils n'ont même aucune notion des règles de leur rudiment, sur lesquelles on les a exercés pendant huit ans.

« Quelque porté que puisse être le lecteur à croire que j'use d'hyperbole, j'atteste que je n'avance ici que la simple vérité, appuyée de la seule preuve qu'il soit possible d'alléguer, les devoirs des concours.

« Je ne crois pas exagérer, en portant à quarante millions toutes les dépenses annuelles de l'instruction. Les six mille jeunes gens qui, tous les ans, terminent leurs humanités, ayant, à très peu de choses près, parcouru le cercle entier des études, ont coûté réellement la totalité de cette somme. Ainsi, chaque fabricant de thèmes passables coûte réellement, tous les ans, à l'État, quatre millions, et cinq cent quatre-vingts jeunes gens dont l'éducation est totalement sacrifiée.

« Si, au sortir des humanités, les élèves ne savent pas bien écrire en latin, du moins vous ne nierez pas qu'ils n'aient appris, ce qui est bien plus important, à écrire dans leur propre langue.

« Si je vous disais que ces élèves ne savent pas mieux faire une version qu'un thème[1], quelle preuve pou-

---

[1] L'instruction s'occupe, en général, beaucoup plus du grec

vez-vous en fournir? une preuve irrécusable, celle
qui existe pour les thèmes, les devoirs du concours.

« Eh bien, combien, au sortir des humanités, comp-
terait-on d'élèves capables d'entendre et d'expliquer couramment leur Virgile? je ne prétends rien
affirmer de positif; mais, sur six mille élèves, s'il en
existe, leur nombre est très petit, et beaucoup plus
petit que l'on ne pense.

« Passons, si vous le voulez, condamnation sur le
latin et les auteurs; mais dans l'étude du latin, la
connaissance de cette langue est l'objet le moins
important; avec le latin on acquiert une multitude
de connaissances variées; l'esprit s'orne, se déve-
loppe, s'élève, s'agrandit, etc., etc.

« Si le latin est le véhicule indispensable de ces
connaissances, il en résulte que, sur six mille jeunes
gens que l'instruction verse tous les ans dans la cir-
culation de la société, il en existe tout au plus deux
cents qui aient pu profiter de tous les avantages que
procure l'étude de cette langue. Si l'intermédiaire
de cette langue n'est pas nécessaire pour transmettre
ces connaissances, pourquoi employer avec tant de
peines et tant d'efforts un truchement inintelligible
pour la presque totalité des personnes avec lesquelles
on en fait usage ?

---

et du latin que du français. La langue nationale, dont on devrait chercher, avant tout, à donner une connaissance exacte
aux élèves, est tellement négligée, que, sur six mille jeunes
gens qui, tous les ans, terminent leurs études, l'on n'en trouverait pas dix en état de bien entendre les auteurs classiques
français. Je dis *bien entendre*, et j'affirme ce fait, et j'ajoute en
outre que la plus grande partie des autres ne sait pas même
l'orthographe.

« Quelles sont, en second lieu, ces connaissances dont on fait un si pompeux étalage ? Interrogeons, sur cet objet, les plus zélés partisans, les plus ardents défenseurs du système actuel. Sans doute on ne les accusera pas de chercher à déprécier l'instruction, en lui dérobant quelques fleurons de sa couronne.

« Ecoutez-les eux-mêmes, quels objets allèguent-ils ? La géographie ancienne ; l'histoire ancienne ; la mythologie ; la morale ; la philosophie.

« Ces connaissances sont utiles, sans doute ; personne ne peut le contester. Mais, si l'on en excepte la morale, les quatre autre sont-elles d'une nécessité absolument indispensable pour quarante-huit mille élèves? N'en existe-t-il donc aucune autre qui ne puisse être d'un usage plus habituel, d'une application plus profitable dans le cours ordinaire de la vie? Et n'est-ce pas restreindre prodigieusement tous les avantages de l'éducation, que de la borner à l'antiquité, comme si les temps modernes n'avaient rien à lui offrir d'utile ?

« Mais ensuite est-il encore bien certain que l'étude de la langue latine procure même aux élèves ces avantages d'ailleurs assez bornés. Je pourrais faire ici le recensement de tout ce qui se passe dans les classes de grammaire et d'humanité ; je pourrais établir que les exercices de ces classes se réduisent à l'explication des auteurs et à la correction des devoirs ; je pourrais démontrer que ni les devoirs que l'on donne, ni les parcelles d'auteurs que l'on explique, à des intervalles assez éloignés, n'ont jamais eu, et ne peuvent même jamais avoir les résultats que l'on veut bien attribuer à l'étude du latin. Mais qu'ai-je besoin d'entrer dans tous ces détails? La commission, en créant des pro-

fesseurs spéciaux de géographie et d'histoire, n'a-t-
elle pas reconnu que l'enseignement de ces objets d'é-
tudes était insuffisant par l'ancienne méthode pratiquée jusqu'à ce jour. La commission, de même, en sta-
tuant, par un règlement, que nul élève ne pourrait
être admis dans aucune carrière, ni du droit, ni des
lettres, sans avoir préalablement fait une année de
morale et de philosophie sous un professeur spécial,
n'a-t-elle pas attesté que le latin était lui-même un
mauvais professeur de philosophie et de morale? De
tout ce brillant cortége dont on se plaît à orner l'étude
du latin, que lui reste-t-il donc de l'aveu de l'autorité elle-même? La mythologie. Ainsi, c'est à la
conquête de cette science précieuse qu'il faut consa-
crer huit ans entiers de la jeunesse. Eh bien ! prenez
un élève au sortir de ses études, interrogez-le sur la
mythologie, et vous pourrez apprécier le résultat net
et précis de dix ans d'études et de travaux.

« J'entends autour de moi une foule de personnes se
récrier et me dire: Mais, moi, j'ai appris beaucoup de
choses dans mes études. Lecteur, je ne prétends point
vous contester les choses que vous avez apprises par
des travaux et des lectures étrangères aux exercices des
classes? mais, de grâce, veuillez me dire quelles sont
les choses que l'on enseigne généralement dans ces
classes?

« Il y a quatre cents ans environ, lorsque le système
actuel d'instruction fut établi, la langue latine était en
quelque sorte la seule langue existante, le seul moyen
de communication entre les hommes un peu éclairés
qui s'élevaient au-dessus de la barbarie et de l'ignorance de leur siècle. A cette époque, il pouvait être
utile et même glorieux de parler et d'écrire le seul

langage dans lequel le savoir pût s'exprimer. Aujourd'hui, le latin, tombé en désuétude, est une langue morte dans toute la force du terme. La langue française, devenue presque universelle dans toute l'Europe, a hérité de tous les droits, de tous les priviléges de celle qui lui a longtemps servi de mère. Est-il bien convenable dès lors d'attacher le prix d'excellence à une langue étrangère, au détriment de la langue de son pays ? Je fais cette question moins pour son importance en elle-même que pour prouver l'opiniâtreté avec laquelle, au milieu des lumières de notre siècle, qui a porté successivement tous les arts, toutes les sciences au plus haut degré, l'instruction seule s'obstine à conserver les vieux préjugés de son enfance.

« Nous avons examiné l'instruction littéraire dans les quatre différentes époques qui partagent sa durée ; considérons-la un moment dans son ensemble.

« De quoi s'occupe-t-elle principalement, et je pourrais même dire exclusivement ? D'apprendre le latin. Supposons que les élèves, après cinq ans d'études, parviennent à savoir les règles de la grammaire latine ; que huit ans entiers, consacrés à faire des thèmes et des versions, les mettent en état d'écrire aussi correctement, et même aussi élégamment qu'ils sont réellement capables de le faire ; à qui, dans l'état actuel de la société, cette connaissance peut-elle être utile ? Aux personnes qui font profession d'enseigner le latin et aux hommes de lettres. Sur six mille jeunes gens qui, tous les ans, terminent leur éducation littéraire, combien s'en trouve-t-il dans ces deux cas ? Cinquante tout au plus : mettons-en cent. Ainsi, tous les ans, trente-neuf mille neuf cents pères de famille sacrifient quarante millions à l'éducation de leurs enfants, pour pro-

16.

curer à l'État l'avantage d'avoir une centaine de maîtres de latin ou d'hommes de lettres.

« D'après l'opinion généralement adoptée que la mémoire est la seule faculté active chez les enfants, c'est aussi la seule que l'on cultive exclusivement aux dépens de toutes les autres.

« Les partisans du mode actuel d'enseignement refusent aux enfants de l'intelligence, et cette opinion est nécessaire pour justifier ou plutôt excuser un système où l'on traite les enfants comme des perroquets que l'on style à rendre des sons ; où, loin de chercher à éveiller et développer cette faculté, il semble que l'on prenne à tâche de l'assourdir et de l'étouffer ; où l'on a soin d'éloigner l'élève de tout ce qui pourrait lui donner des idées exactes ; où, douze heures de la journée, on le tient cloîtré entre quatre murs, cloué sur un banc, n'ayant pour toute perspective que son pupitre et son rudiment ; où, sous prétexte de cultiver la mémoire, on l'exerce uniquement à apprendre et à répéter des mots.

« Quel doit être et quel est en effet le résultat d'une pratique aussi contraire à tous les principes du bon sens et de la saine raison ? Comme, d'un côté, pendant tout le temps de l'éducation, on ne demande à l'élève que des mots, il s'accoutume de bonne heure à regarder les mots comme la seule chose importante qui existe ; de l'autre, comme on ne lui enseigne jamais à attacher aucune valeur précise à ces mêmes mots ; que l'usage même lui montre que les mêmes termes ont des significations différentes et souvent même contradictoires, les mots, qui sont tout pour lui, deviennent des espèces de protées qui prennent toutes les formes et n'en conservent aucune.

« Les mots ont été pour le genre humain une véritable boîte de Pandore, du fond de laquelle sont sortis une grande partie des fléaux qui, à différentes époques, ont désolé l'univers. Le détail de ceux qu'ils ont occasionés dans la politique et dans la religion embrasserait, à peu de chose près, l'histoire générale des malheurs du monde, et nous fournirait du moins l'histoire spéciale de toutes les calamités de nos jours.

« Ce n'est point assez des maux qu'ils causent aux hommes faits, ils sont encore le plus cruel tourment de l'enfance. Du moment où l'instruction s'empare de l'enfance pour dompter son caractère actif, curieux et léger, elle l'incarcère dans *le travail* des mots. L'esprit, garrotté dans cette étroite prison, réduit à un état de torpeur et d'engourdissement, languit dans une enfance continuelle. L'intelligence, privée d'action et de mouvement, se moisit, pour ainsi dire, et contracte une espèce de rouille profondément enracinée, qui souvent résiste au contact et au froissement des hommes et des choses.

« Les articulations qui, pendant quelque temps, restent dans un état de repos absolu, perdent non-seulement leur souplesse, mais même la faculté de se mouvoir. N'en est-il donc pas de même des facultés intellectuelles? Le jugement des enfants n'étant jamais mis en jeu, ne doit-il pas finir par se paralyser à la longue? Et dès lors n'est-il pas constant que le mode d'enseignement tend essentiellement à former des idiots, et en formerait en effet, si, pour remédier à ses influences pernicieuses, les enfants n'avaient, d'un côté, le commerce de leurs camarades, de l'autre, l'activité et l'énergie de la raison, qui sans cesse fait effort pour briser les langes dans lesquels on cherche à la retenir captive.

« Est-il donc étonnant que des jeunes gens que l'on

a tenus courbés pendant huit ans sous le poids de fausses méthodes n'aient pas l'esprit droit, et qu'après tout ce temps de travail en pure perte et même préjudiciable, l'on soit obligé d'avoir recours aux mathématiques pour réparer le mal souvent irréparable qu'a fait l'instruction littéraire.

« Le second but que se propose cette même instruction, c'est de former le goût par la connaissance et le sentiment des modèles de l'antiquité. Je ne rechercherai point ici combien, sur six mille jeunes gens qui tous les ans terminent leurs études, il en existe réellement qui connaissent et qui soient en état d'apprécier et de sentir ces modèles de l'antiquité. Je demanderai combien, sur ces mêmes six mille jeunes gens, l'on pourrait en citer qui aient du moins retiré ce fruit de leurs études, de se plaire dans la société des auteurs latins, et d'avoir, pour me borner à un exemple, conservé le désir de revoir Virgile. Ce poète ne se présente à l'imagination effarouchée de la presque totalité des élèves qu'escorté d'un cortége effroyable de *pensums*, de retenues, de punitions, et rappelle sans cesse à leur mémoire les souvenirs les plus tristes et les plus pénibles. Comment supposer qu'il puisse exister quelque chose de beau dans un auteur qui a fait, six ans, le supplice de notre enfance? L'étude du latin, dont on les a vexés, harassés, ou plutôt, l'on me pardonnera cette expression, dont on les a soûlés et enivrés, leur a laissé des impressions si profondes, si désagréables, que l'idée seule du latin leur donne des nausées, et que l'aversion insurmontable qu'ils éprouvent pour cette langue s'étend à tous les auteurs qui en font usage.

« Sur cent élèves de l'instruction, vingt-cinq travaillent et soixante-quinze ne font rien. C'est une proportion généralement admise et qui se trouve plutôt au-dessous qu'au-dessus de la réalité.

« A quoi doit-on attribuer cette oisiveté? A l'inertie.

« Un rudiment, un dictionnaire, des *pensums* font toute l'affaire; avec ces agents, l'on comprime, l'on réduit à un état absolu d'engourdissement quarante-huit mille êtres essentiellement actifs et légers. Quelle machine, avec aussi peu de forces, a jamais opéré des effets aussi merveilleux?

« Ensuite, sont-ce les jeunes gens les moins favorisés qui travaillent le moins? Ne sont-ce pas en général ceux qui ont le plus de facilité? et ne serait-on pas fondé à avancer avec vérité que le travail dans les élèves est presque toujours en raison inverse des dispositions?

« Si l'on ne peut accuser ni l'inertie, ni l'indifférence, ni le défaut des moyens, à quelle cause faut-il donc attribuer la proportion exorbitante de l'inaction sur le travail. — Pendant huit ans consécutifs, trois cents jours de l'année, douze heures de la journée, vous obligez les enfants à se livrer à la même occupation! et quelle occupation, grand Dieu? Conçoit-on rien de plus fastidieux que le travail de mettre des mots latins, que l'on ne comprend pas, sur des mots français que l'on n'entend guère mieux?

« Ainsi donc, en dernière analyse, sur quarante-huit mille élèves, trente-six mille ne font rien; le produit des douze mille autres qui travaillent se réduit à dix élèves par an, qui savent écrire passablement en latin, et cet état de choses est le résultat nécessaire, le résultat obligé du mode actuel d'enseignement. »

L'auteur de l'écrit dont nous venons de donner

un extrait cite les raisons que l'on ne cesse d'alléguer pour soutenir un sytème vicieux dans toutes ses
parties, et y répond ainsi qu'il suit :

« On objecte, que le système qui existe a pour lui
la sanction du temps et l'autorité de quatre siècles.

« Son antiquité ne serait-elle pas, seule et par elle-
même, un titre de réprobation ? Il est un principe
reconnu de tous les législateurs, c'est que les institutions d'un peuple doivent être appropriées à l'état de
ses mœurs, au progrès de ses lumières et à la nature
de son gouvernement.

« Le système actuel d'instruction date du xv siècle.
A cette époque, l'Europe sortant de la barbarie, était
encore plongée dans les ténèbres de l'ignorance la plus
profonde. Les arts et les sciences gisaient encore dans
le néant. Quelques bons esprits avaient seulement
assez de connaissances pour sentir qu'ils ne savaient
rien. Où chercher les lumières qui leur manquaient,
où trouver le bien précieux, l'objet de leurs désirs,
si ce n'est dans la littérature de deux peuples qui pas-
saient pour avoir cultivé et perfectionné tous les arts ?
Tous les efforts de l'esprit humain se dirigèrent donc
vers l'étude des langues anciennes, et surtout celle du
latin ; et comme tous les peuples n'avaient encore, à
cette époque, que des jargons informes, cette langue
devint l'idiome particulier des gens instruits, et le
langage par excellence. Ainsi, l'étude du latin, dans le
principe, avait deux buts distincts et bien raisonnés :
l'un, d'apprendre une langue dont la connaissance
était, en quelque sorte, un titre de noblesse et une
preuve de mérite ; l'autre, de puiser chez les anciens
des connaissances qui n'existaient point alors.

« Aujourd'hui, la langue latine, devenue inutile, est

tombée non-seulement en désuétude, mais même dans le mépris, et un homme qui s'aviserait de parler latin serait relégué par l'opinion publique dans la classe des Vadius de Molière. Les sciences et les arts, portés au plus haut degré de perfection, non-seulement ne nous laissent plus rien à envier aux anciens, mais même, dans certaines parties, nous classent à un rang beaucoup plus élevé. Quel motif peut-il donc exister aujourd'hui de faire du latin la base essentielle ou plutôt unique de l'instruction? et un système convenable aux ténèbres du XIVe siècle peut-il être propre aux lumières du XIXe?

« Nos pères ont été élevés de la même manière. Telle est l'arme banale avec laquelle on a combattu autrefois, avec laquelle on combat encore aujourd'hui, avec laquelle on combattra toujours toute espèce d'innovation heureuse contre laquelle on n'a pas de bonnes raisons à opposer. Combien d'usages anciens, qui comptaient pour eux un grand nombre de partisans illustres, et s'appuyaient sur l'autorité de plusieurs siècles, ont été détrônés par la raison? Qui sait si, à une époque qui n'est pas éloignée de nous, l'homme sensé, en portant ses regards sur ce passé, n'admirera pas la monstruosité d'un système qui trouve aujourd'hui tant de défenseurs, et s'il ne regardera pas son existence comme un de ces rêves qui nous retracent des faits dont l'invraisemblance semble démentir la réalité.

« La pratique, dans toute l'Europe, du système actuel d'instruction, ne prouve rien en sa faveur. Les siècles les plus éclairés sont quelquefois témoins, et j'oserai dire complices des institutions les plus réprouvées par le bon sens et la raison. Depuis quand date, dans l'Europe éclairée et civilisée, l'abolition de la question, des tortures et de l'atrocité des supplices, etc.?»

M. Pottier, après avoir mis au jour les vices inhérents au système universitaire, et avoir démontré combien il est funeste au développement rationnel des facultés intellectuelles, combien il s'oppose à l'acquisition
des connaissances positives et d'un usage général dans
toutes les positions de la vie sociale, conclut par les
réflexions suivantes :

« Le système actuel d'instruction néglige totalement
les facultés physiques. Il tend essentiellement à altérer
les facultés morales, à étouffer et anéantir les facultés
intellectuelles. Il est contraire à tous les principes du
bon sens et de la raison.

« Il est impossible d'alléguer en sa faveur un seul
moyen de défense plausible et recevable.

« Il n'a d'autres titres de recommandation que son
ancienneté, d'autre mérite que son existence.

« Les partisans du système actuel, qui n'admirent et ne
vénèrent que les anciens, qui les proposent sans cesse
comme des exemples à suivre, comme des modèles à
imiter, pourraient-ils citer, dans les beaux temps de
l'antiquité, un seul peuple, une seule république dont
le mode d'instruction pour la jeunesse pût justifier,
sous aucun rapport, le système adopté parmi nous? et
si ce système, enfanté par la barbarie, nourri par
l'ignorance, perpétué par les préjugés, n'était pas admis aujourd'hui et pratiqué dans toute l'Europe, qui
pourrait jamais songer à lui donner l'existence?

« En effet, quel est l'homme sensé et raisonnable qui
jamais voudrait s'aviser de chercher à donner à des enfants une constitution robuste, en les tenant douze
heures de la journée, sur seize, enfermés dans des
salles la plupart du temps obscures et mal aérées,

cloués sur des bancs, sans pouvoir remuer; et en faire des hommes vertueux, en les condamnant à une oisiveté perpétuelle ?

« Des hommes sociables, en les mettant sans cesse en rivalité avec leurs camarades ?

« Des sujets dociles, en les constituant dans un état de guerre et d'hostilité perpétuel avec leurs maîtres?

« Des citoyens amis de leur patrie, en leur vantant sans cesse des mœurs et des usages différents de ceux de leur pays?

« Des citoyens attachés au gouvernement, en leur exaltant le mérite d'un système politique tout opposé?

« A développer leur intelligence, en les forçant, pendans huit ans consécutifs, à répéter uniquement des sons qui n'ont aucune valeur pour eux?

« A éclairer leur jugement, en les obligeant à s'en rapporter sans cesse à l'autorité d'autrui ?

« A exercer leur imagination, sans leur donner aucune idée?

« A former leur goût sur des auteurs qu'ils n'entendent pas, et dont le nom leur retrace les souvenirs les plus tristes et les plus douloureux?

« Et cependant, tel est l'empire de l'habitude, telle est la tyrannie de l'usage. L'État réclame-t-il des citoyens pour sa défense, les appelle-t-il à s'acquitter d'un devoir que tout homme, par la constitution même de la société, est tenu de remplir pour prix de la sûreté même qu'elle lui accorde, lorsque sur *trois cents* billets il s'en trouve peut-être cinquante de noirs, tous les pères de famille sont dans les transes, les agitations, les alarmes.

« S'agit-il de donner de l'éducation à un enfant, et de prendre un parti qui peut avoir les influences les plus

17

sensibles sur le bonheur ou le malheur de toute sa vie, l'on ne s'embarrasse nullement des chances favorables ou défavorables que l'on peut courir ; l'on ne calcule point si l'on a le droit d'en espérer une bonne sur trente mauvaises ; l'on est d'une indifférence, d'une apathie vraiment admirable sur l'objet le plus fait pour éveiller toute la sollicitude ; l'on s'en repose tranquillement sur le train ordinaire des choses ; l'on n'a qu'un embarras, celui de se déterminer pour une maison : tantôt c'est l'opinion politique, tantôt c'est le bon ton, tantôt c'est l'économie, et rarement un choix éclairé, qui décide. L'enfant est-il une fois caserné dans une de ces garennes forcées, l'on s'endort dans la plus profonde sécurité ; l'on ne s'inquiète plus de ce qu'il fait ou ne fait pas ; l'on ne s'informe nullement ce qu'il apprend ou n'apprend pas : il est casé, cela suffit. Si , par surcroît, il vous apporte , une fois par hasard, un morceau de papier noirci d'un *sat bene*, d'un *bene*, d'un *optime*, l'on est aux anges, cela va le mieux du monde, et l'on a désormais la conscience libérée de toute espèce de scrupule relatif aux obligations paternelles. »

Il est malheureusement un fait trop réel et trop général, c'est que les pères de famille croient aveuglément qu'il ne peut exister de système d'instruction plus parfait que celui admis par l'université et le gouvernement , une éducation plus propre à faire naître dans l'esprit et le cœur de leurs enfants des principes et des sentiments de moralité. Erreurs funestes ! Nous venons de combattre la première ; parlons de la seconde.

Les personnes qui se sont occupées de cette question ou qui sont à même de la juger par leur propre expérience connaissent les dangers presque inévitables auxquels est exposée la pureté des mœurs, dans ces pernicieuses agglomérations. Elles reconnaissent aussi que, loin d'y acquérir l'habitude et la pratique des vertus morales, on y contracte des vices inhérents à ces institutions. Mais laissons parler des hommes qui, par état ou par position, ont été plus à portée que nous ne le sommes de connaître ce qui a lieu dans les colléges ou les pensions d'internes, sous la direction et la surveillance de l'Université.

Un membre de l'Université, qui, à l'honneur d'occuper les premières dignités de ce corps, a joint celui d'être ministre de l'instruction publique, M. Cousin, dans *un rapport sur l'état de l'instruction publique dans le nord de l'Allemagne,* accuse l'Université de ne point s'occupper d'éducation morale, ou d'en donner une très mauvaise. « Si cette éducation est si bonne, dit-il, on devrait en voir les fruits [1]. »

M. Guizot, partisan prononcé de l'Université, a cependant, dans le projet de loi qu'il a présenté à la chambre, en 1836, avancé que, dans l'Université impériale, *l'éducation n'était pas toujours au niveau de l'instruction* [2]. Cette critique mitigée ne pouvait s'adresser, bien entendu, à l'Université confiée à ses soins et à sa surveillance.

Un autre membre de l'Université, dans le rapport fait au nom de la commission du budget, réclamait, avant qu'il ne fût admis dans le conseil universitaire, une réforme morale dans l'éducation scolastique. « Il est une autre partie des devoirs de l'enseignement, disait M. Dubois, député de la Loire-Inférieure, sur laquelle nos écoles de tous les degrés laissent beaucoup à désirer. L'éducation, jadis tout à fait religieuse, œuvre de la famille et du culte, semble aujourd'hui s'ef-

[1] M. Cousin, Rapport, p. 113.
[2] M. Guizot, Exposé des motifs, 7 février 1836, p. 5.

facer devant la science.. Un seul pays en Europe s'est occupé, avec une religieuse ardeur et avec une constance
d'efforts souvent heureux, de préparer dans l'enfance
l'homme et le citoyen qu'attendent l'humanité et la
patrie... L'art de l'éducation est à refaire chez nous [1]. »

M. Saint-Marc-Girardin, député et membre du conseil royal de l'instruction publique, n'a pas craint de
nier les assertions inexactes qui sortent de la plume
éloquente des ministres, chaque fois qu'il s'agit d'une
loi sur l'instruction publique. « Nous ne faisons pas,
dit-il, plus de citoyens que de dévots dans nos colléges.
Que faisons-nous donc ? Nous instruisons, nous n'éle-
vons pas ; nous cultivons et développons l'esprit,
mais non le cœur [2]. »

On voit, d'après ces citations, que les fonctionnaires
les plus éminents de l'Université, à des époques où ils
n'avaient pas intérêt de dissimuler la vérité, ont déclaré publiquement que l'éducation morale était nulle
dans les colléges, et qu'on ne s'en occupait point. Mais
ce fait avait été signalé, il y a déjà longtemps, par un
professeur qui n'avait pas craint de se compromettre
en critiquant ce vice fondamental dans les établissements universitaires. M. Pottier, que nous avons cité
et de l'autorité duquel nous aimons à nous appuyer,
démontre que non-seulement il n'existe pas, dans les
colléges de France, d'éducation morale, mais aussi
qu'il y règne plusieurs vices ou institutions vicieuses
qui détruisent ou affaiblissent chez les jeunes gens les
sentiments de moralité.

« L'on connait, dit M. Pottier, tout l'empire que les

---

[1] M. Dubois, Rapport du 18 mai 1836, p. 23.
[2] M. Saint-Marc-Girardin, l'Instruction intermédiaire dans le
midi de l'Allemagne.

premières habitudes exercent en général sur tout le reste de la vie. Je laisse à juger de l'effet que doit produire, dans trente-six mille jeunes gens, le goût de l'oisiveté contracté de bonne heure et fortifié par une habitude de huit ans consécutifs.

« Examinons à présent quelles doivent être les influences de cet état d'oisiveté sur les facultés morales de l'enfance.

« L'enfant a des devoirs à remplir envers Dieu, ses concitoyens, sa patrie, lui-même.

« L'oisiveté, dit un vieux proverbe, est la mère de tous les vices. La religion commande la pratique de toutes les vertus. La religion et l'oisiveté ne peuvent donc ni se rencontrer ni marcher ensemble. L'élève qui est oisif cesse par cela même d'être religieux.

« L'enfant qui travaille ne peut prétendre à des récompenses, ne peut espérer de prix qu'autant qu'il se distingue et qu'il obtient la supériorité. Les efforts des autres élèves pour parvenir au même but ne lui montrent que des rivaux capables de lui nuire, et non des compagnons auxquels ils puisse être utile, ou qui veulent eux-mêmes le seconder de leurs lumières. L'instruction entretient, autant qu'il est en elle, cet esprit de désunion, je dirais presque de discorde, en infligeant des punitions aux élèves qui se communiquent. Et c'est ainsi que l'éducation, au lieu de tendre à resserrer les liens d'amitié qui doivent unir les élèves, semble chercher à les isoler les uns des autres, et à semer entre eux des germes de mésintelligence.

« Le vice du système actuel ne peut avoir, sous ce rapport, que des inconvénients nécessairement limités, parce que, d'un côté, le nombre des élèves qui travaillent et qui peuvent espérer des succès est lui-même très borné ; que, de l'autre, le bon esprit des jeunes gens sait par lui-même résister à la fausse direction que l'on veut lui donner ; mais il en offre de bien plus réels, de bien plus graves dans la fausse position où il place ces élèves à l'égard de leurs maîtres.

« Huit heures de la journée, ils sont tenus dans des salles communes, assujétis à une discipline rigoureuse, condamnés à un silence absolu, et forcés de s'occuper ou de paraître s'occuper de choses qui n'ont pour eux aucune espèce d'intérêt. Cet état de gêne et de contrainte ne peut comprimer entièrement l'activité naturelle à leur âge. Il est de toute nécessité qu'elle s'exerce sur quelque objet capable de faire diversion à l'ennui qui les obsède ; mais, pour jouir de ces distractions, il faut savoir se dérober aux regards d'un surveillant importun, qui sans cesse les observe. Toutes les facultés de leur esprit sont donc employées à imaginer des moyens, à inventer des ressources pour tromper sa vigilance et mettre son attention en défaut. Quels peuvent être ces moyens, ces ressources, si ce n'est la ruse, l'artifice, le mensonge ? Et de là commence à germer et à se développer une foule d'inclinations vicieuses qui ne doivent leur naissance qu'à l'éducation.

« Le maître, de son côté, jaloux de soutenir son autorité et forcé de maintenir la règle, se voit réduit à recourir aux voies de rigueur ; mais, ne pouvant pas toujours distinguer le coupable caché dans la foule, il est obligé de punir sur de simples présomptions, ou d'envelopper les innocents dans la peine du coupable. De là souvent des animosités réciproques et toujours une espèce d'état de guerre et d'hostilité continuel ; de là ces sentiments de haine et d'aversion pour les

agents dépositaires de l'autorité, qui, nourris et entre-
tenus pendant tout le temps de l'éducation par un mal-
aise habituel, s'enracinent, s'invétèrent, se prolongent
bien au delà des limites des écoles, et poursuivent le
jeune homme jusque dans le monde[1]. »

Enfin un député, M. Corne, dans un excellent ouvrage récemment publié, fait également ressortir
l'importance et la nécessité de l'éducation morale.
Après avoir prouvé qu'elle est nulle dans les colléges
universitaires, il s'exprime ainsi :

« Il n'est pas bon que les facultés de l'intelligence
et celles de l'âme se développent dans des proportions
inégales. — L'instruction et l'éducation devraient toujours marcher du même pas. Quand l'une accroît les
ressources de l'esprit, il est urgent que l'autre aug-
mente les garanties morales. Cultiver avec soin l'intelligence d'un jeune homme, le mettre en rapport, par
la science, avec le monde de la matière et le monde de
la pensée, augmenter à l'infini la puissance et l'étendue de son action, et en même temps ne prendre aucun souci de sa moralité, ne pas former en lui le sentiment du devoir, c'est multiplier pour lui les occasions
de faillir, c'est l'élever pour le mieux perdre. Plus vif
dans ses impressions, plus ardent dans ses désirs, plus
habile à les satisfaire, il aura d'autant plus besoin de
ce sens moral, plein de force et de délicatesse à la fois,
qui vient en aide à la conscience, et dans une civilisation très avancée replace sans cesse la limite entre ce
qui est juste et ce qui ne l'est pas. Qui peut lui fournir
et cette lumière pour se guider, et cette force pour se
maîtriser ? L'éducation.

[1] Pottier, ouvrage cité, p. 36.

« Mais, si elle lui manque, avec toutes ses facultés aiguisées et surexcitées, avec son âme ouverte à toutes les convoitises et à toutes les séductions, il est plus à plaindre que s'il fût resté dans les demi-ténèbres de l'intelligence, où l'homme obéit mieux aux simples instincts de son cœur.

« Dans l'état de nos institutions et de nos mœurs publiques, donner de l'instruction à un jeune homme, c'est lui ouvrir l'entrée de toutes les carrières, c'est lui permettre d'aspirer à tout, de parvenir à tous les degrés de fortune et d'influence sociale. Mais quel emploi fera-t-il de sa richesse ou de son crédit, si l'éducation n'a pas élevé ses idées, ennobli ses sentiments? Il trouvera plus pressantes que jamais les suggestions de l'orgueil et de la cupidité, et, s'il succombe, sa responsabilité sera d'autant plus grave, sa faute plus retentissante, son exemple plus démoralisateur, que les forces de son esprit, développées par l'étude, l'auront fait arriver plus haut.

« La vie publique appelle aujourd'hui tous les hommes dont l'intelligence a été cultivée; la vie publique le réclamera. Dans les positions même les moins élevées, elle impose des devoirs nombreux et d'un accomplissement parfois difficile. Si l'éducation n'a pas mis en lui de généreux mobiles, si elle ne l'a pas habitué à lutter contre la passion et l'intérêt en faveur du devoir, saura-t-il toujours résister, tantôt à la crainte de perdre quelque chose de ses avantages de position et de fortune, tantôt au désir de les augmenter? Peut-être finira-t-il, comme tant d'autres, par trouver commode et bon d'exploiter à son profit personnel ce qui ne lui avait été confié qu'en vue de l'intérêt de tous. Fonctionnaire servile, il aura peur d'avoir une conviction, une pensée à lui ; il sera, sous tous les régimes, le courtisan le plus fort ; électeur corrompu, il trafiquera de son vote ; mandataire infidèle, avant l'intérêt de son pays, il fera passer tout ses misérables intérêts de vanité, de clientelle, de népotisme, et le soin de se pousser aux emplois lucratifs.

« Combien l'histoire nous en offre d'exemples ! Combien d'hommes d'un beau talent ont terni leur gloire et perdu leur vie, combien ont amassé des orages et des malheurs sur leur patrie, qu'ils pouvaient servir et honorer ! Et tout cela parce qu'ils n'étaient grands que par la tête, et qu'une bonne éducation n'était pas venue élargir leur cœur et en chasser les petitesses de la vanité, les vilenies de l'intérêt ou les folles ardeurs de l'ambition [1]. »

Si l'autorité d'un évêque pouvait être de quelque poids dans cette matière, nous citerions celle du prélat qui siége dans la capitale de la France, au centre des lumières. Il fait savoir à ceux qui l'ignorent « *que le gouvernement n'a pas reçu l'honorable mission de donner une éducation morale* [2]. »

Si nous avons produit un si grand nombre de preuves et de témoignages irrécusables à l'appui de faits dont le lecteur était peut-être lui-même déjà convaincu, c'est qu'il importait de démontrer au public, généralement peu éclairé sur cette matière, que le système universitaire, auquel on attribue une perfection qui ne laisse rien à désirer sous le rapport de l'instruction, est radicalement vicieux et tyrannique, et qu'il est entièrement nul sous celui de l'éducation morale.

[1] H. Corne, *de l'Éducation publique*, p. 69.
[2] Observation sur la controverse élevée à l'occasion de la liberté de l'enseignement.

CHAPITRE II.

DES INCONVÉNIENTS ET DES DANGERS DE LIVRER L'ÉDUCATION ET L'INSTRUCTION PUBLIQUE A DES CORPORATIONS SACERDOTALES, MONACALES, OU DE TOUTE AUTRE NATURE.

Après avoir combattu, dans le chapitre précédent, les vices de l'organisation universitaire, il n'est pas moins important de prouver que l'éducation et l'instruction confiées aux prêtres et aux moines auraient des résultats encore plus funestes.

On peut considérer l'éducation proprement dite sous deux rapports, celui de la morale et celui de la religion, rapports qui doivent être distincts dans une foule de circonstances. Ils sont l'un et l'autre l'apanage essentiel de la paternité, qui peut, dans le premier cas, les déléguer à un instituteur privé ou public; ou, dans le second, à un ministre qui professe la même religion. Tout envahissement de ce droit est contraire à l'ordre naturel des choses établies par la Providence, et par conséquent inique. Le magistrat ou le prêtre ne peuvent se saisir de ce droit contre la volonté du père, sans violer ce qu'il y a de plus sacré.

L'éducation morale trouve son siége, sous le toit paternel, au centre de la famille; l'éducation religieuse se concentre dans l'Église au milieu des croyants, et se donne par le cathéchisme et la prédication sacerdotale. Un gouvernement ou une corporation religieuse qui

s'empare directement ou indirectement de la jeunesse,
dans le but de lui inspirer des principes, des opinions
conformes à ses propres intérêts, toujours opposés à
ceux des peuples, commet un attentat. Ainsi, rien de
si contraire à la raison et à l'ordre naturel et civil que
les prétentions manifestées dans ce moment par le
clergé. — Le prêtre a été institué pour catéchiser
et prêcher, non pour apprendre à une génération naissante à lire, à écrire, le dessin linéaire, les langues
mortes, les mathématiques, la chimie, etc.

Les évêques ont avancé, dans leurs écrits polémiques,
non-seulement que l'Université était incapable de donner une éducation morale, mais que toute personne
qui n'était pas revêtue du caractère sacerdotal se trouvait dans la même impossibilité; n'a-t-on pas déclaré
officiellement *qu'on ne céderait jamais l'éducation des
âmes.* Mais des prélats aussi éclairés auraient-ils oublié que la morale existait longtemps avant eux,
qu'elle est éternelle, et que Dieu l'a inspirée à l'homme
pour lui servir de guide dans sa foi et dans ses actions ?
N'a-t-on pas vu et ne voit-on pas encore de nos jours des
prêtres errer dans la théorie et dans la pratique de la
morale? Ne sont-ils pas sujets, en ce point, aux mêmes
déviations que les autres hommes? Ne leur suffit-il
pas de s'approprier l'infaillibilité en fait de dogme et
de croyance religieuse ?

Un phénomène remarquable, à l'époque où nous vivons, est le concert et les efforts unanimes, actifs et
persévérants des évêques et de leur clergé, qui, sous des
formes plus ou moins acerbes, plus ou moins réservées,
se sont adressés au roi et à ses ministres pour qu'il
leur fût fait une large part dans l'instruction publique
secondaire. Convaincu que le moyen le plus assuré

d'accroître, de consolider et de perpétuer sa domination est de s'emparer de l'éducation, et d'imprimer
ainsi aux générations naissantes des principes et des
opinions conformes à ses intérêts, le clergé séculier et
régulier s'est agité dans tous les sens, depuis qu'il est
question d'une loi sur l'instruction publique. Il sait
très bien que, s'il peut avoir une part légale dans l'éducation, il parviendra facilement à envahir celle-ci
presque exclusivement, ainsi qu'il l'a fait pour l'instruction primaire.

Quelle sera donc l'influence, sur l'instruction secondaire, d'un clergé qui déclare hautement partager les
doctrines des jésuites, et qui se proclame même semi-
officiellement ultramontain, dans la chambre des
pairs, par l'organe de M. Montalembert, lorsque
celui-ci, s'adressant à un ministre du roi, lui dit : « Je
défie M. le garde-des-sceaux actuel et ses futurs successeurs de trouver parmi les quatre-vingts évêques de
France cinq prélats qui adhèrent aux quatre articles...
Arrière donc à jamais ces libertés prétendues [1]. » On
peut prévoir, d'après les avantages qui seront donnés
au clergé et aux corporations religieuses, dans la loi
en discussion à la chambre des pairs en ce moment,
avec quelle facilité les prêtres s'empareront du domaine de l'instruction publique, n'ayant d'autre con-
current que l'Université, avec laquelle il se trouvera
facilement des moyens de s'entendre ou de se tolérer.
Ces pressentiments résultent nécessairement de l'habileté, de l'adresse, de la constance avec lesquelles
le clergé, encouragé spécialement par le gouvernement, a trouvé moyen d'organiser, dans un court espace

[1] Discours du 16 janvier 1844.

de temps, un vaste système politico-religieux.

Ne s'est-il pas créé presque à l'improviste cinquante mille prêtres escortés par sept à huit mille individus (le nombre doit être beaucoup plus considérable à Paris) faisant partie de corporations de tout sexe et de toute destination, également dévoués et soumis à un prince étranger? Que doit-on penser, lorsque quatre-vingts évêques reçoivent de la cour de Rome le mot d'ordre, qui se transmet immédiatement à des milliers de subordonnés répandus sur toute la surface de la France ; lorsqu'on est parvenu à ériger 279 séminaires, sous la direction illégale des jésuites, ainsi que l'a déclaré officiellement M. l'évêque d'Hermopolis, et lorsqu'il en sort, chaque année, un nombre considérable de jeunes gens qui n'ont d'autre vocation que celle de parvenir aux emplois publics ou d'entrer dans les carrières civiles ?

Mais ce qui a lieu de surprendre, c'est ce cri de liberté sorti spontanément de toutes les bouches sacerdotales, c'est l'invocation de cette liberté, qu'elles n'ont cessé de proscrire, soit qu'elle se présentât sous des attributs religieux ou politiques. Le clergé peut-il se persuader que le public ne soit pas assez clairvoyant pour s'apercevoir que l'appel fait à la liberté n'est qu'un moyen d'arriver au but qu'il se propose, celui de s'emparer exclusivement de cette liberté par d'autres moyens qui lui seront faciles ? Croit-on qu'en lui livrant l'instruction, il ne saura pas décliner les restrictions qui lui seront imposées? On peut en juger par le passé : combien d'établissements d'éducation n'ont-ils pas été fondés dans ces derniers temps, soit en abusant des lois qui pouvaient les autoriser, soit en se mettant en opposition directe avec celles qui

les défendaient. Croit-on que les jésuites ou d'autres
ordres monastiques, tolérés ou non, ne sauront pas
s'organiser en petites fractions, et former des pensions et des colléges, en prêtant un serment, en prenant des grades, en se soumettant à la surveillance,
ainsi qu'aux autres conditions qu'on pourra leur imposer ? Le bien de la religion, qui doit tout prédominer,
l'obéissance passive due au souverain pontife et aux
évèques, seront, avec quelques restrictions mentales,
plus puissants que toutes les combinaisons légales ou
administratives. Les prêtres et les moines envahiront
l'éducation publique, et élèveront les jeunes gens selon leur doctrine.

Mais voyons quelle a été la conduite et l'action du
clergé, à l'approche du moment où allait se discuter la
grande question de l'instruction secondaire. Outre
les demandes impératives et même menaçantes des
évèques, faites au nom de la religion, et lancées dans
les journaux, on a vu paraître une foule de pamphlets
conçus dans le même esprit, tendant au même but. La
calomnie, des imputations mensongères envers les
particuliers et les corps de l'État, ont été les armes
dont on a fait usage, afin de se rendre l'opinion favorable. Les évèques, voyant que leurs mandements n'é-
taient pas lus, sont devenus folliculaires, comme auraient fait sans doute les apôtres pour annoncer la
bonne nouvelle, si, de leur temps, la presse et les journaux eussent été inventés.

Il est facile de voir que ce complot a été conçu et
organisé par la cour de Rome, peu après la révolution
de 1830, dès le moment qu'elle s'est sentie assurée de
trouver un appui auprès du nouveau gouvernement. On
a pris d'abord les moyens propres à garantir le succès. On

a peuplé la France de congrégations de tout sexe et de tout genre ; on a organisé de nombreuses confréries , des institutions semi-religieuses et philanthropiques pour tous les états, tous les sexes, tous les âges , depuis celui de 5 à 6 ans. C'est alors , après être parvenu à susciter une recrudescence religieuse, et se croyant appuyé par de nombreux auxiliaires, qu'on a élevé la voix dans la persuasion, qui n'est que trop bien fondée, qu'on parviendrait légalement , et sans trouver d'obstacle , à envahir l'instruction, en écartant les rivaux séculiers, soit au moyen des motifs religieux qu'on saurait faire valoir, soit par l'attrait irrésistible d'une éducation au rabais. Tel est le plan, tels doivent être les résultats , si la loi n'y met pas obstacle ; tels sont les dangers qui menacent la liberté future de la France.

Nous avons dit que cette conjuration avait été ourdie par la cour de Rome. On en trouve la preuve évidente dans l'Encyclique publié en 1832, par le pape Grégoire XVI, qui, dans le mot d'ordre donné aux évêques , leur dit que le moment approche où ils doivent s'emparer de l'éducation. « L'obéissance due aux évêques est enfreinte, et leurs droits sont foulés aux pieds. Les académies et les gymnases retentissent horriblement d'opinions nouvelles et monstrueuses , qui ne sapent plus la foi catholique en secret et par des détours, mais qui lui font ouvertement une guerre publique et criminelle ; car, quand la jeunesse est corrompue par les maximes et par les exemples de ses maîtres , le désastre de la religion est bien plus grand, et la perversité des mœurs devient plus profonde. »

Ce n'est pas seulement la liberté d'instruction que prétendent s'arroger exclusivement le pape et le clergé ;

ils veulent que toutes les consciences se soumettent à *la bouche infaillible du successeur de saint Pierre*, ainsi que s'exprime le cardinal Pacca, dans une lettre adressée à M. Lamennais. Le pape ne conçoit pas moins d'horreur pour la liberté de conscience, lorsqu'il parle dans la même Encyclique de l'opinion favorable à cette liberté. « Cette maxime absurde et erronée, ou plutôt ce délire, qu'il faut assurer et garantir à qui que ce soit la liberté de conscience. » Enfin la liberté de la presse et les ouvrages qu'elle produit suscitent toute l'animadversion de sa sainteté, qui s'exprime en ces termes : « Là se rapporte cette liberté funeste et dont on ne peut avoir assez d'horreur, la liberté de la librairie, pour publier quelque écrit que ce soit, liberté que quelques-uns osent solliciter et étendre avec tant de bruit et d'ardeur. Nous sommes épouvanté, vénérables frères, en considérant de quelles doctrines, ou plutôt de quelles erreurs monstrueuses nous sommes accablé, et en voyant qu'elles se propagent au loin et partout par une multitude de livres et par des écrits de toute sorte, qui sont peu de chose par le volume, mais qui sont remplis de malice, et d'où il sort une malédiction qui, nous le déplorons, se répand sur la surface de la terre. » Ainsi la cour de Rome s'élève ouvertement contre toutes nos libertés, et elle les combattra constamment et sans relâche, d'accord avec le clergé catholique ultramontain.

C'est en effet ce qui se manifeste publiquement dans ce moment. M. de Bonald, en sa qualité de cardinal, d'archevêque de Lyon et de primat des Gaules, paraît avoir été désigné spécialement pour se mettre à la tête de cette nouvelle sainte alliance. Il a en effet publié, le 15 février 1844, conjointement avec les évêques d'Autun, Langres, Saint-Claude, Grenoble et Dijon, une lettre adressée au ministre de la justice et des cultes, dans laquelle on trouve des prétentions et des inculpations peu évangéliques. Le projet de loi présenté à la chambre des pairs, disent Leurs Grandeurs, est oppresseur pour les consciences, outrageant pour la religion, parce qu'on exige préalablement des maîtres la déclaration authentique qu'ils n'appartiennent à aucune congrégation religieuse. Après avoir parlé « de l'enseignement licencieux, de ces systèmes impies et désordonnés qui font gémir les fidèles, et qui provoquent le blâme de l'épiscopat, » les évêques ajoutent : « La manifestation de ce blâme a été pénible pour le gouvernement, et cependant elle était légitime, et cependant elle deviendrait plus éclatante encore et plus unanime, si, ce qu'à Dieu ne plaise, le projet contre lequel nous réclamons recevait la sanction des pouvoirs législatifs. Les évêques, défenseurs-nés des saintes Écritures, seraient, bien à regret, obligés alors de réunir tous leurs efforts et d'user de tous les moyens pour diminuer au moins l'empire de l'erreur; et si on les poussait enfin aux dernières extrémités, qui pourrait les blâmer de refuser tout secours ecclésiatique à un système qui serait directement et universellement dirigé contre l'Église?.. Il vous appartient, M. le ministre, de prévenir, pour votre part, un conflit inévitable dont il serait impossible de calculer les suites dans l'intérêt de la paix commune, dans celui de la foi et des mœurs. Nous demandons d'abord expressément que ce projet de loi soit retiré comme n'étant propre qu'à susciter une guerre interminable et des malheurs de tout genre. »

Ainsi, le clergé, oubliant ce qu'il est, s'élève et combat de puissance à puissance avec le gouvernement, et lui enjoint de renoncer à un projet de loi qui ne lui fait pas une assez forte part dans l'enseignement. Il annonce que si l'on n'a pas égards aux droits divins qu'il réclame, droits supérieurs à ceux de la puissance temporelle, il réunira tous ses efforts et emploiera contre le gouvernement les armes qui sont à sa dispotion; et que si même on le pousse aux dernières extrémités, il en résultera un conflit dont il est impossible de prévoir les suites. Enfin les évêques demandent le retrait de cette loi, *si l'on ne veut voir la paix troublée et une guerre* (civile sans doute) *qui entrainera après elle des malheurs de tout genre*, où, comme le dit jésuitiquement un de leurs pamphlétaires, « il serait peu sûr pour le salut de la chose publique de traiter en ennemi et même de compter pour rien ceux qui apportent au peuple et à ses maîtres le secours, l'exemple et la leçon du dévoûment, de la conscience et de la foi [1]. » Ainsi le gouvernement, le peuple français doivent renoncer à leurs droits, ne reconnaître que ceux de l'Église, et se soumettre à sa volonté et à ses ordres.

Cette conspiration théocratique, papale, épiscopale, monacale et jésuitique, s'est successivement manifestée par des écrits répandus chaque jour avec profusion. Un mémoire signé par sept ou huit archevêques, évêques et cardinaux, s'exprime ainsi avec assurance : « Une loi qui interdirait l'enseignement aux congrégations serait injurieuse envers les évêques de France qui protégent les congrégations religieuses; elle serait injurieuse au Saint-Siège, qui les approuve et les favorise; envers Jésus-Christ même. » Ainsi, toute congrégation autorisée par le pape, fût-elle

_____

[1] L'abbé Dupanloup, *Lettre à M. le duc de Broglie.*

même jésuitique, a droit de s'établir en France sans
avoir besoin d'approbation du gouvernement, et elle
peut élever des écoles, et enseigner, graver dans l'esprit des jeunes gens des principes et des opinions opposés à nos institutions. Mais ce qui surpasse toute
croyance, c'est l'approbation scandaleuse donnée par
l'évêque de Châlons à l'écrit et aux maximes iniques
du prêtre Combalot, condamné juridiquement [1]. Voici
comment s'exprime ce prélat dans une lettre rendue publique le 14 mars 1844 : « L'évêque et le clergé de Châlons
s'empressent de joindre leurs félicitations à celles de
toutes les églises et de tous les gens de bien, que
M. Combalot a reçues; il était digne de lui de donner un
si bel exemple et de prendre ouvertement la défense
de nos vérités catholiques contre l'Université qui en
est l'ennemie déclarée. Son mémoire aux évêques est si
beau, qu'après l'avoir lu nous avons regretté qu'il
n'eût pas pour auteur un évêque, etc. »

Plusieurs volumes ne suffiraient point, s'il fallait
mettre sous les yeux de nos lecteurs les prétentions dés-
ordonnées que les évêques, les prêtres et leurs associés

---

[1] Le passage suivant, de l'ouvrage de M. Combalot, suffira
pour que le lecteur puisse apprécier son style et ses grossières
et imprudentes inculpations. « L'Université forme des intelli-
gences prostituées qui vont chercher au fond des enfers la glo-
rification du bagne, de l'inceste, de l'adultère et de la révolte...
L'Université pousse les jeunes générations au brutisme de l'intelligence. Elle double toutes les puissances pour le mal.....
Elle livre les écoliers aux seuls instincts de la bête. Ils ne vivent que pour le côté matériel de l'existence. Les appétits des
habitudes vicieuses, des pratiques contre nature, des mœurs
abominables deviennent alors le caractère dominant de la génération élevée dans les colléges. »

ont manifestées dans leurs écrits. Nous terminerons donc par les observations de monseigneur l'évêque de Rodez, adressées au roi et aux ministres, et rendues publiques dans les journaux des 10 et 11 avril 1844. Non content d'insinuer la prévision des troubles qui seront la suite inévitable des refus faits aux évêques, ainsi que l'avait déjà donné clairement à entendre M. de Bonald, l'évêque de Rodez, *chargé de la part de Dieu de défendre les droits sacrés de l'Église*, nous menace des foudres canoniques, qui ne sont pas, heureusement, aussi redoutables aujourd'hui qu'elles le furent jadis.

L'extrait suivant des *observations* de monseigneur l'évêque suffira pour faire connaître le principe d'action qui anime depuis quelque temps le clergé de France. « Que si, ce que nous ne pensons pas, le gouvernement, éclairé par les réclamations des évêques et le cri des pères de famille, ne retirait point ou ne changeait pas entièrement la loi proposée; si le monopole de l'Université était consacré par une loi, les évêques de France, et moi en particulier, pour répondre à notre charge et devoir d'état, nous nous regarderions comme obligés à censurer canoniquement cette foule d'écrits erronés et dangereux dont les Quinet, Michelet, Matter, Roux-Ferrand, Libri, Larroque, Lherminier, Gatien-Arnoult, Ferrari, Bertot, Simon, Charma, Bouillier, Mallet, Gérusez et tant d'autres, ne cessent d'inonder, de scandaliser et de dépraver la France. Le roi et les chambres défendent les intérêts de l'État, les évêques sont chargés, de la part du ciel, de défendre les droits sacrés de la religion et des âmes; et peut-on calculer et prévoir tout ce que ces torrents de doctrines funestes, coulant de plus en plus du haut des chaires de l'instruction universitaire, pourront apporter de ravages et dans l'Église et dans la patrie? On l'a dit mille fois, d'après l'Écriture, quand on a laissé les vents se déchaîner, on ne peut recueillir que les tempêtes ; on en fait la cruelle expérience, et les esprits les plus sages et les plus graves ne peuvent se défendre des préventions les plus tristes et des craintes les mieux justifiées. »

Nous en avons assez dit pour démontrer aux esprits les plus prévenus qu'il existe une coalition ourdie avec habilité dans les ténèbres, qui, de Rome, s'étend sur toute la surface de la France, et qui, d'accord avec un ministère ayant le même but, ne cessera de compromettre et nos droits et nos libertés.

Nous demandons aux hommes impartiaux si le législateur qui désire fonder un bon système d'instruction doit ou peut admettre dans la loi, comme agents de l'éducation publique, des corporations sacerdotales ou monacales, qui, sous prétexte d'une liberté à laquelle elles ont toujours été hostiles, viennent, au nom de Dieu, vous dire qu'à elles seules appartient l'instruction, et que vous violez leurs droits, et ceux du ciel, par conséquent, si vous ne la leur livrez pas tout entière. Ainsi M. Affre, archevêque de Paris, dans sa brochure intitulée : *Observations sur la controverse élevée à l'occasion de la liberté de l'enseignement*, après avoir taxé le gouvernement d'incapacité en fait d'instruction publique, lui dit modestement et par insinuation, que cette attribution ainsi que son monopole, y compris sans doute les salles d'asiles et l'école Polytechnique, n'appartiennent qu'au clergé. Voici les termes dans lesquels ce prélat exprime une opinion qui trouvera peu de partisans hors du clergé : « Nous sommes autorisé à conclure qu'un gouvernement qui est incapable de poser les bases essentielles de l'enseignement public ne peut en avoir le monopole; il pourrait plus convenablement être confié à un corps qui, appelé par sa vocation à établir les fondements de l'édifice, n'est pas moins apte à les terminer, quelquefois avec majesté, mais toujours avec des conditions de sagesse et de durée qui doivent le rendre préférable[1]. »

Si une corporation est funeste à l'instruction publique, ainsi que l'ont suffisamment prouvé les anciennes universités, et plus encore celle qui fut l'ouvrage de Napoléon, que doit-on attendre de corporations cléricales et monacales? L'expérience de ce qui s'est passé depuis la restauration, l'envahissement illégal du jésuitisme et de quelques ordres monastiques dans l'enseignement secondaire, celui des ignorantins et des nones dans l'enseignement primaire, sont des preuves du savoir-faire de ces hommes qui prétendent n'agir que dans l'intérêt de la religion et dans des vues de bien public.

Mais il est bon, pour éclairer cette importante question, de remonter à l'origine des choses et de prouver : 1° que les prêtres et les moines, d'après l'origine, la nature et le but de leur institution, ne peuvent, sans manquer à leur vocation et leur devoir, s'immiscer dans l'instruction publique; 2° que l'éducation donnée par eux à la jeunesse serait en opposition directe avec nos institutions, nos libertés et nos droits; 3° qu'elle propagerait l'esprit d'intolérance, de superstition et de servilité; 4° que l'instruction, entre leurs mains, serait stationnaire, et même rétrograde et funeste aux progrès de

---

[1] Observation 1re, 1843, p. 17 et 18.

l'industrie, des sciences, des arts et de la civilisation.

Jésus-Christ, fondant une nouvelle religion en Judée, recommanda à ses disciples de la prêcher à tous les hommes : *Allez et enseignez toutes les nations,* leur dit-il. Prétendre que Jésus-Christ ait ordonné par ces paroles aux successeurs des apôtres d'enseigner aux hommes les éléments de lecture et d'écriture, du dessin linéaire, de la grammaire, les langues mortes, la philosophie, la mythologie, les mathématiques, la chimie, etc., etc., c'est une interprétation absurde et jésuitique. Jésus-Christ a voulu qu'ils enseignassent les dogmes et les préceptes de sa doctrine, qui n'ont aucune relation avec les connaissances que nous venons de désigner, mais qui, d'après le sentiment des Pères de l'Église, qu'il serait facile de citer, leur seraient plutôt contraires, et qui même ont été représentées parfois comme un obstacle au salut. Ne sait-on pas que les livres des païens, que l'on fait apprendre par cœur et traduire pendant six ou sept ans aux jeunes gens, ont été proscrits et brûlés comme pernicieux, dans les premiers siècles de l'Église? Les prêtres alors n'avaient pas d'écoles et souvent même pas d'église pour prêcher la religion du Christ; ils enseignaient dans les maisons, sur les places publiques, les personnes qui voulaient les entendre, sans employer aucun moyen direct ou indirect pour attirer à eux les jeunes gens, ainsi que cela se pratique de nos jours; alors ils n'avaient point la prétention d'ériger des écoles scientifiques. Ce ne fut que lorsque la doctrine vint à s'élargir hors des limites des Écritures, et que des canons et des règlements additionnels eurent donné naissance à une nouvelle science, désignée sous le nom de théologie, que les évêques établirent, près de leurs cathédrales, des écoles uniquement destinées

aux personnes qui se destinaient à l'état ecclésiatique.
Car il était nécessaire que les ministres de la religion
connussent les articles de foi et les principes fondamen-
taux sur lesquels était basée l'orthodoxie que s'attri-
buait chacune de ses sectes ; c'était, en effet, le seul
moyen de pouvoir combattre ses adversaires.

L'enseignement de ces écoles, orthodoxes ou non, se
bornait donc à l'interprétation des Écritures, à la connaissance des canons des conciles, à la lecture des Pères de l'Église, au mode d'aministrer les sacrements et de
pratiquer les cérémonies et autres fonctions relatives
au culte. Les moines formèrent aussi dans leurs couvents, sous le nom de noviciat, un enseignement qui
fut purement ascétique, qui se bornait à la pratique
de leur règle, et auquel n'étaient admis que ceux qui
se destinaient à cet état. Mais les écoles nombreuses
et purement laïques qui existaient principalement
dans les Gaules ayant été détruites vers le ve siècle,
par l'effet de l'invasion des barbares, celles que les
évêques ou les moines avaient établies uniquement
pour l'enseignement de la théologie prirent de l'extension en recevant quelques laïques qui recoururent
à elles, ne trouvant ailleurs aucune instruction. Ainsi
les désordres et la barbarie des temps n'ayant pas permis d'établir des écoles laïques jusque vers le IXe siècle, celles du clergé furent les seules qui existèrent
sous la direction ou la protection des évêques et des
papes. Il n'y eut d'autre enseignement, pendant ce
long espace de temps, que celui de la théologie et du
droit-canon. Il existait à Paris douze chaires de théologie. Sous saint Louis, l'enseignement de la rhétorique, de la dialectique, de la philosophie et du droit,
n'avait d'objet et de but que relativement à la théolo-

gie, et ne consistait que dans le galimathias subtil et absurde de la scolastique. Ainsi le clergé séculier et régulier, d'abord bornés à un enseignement qui n'avait de rapports qu'aux attributions de leur état, s'emparèrent insensiblement du monopole de l'instruction publique, comme d'un moyen qui devait leur donner un grand ascendant sur les esprits. C'est aujourd'hui, pour la même raison, qu'ils réclament avec tant de chaleur ce que le temps, la philosophie, et surtout la révolution de 89, leur avaient heureusement enlevé.

Les conciles, les Pères de l'Église, et, avec eux les casuistes, disent que celui qui embrasse l'état sacerdotal sans vocation et dans un but mondain se rend criminel ; mais il n'est pas moins coupable si, après s'y être engagé, il n'en remplit pas les devoirs. Or, ces devoirs, ainsi que nous l'avons dit, conformément aux principes admis de tout temps par les canons de l'Église, ne consistent que dans la *catéchisation*, la prédication, l'administration des sacrements et autres fonctions qui concernent le culte. Voilà leur seule et vraie mission, dont ils ne peuvent s'écarter sans se rendre coupables d'apostasie.

Mais il est facile de prouver, même en ne point alléguant les raisons précédentes, que les individus incorporés dans la cléricature n'ont aucun droit de prendre part à l'instruction publique, et que l'État, au contraire, a celui de les en exclure, ainsi qu'il le possède à l'égard d'une corporation quelconque. Supposons qu'une corporation de magistrats ou une association de tout autre genre, approuvée ou non, prétendit avoir le droit de s'immiscer dans l'instruction publique, d'établir des collèges, des pensions, indépendamment de l'autorité civile, et d'inculquer aux jeunes gens les notions et les doctrines qu'il lui plairait d'adopter. La raison et l'ordre public ne sauraient tolérer de tels établissements. C'est cependant un droit de semblable nature que revendique le clergé catholique; droit moins tolérable lorsqu'on considère l'influence funeste que peuvent avoir, et que n'ont eu que trop longtemps sur l'esprit du vulgaire des hommes qui parlent au nom du ciel.

S'il a existé des époques d'ignorance, de barbarie et de fanatisme, où le clergé régulier et séculier soit parvenu à s'emparer de l'instruction; si des despotes, dans des vues de domination, ont cru devoir leur faire cette concession; des abus et des usurpations si contraires à l'intérêt public ne constituent point un droit. Nous le demandons, le clergé serait-il bien reçu aujourd'hui, s'il lui plaisait de revendiquer l'exercice de la justice administrative, qui lui fut accordé par la politique de Constantin et confirmé par celle de Charlemagne [1] ?

Les prêtres, dit-on, étant citoyens français, doivent jouir des priviléges accordés à tous? Cette assertion présenterait quelque chose de spécieux si elle était fondée, mais il n'en est rien. Les prêtres ont voulu se placer dans une position exceptionnelle en demandant qu'il leur fût accordé des priviléges que la loi refuse aux autres citoyens, tels que l'exemption de la conscription, du jury, de la garde nationale, etc. Qu'ils se placent donc sous la loi commune, s'ils veulent que tous les droits leur soient communs. Mais, dans ce cas-là même, l'exercice de l'enseignement public devrait leur être interdit, soit comme corporation usur-

---

[1] *Voyez* Baluse, *Capitul.*, l. V, 225, et l. VI, chap. XXVIII.

patrice et dangereuse, soit à cause de l'incompatibilité avec leur ministère.

C'est d'après l'évidence de ces principes et de ces motifs que les États de l'Amérique ont interdit aux ministres d'un culte quelconque toute participation dans l'enseignement, ainsi que le fait observer M. de Tocqueville dans son voyage en Amérique. Les prêtres, dit-il, quelle que soit la secte à laquelle ils appartiennent, ne remplissent aucune fonction publique. Les ministres de l'Évangile, d'après un article de loi de New-York, étant par leur profession consacrés au service de Dieu et livrés au soin de diriger les âmes, ne doivent pas être troublés dans l'exercice de leurs importantes fonctions : en conséquence, aucun ministre de l'Évangile ou prêtre, à quelque secte qu'il appartienne, ne pourra être revêtu d'aucune fonction publique, civile ou militaire.

Les principes énoncés dans la loi précitée, étant fondés sur la raison et l'expérience, avaient été parfaitement compris par les hommes qui ont montré le plus de lumières et de dévoûment à la cause de la liberté, à l'époque de l'assemblée constituante; race d'hommes qui n'existe plus parmi nous. Mais le despotisme qui, depuis lors, s'est appesanti sur la France, semble avoir effacé jusqu'à la trace des doctrines qui nous ont conduits dans la voie des améliorations et des progrès. Il faut cependant avoir le courage de les reproduire, lorsque tout semble se conjurer pour les plonger dans un éternel oubli. Si nous vivons dans une époque assez malheureuse pour être témoins d'un si déplorable spectacle, nous devons nous consoler par la conviction qu'il viendra un moment où ces principes triompheront pour ne plus périr.

Condorcet a traité ce sujet mieux que personne, dans son ouvrage sur l'instruction publique. On nous permettra donc de lui emprunter deux citations dont l'importance de la matière fera oublier la longueur. L'auteur y démontre parfaitement l'atteinte funeste que porte à l'instruction publique toute espèce de corporation.

« La fonction des ministres de la religion est d'encourager les hommes à remplir leurs devoirs; et cependant la prétention à décider exclusivement quels sont ces devoirs serait la plus dangereuse des usurpations sacerdotales.

« La puissance publique doit donc éviter surtout de confier l'instruction à des corps enseignants qui se recrutent par eux-mêmes. Leur histoire est celle des efforts qu'ils ont faits pour perpétuer de vaines opinions, que les hommes éclairés avaient dès longtemps reléguées dans la classe des erreurs; elle est celle de leurs tentatives pour imposer aux esprits un joug à l'aide duquel ils espéraient prolonger leurs crédits, ou étendre leurs richesses. Que ces corps soient des ordres de moines, des congrégations de demi-moines, des universités, de simples corporations, le danger est égal. L'instruction qu'ils donneront aura toujours pour but, non le progrès des lumières, mais l'augmentation de leur pouvoir, non d'enseigner la vérité, mais de perpétuer les préjugés utiles à leur ambition, les opinions qui servent leur vanité. D'ailleurs, quand même ces corporations ne seraient pas les apôtres déguisés des opinions qui leurs sont utiles, il s'y établirait des idées héréditaires; toutes les passions de l'orgueil s'y uniraient pour éterniser le système d'un chef qui les a gouvernées, d'un confrère célèbre dont elles auraient la sottise de s'approprier la gloire, et dans l'art même de chercher la vérité on verrait s'introduire l'ennemi le plus dangereux de ses progrès, les habitudes consacrées.

« On ne doit plus craindre sans doute le retour de ces grandes erreurs qui frappaient l'esprit humain d'une longue stérilité, qui asservissaient les nations entières aux caprices de quelques docteurs, à qui elles semblaient avoir délégué le droit de penser pour elles. Mais par combien de petits préjugés de détail ces corps ne pourraient-ils pas encore embarrasser ou suspendre les progrès de la vérité? Qui sait même si, habiles à suivre avec une infatigable opiniâtreté leur système dominateur, ils ne pourraient pas retarder assez ces progrès pour se donner le temps de river les nouveaux fers qu'ils nous destinent, avant que leur poids nous eût avertis de les briser? Qui sait si le reste de la nation, trahie à la fois et par ces instituteurs et par la puissance publique qui les aurait protégés, pourrait découvrir leurs projets assez tôt pour les déconcerter et les prévenir?

« Créez des corps enseignants, et vous serez sûrs d'avoir créé ou des tyrans ou des instruments de la tyrannie.

« Les maîtres, exerçant des fonctions isolées, ne doivent pas former de corps. Ainsi, non-seulement, il ne faut ni charger de l'enseignement une corporation déjà formée, ni même en admettre les membres actuels dans aucune partie de l'instruction, parce qu'animés de l'esprit de corps, ils chercheraient à envahir ce qu'on leur permettrait de partager. Cette précaution nécessaire ne suffit pas; il faut que ni les maîtres d'une division, ni même ceux d'un seul établissement,

18.

ne forment une association ; il faut qu'ils ne puissent
ni rien gouverner en commun, ni influer sur la nomination aux places qui vaquent parmi eux. Chacun doit
exister à part, et c'est le seul moyen d'entretenir entre eux une émulation qui ne dégénère ni en ambition
ni en intrigue ; de préserver l'enseignement d'un esprit de routine ; enfin, d'empêcher que l'instruction,
qui est instituée pour les élèves, ne soit réglée d'après
ce qui convient aux intérêts des maîtres. . . . .
. . . . , ...

« C'est surtout entre les fonctions ecclésiastiques et
celles de l'instruction qu'il est nécessaire d'établir
une incompatibilité absolue dans les pays où la puissance publique reconnaît ou soudoie un établissement
religieux. Je dis les fonctions ecclésiastiques, car je
ne suppose pas qu'il exise une caste séparée, dévouée
au sacerdoce même sans en exercer les fonctions. Je
suppose ou qu'il n'y pas de prêtres sans emploi, ou
qu'il ne sont distingués en rien du reste des citoyens ;
car, s'ils étaient séparés des autres individus, si la loi
les soumettait à quelques obligations particulières, re-
connaissait en eux quelque prérogative, il faudrait que
la non-éligibilité remplaçât la simple incompatibilité,
et s'étendît jusqu'à eux ; autrement, l'instruction tom-
berait bientôt tout entière entre des mains sacerdotales. C'en serait fait de la liberté comme de la raison :
nous reprendrions les fers sous lesquels les Indiens
et les habitants de l'Égypte ont gémi si longtemps. Les
peuples qui ont leurs prêtres pour instituteurs ne
peuvent rester libres ; ils doivent insensiblement tomber sous le despotisme d'un seul, qui, suivant les circonstances, sera ou le chef ou le général du clergé. Ce
serait une bien fausse idée que de compter sur l'éta-

blissement d'une doctrine religieuse pure, exempte
de superstition, tolérante, se confondant presque avec
la raison, pouvant perfectionner l'espèce humaine sans
risquer de la corrompre ou de l'égarer. Toute religion
dominante soit par la loi, soit par un privilége exclusif à des salaires publics, soit par le crédit que lui donnent des fonctions étrangères confiées à ses ministres,
loin de s'épurer, se corrompt nécessairement, et porte
sa corruption dans toutes les parties de l'ordre social.
Sans nous arrêter aux exemples voisins de nous, qui
frappent tous les yeux, mais qu'on ne peut citer sans
blesser les esprits faibles et les âmes timides, il suffit
d'observer que les superstitions absurdes de l'Inde et
de l'Égypte n'en souillaient point la religion primitive;
que, comme toutes les religions des grands peuples
agriculteurs et sédentaires, elle avait commencé par un
pur déïsme, mêlé à quelques idées métaphysiques,
prises de la philosophie grossière et exprimées dans le
style allégorique de ces premiers temps, et que l'ambition des prêtres, devenus les précepteurs de ces nations, a seule converti ces croyances en un vil ramas
de superstitions absurdes calculées par l'intérêt du
sacerdoce. Il ne faut donc pas se laisser séduire par
des vues d'une économie apparente. Il faut encore
moins se livrer à l'espérance d'une perfection mystique, et l'on doit se contenter de former des hommes
sans prétendre à créer des anges [1]. »

Après avoir posé les principes qui, seuls, nous pa-
raissent admissibles dans la législation d'un peuple
libre, et avoir signalé les motifs puissants qui s'oppo-

[1] Condorcet, *Sur l'instruction publique*, œuvres complètes,
t. IX, p. 25 et 169.

sent à l'introduction du clergé séculier ou régulier dans le domaine de l'instruction publique, nous admettons en principe qu'on doit lui reconnaître le droit : 1° de catéchiser, dans ses églises, les enfants, avec le consentement des parents; 2° de prêcher, de prier, et d'exercer les pratiques et cérémonies du culte, dans les temples ouverts aux personnes qui professent la même religion; 3° d'avoir des écoles ou séminaires dans lesquels il ne serait donné qu'une instruction purement théologique ou religieuse, réservée uniquement à ceux qui veulent suivre la carrière sacerdotale; mais sous la condition que ces établissements ne pourraient, par une simulation ou sous un prétexte quelconque, recevoir des élèves qui ne se destineraient pas à l'état ecclésiastique; enfin sous condition que ces établissements seraient soumis à la même surveillance et inspection que les colléges et pensions laïques; 4° de publier des mandements, des instructions, des livres de théologie, de controverse, et de poursuivre, même au moyen des journaux, ce genre de polémique dans lequel le clergé s'est dernièrement engagé. Il faudrait d'ailleurs qu'il fût soumis sur ce point, comme sur les autres, aux charges et conditions imposées par la loi à tous les citoyens.

Les évêques, avant la révolution de 1789, n'avaient, à quelques exceptions près, qu'un seul séminaire par diocèse, où l'on se bornait à l'enseignement théologique, car il était très rare d'y trouver celui de la philosophie : dans ce cas même, les élèves étaient astreints, au moins à Paris, à suivre les leçons d'un collége de l'Université. On ne connaissait pas alors l'institution jésuitique des petits séminaires, frauduleusement établie comme un moyen d'envahir l'instruction publi-

que. Il existait à Paris, il est vrai, le grand et le petit
séminaires de Saint-Sulpice, mais qui ne différaient
qu'en ce que le premier était destiné aux jeunes gens
de familles nobles ou riches, tandis que l'autre,
moins dispendieux, était la ressource des bourgeois
peu fortunés. Jamais, avant la restauration, on ne vit
dans les séminaires de France des classes de sixième,
cinquième, etc., ou de rhétorique.

Le gouvernement alors avait non-seulement le droit
d'inspection, mais celui de prohiber les livres à l'usage
des séminaires, dont la doctrine lui paraissait dangereuse, contraire à la sûreté de l'État, ainsi que le
prouve une ordonnance de François Ier, renouvelée par
Louis XV. Que signifie, en effet, dans un État bien organisé, une corporation qui vient, au nom de Dieu, se
soustraire aux lois et à l'inspection du gouvernement,
et qui forme un État dans l'État?

Il est de fait que les ministres des différentes sectes
jouiraient, dans l'organisation que nous venons d'exposer, d'une plus grande dose d'indépendance que celle
qu'ils sont fondés à réclamer, et se trouveraient dans
une position plus favorable qu'ils n'étaient généralement avant la révolution de 1789, s'ils n'avaient en
vue que le bien et l'indépendance de la religion. Un
système de loi, combiné d'après ces principes, donne-
rait aux sectes incorporées dans l'État une liberté bien
plus grande que celle dont elles ont jamais joui, pour
énoncer et pour propager leur doctrine : jamais asso-
ciations philosophiques ou autres n'ont trouvé une protection si étendue.

Pourquoi donc le clergé catholique se débat-il si
violemment, et jette-t-il de si hauts cris? Pour quelle
raison se fait-il, à l'improviste, le champion d'une liberté

qu'il ne réclame réellement que pour lui? Si ce n'est qu'après s'être fait donner une part dans l'instruction publique, il se promet de l'envahir tout entière; et qu'alors, maître de former l'esprit des générations futures, il pense qu'il parviendrait facilement à ressaisir l'influence, le pouvoir et les richesses qu'il possédait jadis.

FIN.

TABLE DES CHAPITRES.

SECONDE PARTIE.

DES DROITS DE LA PATERNITÉ RELATIVEMENT A L'ÉDUCATION DES ENFANTS.

FIN DE LA TABLE.

Imprimé en France
FROC031530010720
24395FR00015B/265

9 782329 420295